Der Wilde Süden tischt auf
Streifzüge durch die regionale Küche Baden-Württembergs

Herausgegeben von Corinna C. Huffman
und Peter Mackowiack

Ein ars vivendi Restaurantführer
in Zusammenarbeit mit

Bei der Realisierung dieses Buches ließen wir größtmögliche Sorgfalt walten. Falls dennoch Fakten falsch oder inzwischen überholt sein sollten, bedauern wir dies, können aber auf keinen Fall eine Haftung übernehmen.

Erste Auflage 1996
© ars vivendi verlag
Norbert Treuheit, Cadolzburg
Alle Rechte vorbehalten

Typografie und Ausstattung: Armin Stingl
Umschlagillustration: Stefan Atzenhofer
Druck: Druck + Papier Meyer, Scheinfeld

ISBN 3-931043-21-5

Inhalt

Am Anfang stand eine Utopie.

Der Wunsch, etwas zu finden, das das Lebensgefühl der jüngeren Menschen im deutschen Südwesten ausdrückt: Lebensfreude, Spontanität, Kommunikationsfreude, Unternehmungslust und Weltoffenheit bei gleichzeitig starker regionaler Identität. Seit dem Jahr 1989 gibt es dafür einen Begriff: der »Wilde Süden«.

SDR 3, das »Radio für den Wilden Süden«, hat mit diesem Slogan und seinem Radioprogramm ein Stück Identität geschaffen. Ein Stück Gemeinsamkeit über traditionelle Mentalitätsgrenzen hinweg. Franken, Schwaben, Kurpfälzer und Badener sind eigen; was sie eint, ist der »Wilde Süden«. Was sie allesamt auszeichnet, ist ihre vorzügliche Küche.

Nichts liegt da näher, als einen Restaurantführer durch den »Wilden Süden« herauszugeben. Hier ist er.

Viel Spaß beim Ausprobieren!

Michael Schlicksupp
SDR 3 CLUB

SDR 3 empfangen Sie auf folgenden Frequenzen: 92,2 MHz (Mittlerer Neckar – Stuttgart), 99,9 MHz (Oberrhein/Neckar – Heidelberg), 98,1 MHz (Schwäbische Alb/Schwaben – Aalen), 96,5 MHz (Hohenlohe/Franken – Waldenburg), 97,4 MHz (Alb/Donau – Ulm), 99,7 MHz (Bad Mergentheim), 94,1 MHz (Buchen-Walldürn), 89,5 MHz (Mühlacker), 97,2 MHz (Mötzingen), 95,5 MHz (Geislingen-Oberböhringen), 94,6 MHz (Wertheim), 99,5 MHz (Weinheim), 97,2 MHz (Creglingen), 94,2 MHz (Eberbach), 94,9 MHz (Freudenberg), 92,4 MHz (Freudenberg-Rauenberg), 97,6 MHz (Heidenheim), 99,3 MHz (Wiesensteig), 98,9 MHz (Blaubeuren)

Vorwort

Alle, die da meinen, im »Wilden Süden« würde man sich vorwiegend von Maultaschen, Spätzle und Zwiebelrostbraten ernähren, denen sei an dieser Stelle in aller Deutlichkeit gesagt, daß sie da gar nicht so unrecht haben. Daß diese schwäbischen Grundnahrungsmittel eine echte Delikatesse sein können und daß Baden-Württembergs kulinarische Landschaft darüber hinaus Erstaunliches zu bieten hat, ist weithin bekannt. Die Frage ist nur: Wo sind die Lokale zu finden, in denen man solcherlei Köstlichkeiten genießen kann?

Um den eßlustigen Lesern bei dieser Suche etwas behilflich zu sein, haben wir hier mit Hilfe ortskundiger Journalisten eine Auswahl baden-württembergischer Lokale zusammengetragen, in denen man Feines und Deftiges, Vertrautes und Überraschendes auftischt. Da es ein Ziel des Buches ist, die Neugier der Leser auf die Vielfalt und Raffinesse regionaler Küche zu wecken, wurden bevorzugt Lokale ausgewählt, deren Küchenchefs sich der schwäbischen, badischen und kurpfälzischen Küche besonders verpflichtet fühlen. Wo Traditionen einheimischer Kochkunst gepflegt und am liebsten frische Erzeugnisse aus der Region verwendet werden, wo der Gast ein stilvolles Ambiente oder eine landschaftlich reizvolle Umgebung findet: An diesen Leitfragen orientiert sich unsere gastronomische Sammlung.

Wer die Expedition in die Kulinarik des »Wilden Südens« außerdem durch Wandern oder Radeln, Stadterkundung oder Museumsbesuch ergänzen möchte, dem seien die zusätzlichen Ausflugstips ans Herz gelegt.

Guten Appetit auf der kulinarischen Entdeckungsreise durch Baden-Württemberg wünschen

Herausgeber und Verlag

Name der Gaststätte

An dieser Stelle findet sich ein kurzer Text, der die wesentlichen Gründe, die für diese Wirtschaft sprechen, in sachlicher, lapidarer oder essayistischer Form zu vermitteln sucht. Es wird häufig die Rede sein von alteingesessenen Wirtsfamilien, herzlichen Bedienungen, ehrlicher Hausmannskost, dunklem Holz, selbstgemachten Saucen, Biergärten, vertrauenswürdigen Metzgern aus der Umgegend, gedrechselten oder ungedrechselten Tischen ... und was dergleichen Umstände mehr sind, die eine schwäbische, badische oder kurpfälzische Wirtschaft zu einer schwäbischen, badischen oder kurpfälzischen Wirtschaft machen.

Speisen und Getränke
Beispielhafte Aufzählung versch. Gerichte, sortiert nach Suppen und Vorspeisen, Hauptgerichten, Nachspeisen. Die Preisangaben in Klammern bezeichnen jeweils die Spanne vom günstigsten zum teuersten angebotenen Gericht, sie beziehen sich also nicht ausschließlich auf die ausgewählten Beispiele! Achtung: Da viele der vorgestellten Wirtschaften täglich oder wöchentlich wechselnde Karten haben, kann es gut sein, daß die von uns hervorgehobenen Spezialitäten bei Ihrem Besuch gerade nicht angeboten werden.
Kurze Charakterisierung des Getränkeangebotes
Bier: Marke(n) und Preis der günstigsten Sorte
Wein: Knappe Beschreibung der Auswahl, Preis s.o.

Besonderheiten
Hier steht alles, was sonst nirgends steht – insbesondere das, was für Kinder geboten wird.

Sehenswürdigkeiten
Kursorische Anmerkungen zu Baudenkmälern und möglichen Freizeitaktivitäten in der Nähe. Nach Möglichkeit sind Öffnungszeiten oder Telefonnummern für weitere Informationen angegeben.

Anfahrt
Wie kommt man von der nächsten Autobahn oder Bundesstraße aus hin, ohne sich eine Karte zu kaufen? In größeren Städten haben wir auch die Anbindung an den öffentlichen Nahverkehr notiert.

Anfangsbuchstabe des Ortes **A**

Name der Gaststätte
Straße
Postleitzahl Ort
Telefonnummer
(Faxnummer)

Öffnungszeit(en)
Ruhetag(e)
Küchenzeiten

Gesamtzahl der Sitzplätze
(Nebenräume/ Tagungsräume)
(Plätze an der frischen Luft)
Reservierung nötig? Wie lange vorher?

(Zahl der Zimmer und jeweils niedrigster Preis)

Kreditkarten

Hotel Restaurant Kälber

Wer das *Restaurant Kälber*, oberhalb von Unterkochen gelegen, uninformiert durch die Hotelhalle betritt, mag zunächst meinen, sich in einer jener kleinen gastronomischen Einrichtungen zu befinden, die man nun einmal einem Beherbergungsbetrieb angliedert. Das Ambiente ist geschmackvoll, aber schlicht. Ein Blick auf die Urkundensammlung belehrt jedoch schon eines Besseren: Hier wird überdurchschnittlich gut gekocht. Bei freundlichem Service und einem wunderschönen Ausblick über das Kochertal genießt man die sich anbahnenden Gaumenfreuden. Besonders gut lassen sich die reizvolle Umbebung und die gute Küche in Kombination testen, wenn man eines der Pauschalangebote bucht, die die Familie Kälber zusammengestellt hat. Beim Festlichen Menü z. B. zeigen sich sowohl Internationalität als auch Regionalität, wenn die klare Tomatenkraftbrühe mit Mini-Käse-Ravioli von der gebratenen Norweger-Lachsschnitte abgelöst wird, auf die schließlich das »Aalener Spitzärschle« folgt: Schweinefilets mit Armagnac-Pflaumen gefüllt, gebraten in Mandeln mit frischem Gemüse und Kartoffel-Gratin. *ml*

Speisen und Getränke

Kraftbrühe mit gefüllten Flädle, Shrimps-Avocado-Cocktail (7,00-12,50)
Kartoffelrösti mit Tomaten und Mozzarella, Schwäbischer Rostbraten, Zürcher Geschnetzeltes (17,50-29,50)
Hausgemachte rote Grütze mit Vanilleeis, Mousse von weißer und dunkler Schokolade (9,00-11,50)
Bier: Koepf, Bitburger (0,3 l ab 4,20)
Wein: Schwerpunkt auf Württemberger Weinen, aber auch einige italienische, französische und spanische Sorten (0,25 l ab 6,50)

Besonderheiten

Kinderstühle, Kindergerichte und -portionen, Bilder- und Malbücher

Sehenswürdigkeiten

Limes-Museum Aalen, Limes-Thermen Aalen, Besucherbergwerk Tiefer Stollen Wasseralfingen

Anfahrt

B 19 zwischen Aalen und Heidenheim, Abfahrt Unterkochen, im Ort gute Beschilderung

A

Hotel Restaurant
Kälber
Behringstraße 26
73432 Aalen-
Unterkochen
Tel. 073 61/84 44
Fax 073 61/882 64

Mo-Sa 11.30-14.00
und 17.30-22.00
So 11.30-15.00
Küche: wie
Öffungszeiten

80 Plätze
1 Nebenraum
1 Tagungsraum
10 Plätze im Freien
(keine Speisen-
Bewirtung)
Reservierung nicht
erforderlich

20 EZ ab 78,00
10 DZ ab 110,00

Kreditkarten: Diners,
American Express,
Visa, Eurocard

Gasthof Zum Löwen

Es hügelt sehr im Schurwald. Da geht es rauf und runter, die Straßen beschreiben Rechts- und Linkskurven – ein ideales Gelände für Freizeit-Motorradfahrer. An der nördlichen Grenze zum Autokennzeichen WN (für Waiblingen) befindet sich der kleine Aichwalder Ortsteil Aichelberg. Am Wochenende trifft man hier überall auf die erholungs- und ruhebedürftigen Einwohner der baden-württembergischen Landeshauptstadt. Der »Vordere Schurwald« ist dafür die ideale Tankstelle. Auf exakt 104 km erschließen sich beispielsweise 14 markierte Rundwanderwege. Die entsprechenden Wanderkarten gibt es nahezu in jedem Gasthaus in dieser Region. So auch im *Löwen*. Für das kleine Aichelberg ist der *Löwe* ein stattliches Gebäude. Nach einem Spaziergang lohnt sich hier die Einkehr. Pächter Peter Arndt bemüht sich, nicht nur schwäbische Alltags-Kost anzubieten. 17 Rostbraten-Variationen finden sich hier auf der Karte, eine Beduinenpfanne mit Putenbrustfleisch und andere kulinarische Spezialitäten. Was uns besonders gefreut hat, war eine spezielle Kinderkarte, die ihren Namen wirklich verdient. *pm*

Speisen und Getränke
Matjesfilet, Schneckenpfännle mit Camembert (4,00-15,80)
Rostbraten in jeder Variation, mexikanische Reispfanne, schwäbischer Sauerbraten (10,80-26,80)
Parfait au Grand Marnier, Eisschale Mombasa: Bananen mit Kokoseiscreme und Schokoladensauce (5,00-9,80)
Bier: Stuttgarter Hofbräu, Herren Pils, Hefeweizen vom Faß (0,3 l ab 3,00)
Wein: Rot z. B. Strümpfelbacher Sonnenbühl, Eschenauer Paradies, weiß z.B. Verrenberger Goldberg, Stettener Pulvermächer (0,25 l ab 5,00)

Besonderheiten
Wunderschöner großer Biergarten, einfallsreiche Kinderkarte, Rostbraten-Vielfalt

Sehenswürdigkeiten
Naherholungsgebiet zum Spazierengehen, Wandern, Ausspannen, Essengehen

Anfahrt
Vom Neckartal über Esslingen (B 10), Ausfahrt Oberesslingen in Richtung Aichwald; vom Remstal über Weinstadt (B 29), Ausfahrt Weinstadt in Richtung Beutelsbach und dann Aichelberg

Gasthof Zum Löwen
Poststraße 11-15
73773 Aichwald,
Ortsteil Aichelberg
Tel. 07 11/36 19 66
Fax 07 11/36 19 66

Di-So 11.00-24.00
durchgehend
geöffnet
Mo Ruhetag
Küche: 11.30-14.00
und 17.30-22.00;
dazwischen »kleine
Karte«

160 Plätze
2 Nebenräume
150 Plätze im
herrlichen
Biergarten
Reservierung am
Wochenende
erwünscht

Keine Kreditkarten

Lerchenstüble

Fernab der hohen See, im Herzen der Rauhen Alb, liegt ein »Traumschiff«, das turnusmäßig mit regelrechten Leckermäulern auf kulinarische Reise geht. Das »Traumschiff-Buffet« nämlich ist das Aushängeschild des Restaurants *Lerchenstüble* in Albstadts Stadtteil Ebingen. Für einen einmaligen Obolus darf der Gast nach Herzenslust schlemmen wie Gott in Frankreich und das solange, bis ihm der Gürtel spannt. 1967 als Siedlerheim erbaut, übernahm die Familie Demoly das Haus im Jahre 1977. Weitere fünf Jahre behielt die gutbürgerliche Gaststube ihren Herkunftsnamen bei, seit 1982 heißt sie *Lerchenstüble* und 1997 wird eine weitere Taufe folgen: *Lerchenstuben* – in fünf verschiedenen Gaststuben nämlich findet der Gast Behaglichkeit in familiärer Atmosphäre und eine gehoben-bürgerliche Küche. Eine weitere Besonderheit ist die »Gläserne Kochkunst«: Durch eine Glasscheibe kann jeder verfolgen, was in der Küche passiert. Auf der Karte finden sich neben vielen schwäbischen Gerichten auch zahlreiche Steakvariationen, und auch das mehrmals im Sommer stattfindende Barbecue auf der Terrasse lockt mit Herzhaftem. *vb*

Speisen und Getränke
Räucherlachs an Sahnemeerrettich, wacholdergeräuchertes Forellenfilet (4,90-12,90)
Steaks vom Grill, saure Leber mit Bratkartoffeln, Medaillons an Pfefferrahm, täglich frischer Fisch (15,50-27,00)
Mövenpick-Creme-Eis, hausgemachte Dessertspezialitäten (5,50)
Bier: Export und Pils vom Faß (0,5 l ab 3,80)
Wein: Reichhaltige Karte mit nahezu 120 Weinen aus deutschen und ausländischen Anbaugebieten, z.B. Südafrika, Chile, Australien

Besonderheiten
Programm mit Terminen für Sonder-Buffets wie das Skandinavische Leckereienbuffet, Italienische Nacht, Maultaschenwoche, Käse-Woche u.a.; Kinderstühle, Kindergerichte, Spielecke, Bilder- und Malbücher, Spielplatz

Sehenswürdigkeiten
Schloß Lautlingen, Städtische Galerie, herrliche Wanderlandschaft, Badkap (Badespaß mit Sauna)

Anfahrt
Autobahn Stuttgart-Siegen, Ausfahrt Empfingen, dann Richtung Balingen-Albstadt

Restaurant
Lerchenstüble
Lerchenstraße 47
72458 Albstadt
Tel. 074 31/907 11

Di-Fr, So
11.00-14.00
Sa ab 17.30
Mo Ruhetag
Küche: 11.30-14.00
und 17.30-21.45

100 Plätze
2 Nebenräume
1 Tagungsraum
50 Plätze im Freien
Reservierung
angeraten

Kreditkarten: Diners,
American Express,
Visa, Eurocard

Schiff

Das Haus in der Ortsmitte von Remseck-Aldingen besteht seit 1936 und lag früher, als es die Fähre noch gab, direkt am Neckar. Durch die Begradigung des Flusses ist das *Schiff* etwa hundert Meter vom Wasser weggerutscht. Die Wirtsgeneration der ehemaligen Metzgereigaststätte gibt es inzwischen zwar nicht mehr, aber seit 1984 hat Christian Jagiella das Restaurant gepachtet. Im Haus herrscht schwäbische Gemütlichkeit. Die Wirtsfrau Marion Jagiella leitet den Service. Für die Speisen werden ausschließlich frische Produkte verwendet, die Weinkarte bietet mit 120 Sorten eine große Auswahl. Der Wirt des *Schiffes* versteht es auch, bei Veranstaltungen bis zu 200 Personen außer Haus zu verwöhnen, denn er verfügt über einen Anhänger mit einer kompletten Küche. Das Steckenpferd des Kochs Jagiella ist »Ethno Food«, das aus Kalifornien kommt und in der Schweiz sehr verbreitet ist. »Ethno Food« steht für eine Küche, bei der Köstlichkeiten verschiedener Länder auf einem Teller zusammenfinden, wie zum Beispiel Pres Sales Lammrücken mit Wok Gemüsen auf Ingwersauce an Gnocchi und Pilztäschchen. *hr*

Speisen und Getränke
Tartar au Café de Paris mit Kräutercreme, Gratin von verschiedenen hausgemachten Ravioli (6,80-27,00)
Aldinger Rostbraten auf Weinkraut, Fischteller von Edelfischen, junge Barbarie-Entenbrust (14,80-44,00)
Sorbet von Marc de Champagner, Dessert-Teller á la Maison (6,50-14,50)
Bier: Schwabenbräu vom Faß (0,3 l ab 4,20)
Wein: Württemberger, einheimische Sorten, hochwertige französische und italienische Weine – stattliche 120 an der Zahl (0,25 l ab 6,80)

Besonderheiten
Kinderstühle, Spielplatz in der Nähe, Kindermenüs und Kinderportionen, Ethno-Food

Sehenswürdigkeiten
Blühendes Barock, Schloß und Monrepos in Ludwigsburg, Porsche-Museum in Zuffenhausen

Anfahrt
A 81 Ausfahrt Ludwigsburg-Nord, B 10 / B 27 Richtung Stuttgart, in Ludwigsburg am Ortsende links ab Richtung Aldingen

Schiff
Neckarstraße 1
71686 Aldingen
Tel. 071 46/905 40
Fax 071 46/916 16

Fr–Di 11.00-15.00
und 18.00-24.00
Mi, Do nach
Vereinbarung
Küche: 11.30-14.00
und 18.00-22.00;
kleine Karte bis
22.45

70 Plätze
1 Nebenraum
1 Tagungsraum
Reservierung
erwünscht

Kreditkarten:
Eurocard

Zwickel und Kaps

Das Restaurant ist so ungewöhnlich wie sein Name. Zwickel und Kaps erinnern an zwei wichtige Utensilien der Bierbrauer, und das Lokal in der Klosterstadt Alpirsbach ist denn auch das Vorzeigeobjekt von Carl Glauner, Chef der Alpirsbacher Klosterbräu. Erst 1994 in einem ehemaligen Gasthof eröffnet, schwelgen Interieur und Ausstattung der anheimelnden Wirtsstube in Brautradition. Im Erlebnisbereich der holzgetäfelten Gaststube mit hohen Tischen und hohen Sitzbänken kann man sich kaum satt sehen. Urgemütliche Gastlichkeit im angrenzenden Restaurant, dazu ein Bistro mit Übergang zum Biergarten. Pächter Oliver Glässel (24), bei Bareiss, Sieber und Wehlau in die Schule gegangen, hat hier seine erste selbständige Stelle angetreten, unterstützt von Frau Manuela, Hotelfachfrau mit einem guten Gespür für eine gepflegte, recht ungewöhnliche Weinkarte. Im Speiseangebot zeigen sich die Glässels ausgesprochen flexibel: Viele saisonale und regionale Gerichte können vom Gast gewünscht und selbst zusammengestellt werden. Dabei verrät Oliver Glässel seine hohe Schule, serviert bodenständige Gerichte mit einer Prise Raffinesse. *hk*

Zwickel und Kaps
Marktstraße 3
72275 Alpirsbach
Tel. 074 41/517 27

Di-So 11.00-24.30
Mo Ruhetag
Küche:11.00-22.45

80 Plätze
1 Nebenraum
70 Plätze im
Biergarten
Reservierung
erwünscht

Keine Kreditkarten

Speisen und Getränke
Kartoffelrahmsuppe mit Shrimps und Croûtons, Tintenfischringe mit hausgemachter Knoblauchmayonnaise (8,50-15,50)
Gekochte Ochsenbrust, Seeteufel unter Kartoffelkruste, Steinpilzmaultäschle mit Lauchgemüse (15,20-34,00)
Mohnsoufflé mit warmem Zwetschgenröster, Apfelküchle mit Vanilleeis (5,20-9,50)
Bier: Alle Faß- und Flaschenbiere der Alpirsbacher Klosterbräu (0,3 l ab 3,50)
Wein: Aus Baden-Württemberg, Frankreich, Italien (0,2 l ab 5,50)

Besonderheiten
Aktionstage mit musikalischer Unterhaltung; Kinderstühle, Kindergerichte, Kinderportionen, Spielecke

Sehenswürdigkeiten
Kloster in Alpirsbach mit berühmtem Kreuzgang (Konzerte), Alpirsbacher Galerie, Klostergarten, altes Stadtzentrum in unmittelbarer Nachbarschaft

Anfahrt
B 294 aus Richtung Freudenstadt; in Stadtmitte Alpirsbach bei Ampelanlage rechts abbiegen.

Zum Löwen

Für exakt 1887 Gulden erbaute die Stadt Überlingen im Jahre 1603 den *Löwen* in Altheim. Beim damaligen Richtfest wurden fünf Zentner Rindfleisch und neun Pfund Braten verzehrt, wie aus den erhaltenen Originalunterlagen hervorgeht. Geschmeckt hat es den Gästen im *Löwen* also schon vor Jahrhunderten. Doch erst seit Isolde Pfaff das Gasthaus von ihren Eltern übernahm – der *Löwe* ist seit nunmehr drei Generationen im Familienbesitz – ist er zu einem Geheimtip für Feinschmecker mit Sinn für Gemütlichkeit geworden. Auf den Fenstersimsen stehen Versteinerungen und bizarr geformte, ausgeblichene Äste und Wurzeln, Efeu rangt um die uralten Holzbalken. Man fühlt sich wie zu Besuch bei alten Freunden. Auf den Tisch kommen die traditionellen Gerichte der Gegend – verfeinert mit Ideen aus der italienischen Küche und den Kräutern aus dem eigenen Garten. Eine feste Speisekarte gibt es nicht, sie wird jeden Tag neu zusammengestellt. Für angemeldete Gruppen wird ganz nach Wunsch gekocht. *ssm*

Speisen und Getränke

Kartoffelpuffer mit Lachs und Crème fraiche, Wildpastete mit Sauce Cumberland (5,50-12,50)
Lammfilet in Portweinsauce, Kartoffel-Spinat-Gratin, Perlhuhnbrustfilet in Calvados-Rahm (15,00-30,00)
Joghurt-Mousse mit Beeren, Lebkucheneis mit Sahne, (4,00-11,50)
Bier: Härle Brauerei Königsegg-Wald (0,3 l ab 2,50)
Wein: Große Auswahl an Bodenseeweinen und an Flaschenweinen aus Frankreich und Italien (0,25 l ab 5,50)

Besonderheiten

Traditionelle Gerichte zeitgemäß mit Pfiff zubereitet; Kinderstühle, Kinderportionen, Spielplatz

Sehenswürdigkeiten

Schloß Heiligenberg, Kloster Salem, reizvolles Hinterland vom Bodensee mit weiten Obstanlagen

Anfahrt

B 31 Überlingen, dann Richtung Pfullendorf/Saulgau bis Altheim

Gasthaus zum Löwen
Hauptstraße 41
88699 Altheim
Tel. 075 54/86 31
Fax 075 54/973 35

Di–Sa ab 18.00
So, Mo Ruhetage
Küche: 18.00-23.00

45 Plätze
25 Plätze im Freien
Reservierung einen Tag vorher unbedingt erforderlich

Unterkunft in Ferienwohnungen möglich

Keine Kreditkarten

Im Gärtle

Manfred Luz, der im September 1968 mit seiner Frau Anita das *Gärtle* eröffnete, ist eigentlich Maler. Aus der Idee, seinen Gästen beim Gespräch über die Bilder Essen und Trinken vorzusetzen, entstand am immer weiter wachsenden Wohnhaus das Restaurant am Schönbuchrand. Bilder des Malers Luz verschönern die niveauvollen Innenräume. Vor allem das Kaminzimmer lädt zum gemütlichen Sitzenbleiben ein. Im Sommer ißt man draußen im herrlich angelegten Garten. Die mit Korbmöbeln eingerichteten Gartenlauben sind überdacht – bei weniger schönem Wetter werden die Glaswände geschlossen, so daß man in einem Wintergarten sitzt. Der Sohn des Malers, Hans-Joachim Luz, führt die Regie in der Küche, in der neben schwäbischen Spezialitäten und anderen Leckerbissen Wild und Geflügel aus der Region zubereitet werden. Für Familienfeiern und Empfänge hat Familie Luz vielseitige Menü- und Buffetvorschläge parat. Zum Haus gehört auch eine Galerie, die am Wochenende durchgehend und sonst nach Vereinbarung geöffnet ist. *sl*

Im Gärtle /
Hotel am Schloß
Bebenhauser Str. 44
72119 Ammerbuch-
Entringen
Tel. 070 73/64 35
Fax 070 73/64 35

Mo-So 11.30-23.30
Küche: 11.30-14.15
und 18.00-22.00

120 Plätze
3 Nebenräume
60 Plätze im Freien
Reservierung für
abends angeraten

Kreditkarten: Diners,
Visa, Eurocard

Speisen und Getränke
Hummersüppchen mit Cognac, Carpaccio vom Rinderfilet mit Knoblauchbrot (7,80-22,50)
Gespickte Rehkeule, Filetsteak »Courdon Rouge« mit Mousse von Gänseleberparfait und Steinpilzen (8,00-45,00)
Einbombe à la Maison, Eisgugelhupf aus Cassismark (7,00-16,50)
Bier: Haigerlocher Schloßbräu (0,3 l ab 4,80)
Wein: Reiche Auswahl an französischen und italienischen Flaschenweinen und regionalen, vorwiegend weißen Schoppenweinen (0,25 l ab 7,00)

Besonderheiten
Apfelsaft aus eigenen Streuobstwiesen, Kinderstühle, Kindergerichte; Galerie; zahlreiche interessant zusammengestellte Menüs

Sehenswürdigkeiten
Wildgehege, Naturpark Schönbuch

Anfahrt
A 81, Ausfahrt Herrenberg, B 82 Richtung Tübingen; in Entringen ist das Lokal ausgeschildert

Die Reichsdose

Neugierig macht schon der Name, hinter dem auch eine Geschichte steht. Der erste Wirt dieser einfachen Gaststätte mit rustikalem Charme fertigte im Jahr der Reichsgründung 1871 eine Schnupftabakdose, aus der sich jeder Reisende auf der gerade fertiggestellten Reichsstraße zwischen Wangen und Ravensburg gegen geringes Entgelt bedienen konnte. Die übers Jahr zusammengekommene Summe lieferte der Wirt alljährlich an die Schule im nahegelegenen Amtzell ab – damit wurden Preise für die besten Schüler finanziert. Auch heute noch verwöhnt die *Reichsdose* neben den Einheimischen vor allem die Durchreisenden mit einfachen, aber sorgfältig zubereiteten Gerichten. Zwar finden sich auf der Speisekarte auch solche Zugeständnisse an den Zeitgeschmack wie Calamares, doch wer die den Forellen- oder Felchengerichten vorzieht, ist selbst schuld. Die *Reichsdose* ist ein für die Region (noch!) typischer Landgasthof – Einrichtung und Ausstattung sind einfach, aber gepflegt. Das gleiche läßt sich über den Service sagen, als dessen Motto sich eine Aussage von Frau Fischer, der Pächterin und Köchin, eignet: »'s soll jedem Gast recht sein.« *pl*

Speisen und Getränke
Räucherforellencremesuppe, Badisches Schneckensüpple (4,00-7,50)
Rinderbraten in Burgundersauce, Putenschnitzel gedünstet, Felchen gedünstet, gefüllte Pfannenkuchen, 1/2 Dtzd. Schnecken in Kräuterbutter (8,50-23,50)
Bier: Meckatzer Pils (0,3 l ab 3,50)
Wein: Ausschließlich deutsche Rot- und Weißweine, z. B. Hagnauer Müller-Thurgau, Rödelseer Schloßberg, Weiler Salzberg, Trollinger Schwarzriesling (0,25 l ab 4,00)

Besonderheiten
Kinderstühle, Kindergerichte, Spielecke

Sehenswürdigkeiten
Altstadt von Wangen; Wallfahrtsort Pfänich zwischen Amtzell und Wangen

Anfahrt
An der B 32 zwischen Amtzell und Ravensburg gelegen

Die Reichsdose
An der Bundesstr. 32
88279 Amtzell
Tel. 075 20/62 99
Fax 075 20/62 99

Di-So ganztags geöffnet
Mo Ruhetag
Küche: Di-So durchgehend

115 Plätze
1 Nebenraum
Reservierung erwünscht

Kreditkarten: Diners, American Express, Visa, Eurocard

Adler

Vier Generationen prägen das Haus der Familie Ottenbacher in Asperg, das 150 Jahre alt wird. Dabei handelt es sich um eine bodenständige Gastwirtschaft mit typisch schwäbischer Gastlichkeit. Für die gastronomische Philosophie der Familie Ottenbacher gilt die Harmonie von Küche, Service und Ambiente. Ein hoher Standard bei typisch schwäbischen Gerichten und internationalen Genüssen ist Pflicht und Kür. Küchenchef Peter Auer kreiert Gerichte, die zwar jeder kennt, die jedoch in dieser feinschmeckerischen Variante noch nicht erlebt wurden. Peter Auer über seine Aufgabe im *Adler*: »Das Ziel ist, dem Gast in Zusammenarbeit mit dem Service in einem schönen Ambiente einen Abend zu bereiten, an den er sich gern erinnert.« Übrigens: Das Restaurant und Hotel *Adler* bezieht Schweine- und und Rindfleisch aus kontrollierter Zucht. Es trägt das Zeichen »Herkunft und Qualität Baden Württemberg«. 1997 ist der *Adler* hundert Jahre im Besitz der Familie Ottenbacher, die nicht nur in Asperg für ihre Adler-Knöpfle (grüne Spätzle mit Spinat und Kräutern) bekannt ist. *hr*

Adler
Stuttgarter Straße 2
71679 Asperg
Tel. 071 41/266 00
Fax 071 41/266 060

Mo-So 11.30-15.00
und 17.30-01.00
Küche: 12.00-14.00
und 18.00-22.00

200 Plätze
5 Neben- und
Tagungsräume
40 Plätze im Freien
Reservierung
angeraten

31 EZ ab 139,00
34 DZ ab 206,00

Kreditkarten: Diners,
American Express,
Visa, Eurocard

Speisen und Getränke
Hausgemachte Maultäschle mit Tomatenrahm überbacken, marinierte Entenbrust (7,00-28,00)
Rehbraten, Kalbskopf »en tortue« und Kräuterschupfnudeln (24,00-44,00)
Apfelküchle mit Zimtschaum und Vanilleeis, Krokantparfait mit Pflaumen in Sternanismarinade (8,50-14,00)
Bier: Schwabenbräu, Königspils (0,3 l ab 5,10)
Wein: 18-seitige Weinkarte mit riesiger Auswahl an regionalen, französischen, italienischen und spanischen (v. a. Flaschen-) Weinen mit einer Preisspanne von 26,50 bis 540,00 für eine 0,75 l-Flasche; offene Weine vorwiegend aus regionalem Anbau (0,25 l ab 6,70)

Besonderheiten
Die Weine!
Kinderstühle, kinderfreundlicher Service, Kinderportionen

Sehenswürdigkeiten
Ludwigsburger Schloß, Hohenasperg

Anfahrt
A 81 Ausfahrt Ludwigsburg Nord oder Ludwigsburg Süd über Möglingen, je 4 km

Gasthof Hirsch

Der *Hirsch* ist ein schönes, historisches Fachwerkgebäude am Ortsrand von Bad Ditzenbach-Gosbach. Die geschmackvolle Einrichtung und die gediegene Atmosphäre passen zur schwäbischen Landschaft, mit der sich Küchenmeister August Kottmann eng verbunden fühlt. Das kommt auch in seinem breiten Angebot edler Destillate aus eigener Brennerei zum Ausdruck. Die Zutaten dazu stammen aus der Umgebung. Kottmans Philosophie: »Unsere gesunde schwäbische Natur im Destillat konservieren.« Auch Most aus heimischem Obst wird angeboten. Im Frühjahr und Herbst läßt Kottmann seine Gäste an sogenannten Destillattagen einen Blick in die Schnapsbrennerei werfen (Termine vorher erfragen). Ebenfalls im Frühjahr und Herbst gibt es Kulturelles – ein Pianist und ein Sänger werden dazu engagiert. Im Advent organisiert man im *Hirsch* Kerzenabende (donnerstags ohne elektrisches Licht und bei Klaviermusik). *str*

Speisen und Getränke

Feldsalat mit Quittenwürfeln und Gänsebrust, Hummersuppe mit Wodkasahne und frisch gehobeltem Trüffel (6,50-18,50)
Lachssteak vom Grill mit Kräuterbutter, Rinderfiletsteak mit Cognac-Pfeffer-Sauce, Chefsalat mit Rauchschinkenstreifen (11,00-37,00)
Apfelmost-Honig-Sorbet mit Rhabarbersauce und Erdbeeren, gebackene Holunderblüten mit Erdbeersorbet und Vanillesauce (6,50-15,00)
Bier: Kaiser-Export, Kaiser-Pils vom Faß (0,3 l ab 2,90)
Wein: Umfangreiches Angebot Württemberger Weine, auch Weine aus der Wachau, aus Frankreich, Italien und Australien (0,25 l ab 5,80)

Besonderheiten

Riesiges Angebot hervorragender Schnäpse aus eigener Brennerei. Für Kinder gibt es einen Spielplatz in der Nähe.

Sehenswürdigkeiten

Herrliches Wandergebiet zwischen der Hochfläche der Schwäbischen Alb und dem flacheren Voralbgebiet; Hiltenburg, Flugplatz Berneck, Wallfahrtskirche Ave Maria bei Deggingen; Radweg Wiesensteig-Geislingen führt direkt am Gasthof vorbei

Anfahrt

An der B 466 zwischen Geislingen/Steige und der A 8; nur zwei Kilometer von der A-8-Anschlußstelle Mühlhausen in Richtung Geislingen entfernt

B

Gasthof Hirsch
Unterdorfstraße 2
73342 Bad Ditzenbach-Gosbach
Tel. 073 35/51 88
Fax 073 35/58 22

Di-So 9.00-14.00
und 17.00-24.00
Mo Ruhetag
Küche: 11.30-14.00
und 17.30-22.00

75 Plätze
2 Nebenräume
Reservierung
angeraten

3 EZ ab 70,00
5 DZ ab 105,00

Kreditkarten:
Eurocard,
Mastercard

Hotel-Restaurant Sonne

Eugen Hemrich versteht sich als ideenreicher Handwerker, der sein Temperament am Herd mit der typisch schwäbisch-fränkischen Regionalküche und heimischen Qualitätserzeugnissen auslebt. Kutteln sind bei ihm ein Muß. Hemrich gehört nicht zu den Gastronomen, die ihre Hände in den Schoß legen und das Wegbleiben der Gäste beklagen. Täglich ein guter Spruch (»Wenn Sie das Wetter richtig leid sind, dann gehen Sie doch in die *Sonne* den Süden schmekken.«) und eine Idee – das ist sein Motto: Dinner for two, Jazz-Frühschoppen, Ganz wild auf Wild – so heißen einige Aktionen. Stets stimmt hinter der schlichten Fassade das gemütliche Ambiente bis zur phantasievollen, thematisch oder jahreszeitlich abgestimmten Tischdekoration. Der seit etwa 1880 bestehenden Wirtschaft haben Eugen und Uschi Hemrich seit 1970 in dritter Generation einen eigenen Stempel aufgedrückt. Wer die Brille vergessen hat, bekommt vor der Speisenwahl ein Brillensortiment serviert. Wer im Freien sitzt, hat einen großartigen Rundblick über die Neckar-Landschaft bis hinüber zur berühmten Kulisse der Stauferstadt Bad Wimpfen. *schw*

B

Hotel-Restaurant
Sonne
Deutschordenstr. 16
74177 Bad Fried-
richshall
Tel. 071 36/40 63
Fax 071 36/72 08

Mi-So ganztags
geöffnet
Mo, Di Ruhetage
Küche: 12.00-14.00
und 18.00-22.00

150 Plätze
2 Nebenräume
2 Tagungsräume
40 Plätze auf der
Terrasse
Reservierung
angeraten

2 EZ ab 88,00
11 DZ ab 152,00

Kreditkarten:
American Express,
Visa, Eurocard

Speisen und Getränke
Oedheimer Weinsüpple, Terrine vom Bachsaibling mit Spargelsalat (8,00-16,50)
Roulade von Auberginen und Zucchini mit Sesamtaler, Laubfröschle von Lachs und Zander, Knurrhahnfilet (17,50-35,00)
Feigenstern an Cassissauce mit Krokantparfait und Mohnmousse (8,00-12,50)
Bier: Stuttgarter Hofbräu (0,4 l ab 4,50), Aktionsbiere
Wein: Sehr großes Weinangebot, offene Weine meist regional (0,25 l ab 5,50)

Besonderheiten
Essig-Sammlung, Bootsanlegestelle, Service außer Haus

Sehenswürdigkeiten
Schiffahrt auf dem Neckar, Solefreibad, Salzwerk-Untertagebesuch, Zweiradmuseum und Audi-Werksbesichtigung Nekkarsulm

Anfahrt
A 81 Ausfahrt Heilbronn-Neckarsulm, B 27 Richtung Mosbach bis Jagstfeld, an der Ampel links abbiegen

Gasthaus Lamm

Die Einheimischen werden sie anfangs belächelt, manch einer vielleicht gar »grüne Spinner« genannt haben, aber alle werden sie inzwischen überzeugt sein von Gudrun Rembold und Raymond Kast. Sieben Jahre ist es her, seit die beiden ehemaligen Internatslehrer den Dorfgasthof in dem kleinen Flecken oberhalb des Kurstädtchens Bad Liebenzell übernommen haben. Was Anderes wollten sie machen, und da sie leidenschaftlich gerne essen und kochen lag nichts näher. Ganz Autodidakten, stellten sie sich an den Herd, und was sie ihren Gästen servierten, sprach sich schnell herum. Das einfache Ambiente (Dielenboden, Fachwerk, niedere Decke) und die beiden selbst paßten zunächst in das Klischee vom *Lamm* als einem vegetarischen Restaurant. Die Karte wechselt wöchentlich und mit ihr auch der Küchenchef bzw. die Küchenchefin. Eine Woche steht Gudrun Rembold am Herd, die nächste Raymond Kast. Einen weiten Weg nehmen die beiden auf sich, wenn Coque au vin auf der Karte steht, denn die gefiederten Prachtstücke bringen sie aus Frankreich mit. Aber wer es lieber etwas deftiger mag, dem servieren die *Lamm*-Wirte auch gerne eine hausgemachte Wildschweinpastete oder einen Wildschweinbraten. *vs*

B

Speisen und Getränke

Wildschweinpastete mit Sauce Cumberland, Mousse vom Stockfisch (7,80-10,80)

Grünkernbratlinge, Wildschweinbraten, Scheiben von der Lammkeule (22,80-27,80)

Grießflammerie, Holunderküchle mit Vanilleis, englische Puddings (9,80-10,80)

Bier: Stuttgarter Hofbräu Pilsener vom Faß, Weizenbier, alkoholfreies Bier, Mark Lamm-Bräu/Bioland (0,3 l ab 3,00)

Wein: Vorwiegend aus Frankreich (biologisch angebaut), Italien und Württemberg (0,25 l ab 4,50)

Besonderheiten

Salat und Gemüse aus biologisch-kontrolliertem Anbau, Fleisch aus heimischer Schlachtung, Wild aus heimischer Jagd, Bioland-Bier, biologisch angebaute Weine

Sehenswürdigkeiten

Burg Liebenzell in Bad Liebenzell, Schmuckmuseum Pforzheim (20 km entfernt), Bad Wildbad mit Rossini-Festspielen

Anfahrt

A 8, Ausfahrt Pforzheim West, Pforzheim B 463 bis Bad Liebenzell, Abzweigung Meisenbach-Zainen

Gasthaus Lamm
Calmbacher Str. 23
75378 Bad Lieben-
zell-Zainen
Tel. 070 84/48 33

Mi-Sa 18.00-24.00,
So 12.00-14.00
und 18.00-23.00
Mo, Di Ruhetage
Küche: 18.00-21.30,
So 12.00-14.00
und 18.00-21.00

28 Plätze
16 Plätze im Freien
Reservierung
erforderlich

Keine Kreditkarten

Bundschu

Als Hans-Jörg Bundschu 1977 den elterlichen Kurbetrieb übernahm, verwandelte er ihn in ein Restaurant. Denn Spaß am Kochen und am guten Essen hatte er schon immer. Die regional-saisonale Küche bildet hier den Schwerpunkt: Neben Bodenständigem wie Linsen mit Spätzle sind besonders Bundschus Fischgerichte ein kulinarisches Ereignis. Hohe Qualität sagt man auch seinen Bränden nach. Der Chef begnügt sich aber nicht nur mit dem Heimischen, sondern guckt ganz gerne auch einmal in fremde Kochtöpfe: Die Gerichte, die der gelernte Koch bei seinen Reisen nach Südfrankreich kennengelernt hat, kocht er zu Hause nach. Daß die Kopie manchmal besser ist als das Original, kann man besonders bei der alljährlichen »Französischen Woche« erleben: Die Bouillabaisse ist ein Traum! Etwas exotischer für den europäischen Gaumen sind Bundschus thailändische Gerichte, über deren Zubereitung er während eines Kochkurses im Oriental-Hotel in Bangkok alles gelernt hat.

dai

B

Bundschu
Cronbergstraße 15
97980 Bad Mergentheim
Tel. 079 31/93 30
Fax 079 31/93 36 33

Di-So 11.30-14.30
und 17.30-23.30
Mo Ruhetag
Küche: 12.00-14.00
und 17.30-21.30

140 Plätze
1 Nebenraum
3 Tagungsräume
45 Plätze im Freien

30 EZ ab 125,00
20 DZ ab 150,00

Kreditkarten: Diners,
American Express,
Visa, Eurocard

Speisen und Getränke

Bouillabaisse von Edelfischen und Krustentieren, Taubertäler Winzersalat mit Speck (6,90-22,80)
Filet vom Spessartsaibling mit Dinkelnudeln, Rücken vom Hohenloher Weidenlamm, gegrilltes Ochsenlendensteak (22,80-38,80)
Piña-Colada-Eis und Mangoparfait mit tropischem Fruchtsalat, Crêpes mit Preiselbeeren und Vanilleeis (6,90-13,80)
Bier: Herbsthäuser Pils (0,4 l ab 4,50)
Wein: Vorwiegend Taubertäler und fränkische Weine, aber auch französische und italienische Weine (0,25 l ab 5,50)

Besonderheiten

Speziell für den *Bundschu* gebrannte Obstschnäpse, thailändische und französische Küche, Kinderstühle, Kindergerichte, Kinderportionen, Bilder- und Malbücher

Sehenswürdigkeiten

Stuppacher Madonna, Grünewald (März-April 10.00-17.00, Mai-Okt. 9.00-17.30, Nov.-Feb. 10.00-12.00); Deutschordensmuseum (Di-Fr 14.30-17.30, Sa, So und Feiertage 10.00-12.00)

Anfahrt

A 81 Würzburg-Heilbronn, Ausfahrt Tübingen, B 290 nach Bad Mergentheim, in Bad Mergentheim Richtung Würzburg, dann rechts, Milchingstraße

Hotel Dollenberg

Über der mittelbadischen Gastronomie thront der *Dollenberg*. – So könnte man über Qualität und Lage des Familienbetriebs *Hotel Dollenberg* sagen. Was hier die Familie Schmiederer innerhalb von zwanzig Jahren erbaut hat, sucht auf der Südseite des Schwarzwaldes seinesgleichen. Die gelungene Kombination eines hochklassigen Kur- und Sporthotels mit den Ansprüchen eines familienfreundlichen Hauses wurde hier in Perfektion verwirklicht. Die nicht einfache Gratwanderung, Sterneküche und regionale Speisen zu vereinigen, hat der Küchenchef Martin Herrmann glänzend bewältigt. Der Einser-Meister versteht es wie kaum ein anderer, badische Rezepte auf höchstem Niveau zu kochen, ohne dabei den regionalen Boden unter der Pfanne zu verlieren. Natürlich dominiert internationale Küche die Speisekarten; das ist Meinrad Schmiederer seiner Kundschaft aus ganz Europa und Übersee schuldig. Der Erfolg bleibt nicht aus: Ohne Reservierung geht hier auch während der Woche nichts. Was an Kalorien angehäuft wird, läßt sich dann auf dem benachbarten Tennisplatz wieder verbrauchen. *ros*

B

Speisen und Getränke
Badische Schneckensuppe, Kräuter-Crêpes gefüllt mit Schneckenragout (4,50-24,50)
Steinbuttfilet überkrustet mit feinen Kräutern, französisches Pfeffersteak, Hirschmedaillon mit Haselnußkrapfen (23,50-43,00)
Bananenmousse mit marinierten Früchten auf Rum-Schokoladensauce, warme Mandel-Feigentarte mit Cassissauce und Vanilleeis (7,50-14,50)
Bier: König-Pilsener (0,3 l ab 4,50)
Wein: Durbacher Weine (0,25 l ab 7,50)

Besonderheiten
Kinderstühle, Kindergerichte, Kinderportionen, Bilder- und Malbücher, Spielplatz

Sehenswürdigkeiten
Renchtäler Mineralwasserbrunnen, Schwarzwaldhochstraße, Mummelsee mit Möglichkeiten zur Bootsfahrt

Anfahrt
A 5 Ausfahrt Appenweier, dann B 28 in Richtung Freudenstadt bis Bad Peterstal-Griesbach

Hotel Dollenberg
Dollenberg 3
77740 Bad Peterstal-Griesbach
Tel. 078 06/780
Fax 078 06/12 72

Mo-So ganztags geöffnet
Küche: 12.00-14.00 und 18.00-22.00

120 Plätze
40 Plätze im Freien
Reservierung angeraten

Kreditkarten: Diners, Visa, Eurocard

Gasthaus Krone

Im Herzen des alten Städtle haben Rolf und Gudrun Berlin der Gastronomie in dem einst kleinsten Städtchen Württembergs buchstäblich die Krone aufgesetzt. In seiner schlichten Art unterscheidet sich die Lokalität kaum von anderen Landgasthöfen in der Umgebung. Es sind die inneren Werte, die die Gäste schätzen. 1994 umgebaut und renoviert, strahlen helles Holz, Tischdeko und Kachelofen eine angenehme Behaglichkeit aus, ohne altbacken zu sein. Gleiches gilt beim Betrachten der Speisekarte, nicht allein der günstigen Preise wegen. Wer viel Hunger mitbringt, sollte sich an dem Vier-Gänge-Menü (monatlich wechselnd) versuchen. Der 38jährige Rolf Berlin, Küchenmeister und Konditor, lernte während seiner Wanderjahre (Schweiz/Schweden/norwegisches Kreuzfahrtschiff) die gastronomische Welt kennen, verschreibt sich aber heute der heimischen Küche. Ochse (aus eigener Schlachtung) tischt der Hausherr gerne auf. Lebendfrische Forellen in sechserlei Variationen stehen ebenso auf der achtseitigen Speisekarte. Und wer nicht ganz so viel Appetit hat, der kann jeweils auch kleine Portionen ordern. *vs*

B

Gasthaus Krone
Marktplatz 2
75385 Bad Teinach-
Zavelstein
Tel. 070 53/92 94-0
Fax 070 53/92 94 30

Mo-So 10.00-14.00
und 17.00-23.00
Küche: 10.00-14.00
und 17.00-21.30

120 Plätze
3 Nebenräume
40 Plätze im Freien
Reservierung
erwünscht

7 DZ ab 60,00

Keine Kreditkarten

Speisen und Getränke
Maultäschle auf Blattspinat mit Käserahm überbacken, kleine Reibeküchle (4,50-17,50)
Gaisburger Marsch, hausgemachte Wildklößchen, Kalbsrückensteak in Calvadossauce (13,00-32,50)
Schupfnudeln süß gebraten mit Zucker und Zimt, kleine Rohmilch-Käseplatte (7,00-10,50)
Bier: Hochdorfer Pilskrone, Hochdorfer Hefeweizen und Löbauer Schwarzbier vom Faß (0,3 l ab 3,40)
Wein: Offene Weine überwiegend aus Württemberg und Baden, Flaschenweine vorrangig aus F und I (0,25 l ab 5,00)

Besonderheiten
Alle 14 Tage historische Rittermahle im Gewölbekeller, Kellergespräche mit Prominenten, Partyservice, Kinderstühle und -portionen, Spielplatz in nächster Nähe

Sehenswürdigkeiten
Burgruine Zavelstein (Turmbesteigung möglich); März/April Blüte der Krokuswiesen; historisches Städtle; Hahnentanz Bad Teinach (letztes Augustwochenende); Hermann-Hesse-Museum (Calw: 10 km entfernt); historisches Silberbergwerk (Neubulach: 8 km entfernt)

Anfahrt
A 81, Ausfahrt Calw, von Calw auf B 463 Richtung Freudenstadt, Abzweigung Zavelstein

Quellenrestaurant im Bad Hotel

Wer aus dem Fenster des *Quellenrestaurants* schaut, mag sich vielleicht vorstellen, wie Könige und Herzöge ihren schönen Reisekutschen vor dem klassizistischen Eingangsportal entstiegen. Heute flanieren auf der Allee die Bade- und Kurgäste des kleinen Kurstädtchens Bad Teinach. »Tradition und Fortschritt sind bei uns kein Gegensatz«, verspricht der Hausprospekt des *Bad Hotels* – und das gilt in der Tat auch für die Küche. Das zehnköpfige Küchenteam um Küchenchef Thomas Kling fühlt sich der regionalen Küche gleichermaßen verbunden wie der kalorienarmen oder vegetarischen Kost. Für ihn versteht es sich schon fast von selbst, daß Vollwertgerichte und ein vegetarisches Menü auf der Karte stehen. Es ist diese Kontinuität, die die Stammgäste seit vielen Jahren an dem Haus schätzen, das eine würdevolle, gediegene, aber auch liebevolle Atmosphäre ausstrahlt. Die Philosphie von Geschäftsführung und Service: nicht nur Dienstleister, sondern vielmehr Gastgeber zu sein. *vs*

Speisen und Getränke

Cremesuppe von Petersilienwurzeln, Dialog von Teinacher Rauchforelle und Norweger Fjordlachs (8,50-19,00)
Steak vom Wildschwein aus heimischer Jagd, gedünstetes Zanderfilet mit Kerbelschaumsauce (19,00-40,00)
Joghurtterrine auf Cassismark, Nougateisparfait im Marzipanmantel (9,50-16,00)
Bier: Alpirsbacher Pils vom Faß, Dinkelacker CD Pils, Kloster-Weizenbier (0,3 l ab 4,20)
Weine: Überwiegend Weine aus Württemberg und Baden, aber auch von anderen deutschen Anbaugebieten, aus Italien und Frankreich (0,25 l ab 7,00)

Besonderheiten

Candlelight Dinner, auf Wunsch Diätkost (für Hausgäste), Partyservice, Kinderkarte, Barbecue, Fondueabend mit Zithermusik in der *Brunnenschenke*, Schönheitsfarm im Haus, Kurpark, hauseigener Tennisplatz, Kutschfahrten

Sehenswürdigkeiten

Burgruine Zavelstein, Krokusblüte in Zavelstein (März/April), Lauterbachhof; historisches Silberbergwerk (Neubulach:10 km), Hermann-Hesse-Museum (Calw:10 km)

Anfahrt

A 8, Abfahrt Pforzheim, Calw; B 463 Richtung Calw, Abzweigung Bad Teinach oder A 81 Abfahrt Gärtringen über Deckenpfronn und Wildberg zur B 463, Abzweigung Bad Teinach

B

Quellenrestaurant
im Bad Hotel
Otto-Neidhart-
Allee 5
75385 Bad Teinach-
Zavelstein
Tel. 070 53/29-0
Fax 070 53/29-177

Mo-So 7.00-24.00
Küche: 12.00-13.30
und 18.30-21.30

60 Plätze im
Quellenrestaurant
(45 in der Brunnen-
schenke)
3 Nebenräume
6 Tagungsräume
60 Plätze im Freien
und 80 im Kursaal
Reservierung
erwünscht

28 EZ ab 115,00
25 DZ ab 190,00
4 Appartements
ab 310,00
Kreditkarten: Diners,
American Express,
Visa, Eurocard

Waldhorn

Gourmets von nah und fern strömen ins *Waldhorn* nach Baden-Baden. Sie erfreuen sich an Feinschmeckergerichten, für deren Kompositionen mit beiden Händen aus dem geschöpft wird, was die Region zu bieten hat. Die Kochkunst von Joachim Müller erfüllt gehobene Ansprüche – und gemütlich ist es obendrein in dem gepflegten Landgasthof der Sonderklasse. Rustikales, gemütliches Dekor mit Kachelofen sorgt für ein Gefühl wie bei Oma in der Stube. Im April 1995 übernahm Müller das *Waldhorn*, das bereits seit 1789 besteht. Zuvor hatte er sich im *Gasthaus Adler* in Gaggenau einen Ruf erkocht, der weit über die Region zu vernehmen war. Seine große Leidenschaft ist außerdem die Jagd. Das schlägt sich auch auf der Speisekarte nieder, die aber weit mehr als Wildspezialitäten offeriert. Auch eine alte Eßtradition, das badische Samstagsessen, lebt hier wieder auf. Es besteht aus Rinderbrust mit Bouillonkartoffeln und Meerrettichsauce. An schönen und warmen Tagen werden die Menüs auch im gepflegten Garten jenseits des Oos-Baches serviert. *er*

B

Waldhorn
Beuerner Straße 54
76534 Baden-Baden
Ortsteil Oberbeuern
Tel. 072 21/722 88
Fax 072 21/734 88

Di-Sa 11.00-15.00
und 18.00-23.00
So 11.00-15.00
Mo Ruhetag
Küche: 12.00-14.00
und 18.30-21.30

105 Plätze
1 Nebenraum
70 Plätze im Garten
hinter dem Haus
Reservierung
unbedingt
erforderlich

3 EZ ab 80,00
9 DZ ab 130,00

Kreditkarten:
American Express,
Visa, Eurocard

Speisen und Getränke

Gebratene Blutwurst auf Apfelscheibe, Sülze vom geräucherten Bachsaibling (8,00-22,00)

Flußzander-Klößle auf Blattspinat, Bodensee-Waller aus dem Wurzelsud, Ossobuco vom gepökelten Schweinswädele (23,00-39,00)

Eis-Gugelhupf mit Eierlikör, hausgemachte Eisterrinen (10,00-15,00)

Bier: Hatz vom Faß (0,3 l ab 4,00)

Weine: Vorwiegend aus Baden (0,25 l ab 8,00)

Besonderheiten

Badisches Samstagsessen, Apfelsaft und Weine aus Öko-Anbau; Kinderstühle, Kindergerichte, Spiele, Malbücher

Sehenswürdigkeiten

Spielcasino Baden-Baden (Besichtigung täglich von 10.00-12.00, Spielbetrieb von 14.00 bis 3.00, sonntags von 14.00-02.00)

Anfahrt

A 5, Ausfahrt Baden-Baden, B 500 Richtung Freudenstadt, im Michaelstunnel vorbei an Baden-Baden, weiter geradeaus bis zum Ortsteil Oberbeuern

Fuchshöhle

Zu heimelig ist das Ambiente der Bad Säckinger *Fuchshöhle*, als daß man in diesem traditionsreichen Haus vis-à-vis des Münsters einen Gourmettempel vermuten würde. Tatsächlich ist es noch gar nicht lange her, da wurde der Umsatz fast ausschließlich mit Faßbier und Vierteles gemacht. Der Charakter einer liebenswerten Beiz ist nahezu vollständig erhalten geblieben, auch wenn Barbara und Michael Adler aus dem elterlichen Betrieb seit 1978 ein Speiselokal ersten Ranges geschaffen haben. Das hat anfangs viele Einheimische vor den Kopf gestoßen, war und ist die *Fuchshöhle* doch so etwas wie eine städtische Institution. Das Restaurant aus dem 16. Jahrhundert erzählt eine Menge aus der Geschichte Bad Säckingens. Ein Maler namens Kaiser hat diese zwischen 1895 und 1902 – nur für Speis' und Trank – in vielen Gemälden, die im Gasthaus zu bewundern sind, verewigt. Im Winter knistert das Holz im Kachelofen, das der Küchenmeister übrigens eigenhändig im Wald schlägt: seine Art, sich für den anstrengenden Beruf fit zu halten. *tb*

Speisen und Getränke
Wintersalate mit gebratenen Fischen, Ravioli mit Artischocken, Terrine von Kalbsbries und Gänseleber (6,00-18,00)
Wildwasserlachs mit Austernpilzen, Kalbfleischroulade mit Pilzfüllung, geschmorte Perlhuhnbrust (19,00-39,00)
Überbackener Ziegenkäse, Haselnußschaum mit Walnußtorte (11,00-16,00)
Bier: Waldhaus Pils vom Faß (0,33 l ab 3,60)
Wein: Kaiserstühler und Markgräfler Weine (0,25 ab 5,80)

Besonderheiten
Kinderstühle, Kindergerichte, Kinderportionen, Bilder-/Malbücher; von einigen Gerichten kann man auch nur halbe Portionen bestellen

Sehenswürdigkeiten
Münster von Bad Säckingen, Schloßpark, Altstadt, Trompetenmuseum, alte Holzbrücke über den Rhein, die von Deutschland in die Schweiz führt

Anfahrt
Anfahrt über B 34, zwischen Basel und Schaffhausen gelegen

B

Restaurant
Fuchshöhle
Münsterplatz 24
79713 Bad Säckingen
Tel. 077 61/73 13

Di-Sa 11.00-14.00
und 18.00-22.00
So, Mo Ruhetage
Küche: 12.00-13.30
und 18.00-21.30

45 Plätze
1 Nebenraum
1 Tagungsraum
20 Plätze im Freien
Reservierung
angeraten (am
Wochenende 3 Tage
vorher)

Kreditkarten: Diners,
Visa, Eurocard

Lamm

Das *Lamm* in Baiersbronn-Mitteltal hat eine 200jährige Tradition. Es entstand aus einer alten Brauerei und Schnapsbrennerei und ist seit gut 100 Jahren im Besitz der Familien Gaiser und Klumpp. Ernst und Kundi Klumpp führen das stolze Fachwerkhaus, das die Ortsmitte dominiert, seit 1976 im selbstbewußten, eigenen Stil und sind stets mit großer Herzlichkeit dem Gast zugewandt. Wohl wissend, daß in Baiersbronn, der Gemeinde mit den meisten Michelin-Sternen und den Tophotels *Bareiss* und *Traube-Tonbach*, die Spitzenküche nicht kopiert werden muß, hat die Familie Klumpp mit Küchenchef Dieter Schäfer zu einer eigenständigen, regionalen Küche mit vielen Wild- und Fischgerichten gefunden, die hinter den Sternen der »Großen« durchaus nicht verblaßt. Das Ambiente ist einladend mit hellem Holz, durchdachter Anordnung der Räume, zeitgerechter Einrichtung und Ausstattung – man fühlt sich einfach rundum wohl und gut bedient – Die einfallsreiche, wechselnde Dekoration verrät Kundi Klumpps Geschmack und Liebe zum Detail. Das *Lamm* nennt sich »das Haus für nette Gäste« – ein Slogan, der ins Schwarze trifft. *hk*

B

Hotel Lamm
Ellbachstraße 4
72270 Baiersbronn-Mitteltal
Tel. 074 42/49 80
Fax 074 42/498 78

Mo-So 10.00-23.00
Küche: 11.30-14.00
und 18.00-21.00

200 Sitzplätze
2 Nebenräume
1 Tagungsraum
30 Plätze im Freien
Reservierung
erwünscht.

16 EZ ab 57,00
30 DZ ab 135,00

Kreditkarten: Diners,
American Express,
Visa, Eurocard

Speisen und Getränke
Wildessenz mit Portwein und Pilzravioli, roh gebeiztes Rinderfilet mit frischem Basilikum (5,50-16,00)
Lammrückenfilet unter der Kräuterknoblauchkruste, Schwabentopf mit Schweinemedaillons (15,50-34,50)
Hausgemachte Grütze von Waldfrüchten, Parfait von schwarzen Johannisbeeren im Wienermantel (8,50-11,50)
Bier: Alpirsbacher Klosterbräu, Kristall- und Hefeweizen vom Faß, Diebels Alt (0,5 l ab 4,20)
Wein: Weiß- und Rotweine in reicher Auswahl aus Baden-Württemberg und Frankreich (0,25 l ab 5,20)

Besonderheiten
Hauptgerichte auch als kleine Portionen mit Preisnachlaß erhältlich; Hallenbad, Liegewiese, Sauna, Solarien, Kosmetikabteilung, Skilift; im Restaurant für Kinder Kinderstühle, Kindergerichte, Spielecke, Malbücher

Sehenswürdigkeiten
Skilifte und Loipen, Wanderungen zum Ellbachsee (5 km) oder zu den Sankenbacher Wasserfällen (8 km), Wanderfahrten mit Freizeitbus von oder zu Schwarzwaldgipfeln

Anfahrt
B 462, in Ortsmitte von Baiersbronn der Wegweisung Richtung »Mitteltal-Obertal« folgen

Hotel-Gasthof Lang

Erbaut im Jahre 1786 als Schankwirtschaft vor den Toren Balingens, steht der Traditionsgasthof *Lang* heute fast mitten im Herzen der Kreisstadt. Erbauer war einst der Bürgermeister und Rotgerber Leonard Gerber. Seine Tochter heiratete 1826 Immanuel Lang, und seither befindet sich das Haus im Familienbesitz, heutzutage bereits in der fünften Generation. Seit 1975 ist Margarete Lang-Murmann Inhaberin des historischen Gebäudes, das 1986 im Zuge weitgehender Umbauten zudem eine stilgerechte Fassade erhielt. Für die Gerichte der umfangreichen Speisekarte ist Koch Sigmar Haug zuständig. Täglich wechselnde Gerichte mit marktorientiertem Angebot - so lautet die Devise im Hause Lang. In zig Variationen findet der schwäbische Genießer eines seiner Leibgerichte, die Maultaschen. Wer es statt deftig schwäbisch lieber ein wenig leichter liebt, muß auch nicht darben. Seit geraumer Zeit gibt es nämlich Speisen mit dem Siegel »Gesundheitsbewußte Küche« in Zusammenarbeit mit der Ortskrankenkasse. Wer seinen Ausflug in die alte Oberamtsstadt Balingen mit einer Einkehr nach Altväter-Sitte verbinden will, sollte sich die Adresse *Gasthof Lang* unbedingt merken. *vb*

B

Speisen und Getränke
Meerrettichcremesuppe mit Rindfleischwürfeln, Pfannküchle mit Waldpilzen (5,00-11,00)
Gaisburger Marsch, Schinkenspätzle, Langs Fischteller aus Topf und Pfanne (13,00-24,50)
Eisgugelhupf nach altem Hausrezept, Apfelpfannküchle mit Walnußeis (7,00-8,50)
Bier: Adler-Bräu, Stauder Pils (0,3 l ab 4,00)
Wein: Weine aus Baden-Württemberg (0,25 l ab 5,90)

Besonderheiten
Täglich wechselnde Tageskarte; Kinderstühle, Kinderportionen, Bilder- und Malbücher, Spielplatz, Spielkiste

Sehenswürdigkeiten
Heimatmuseum, Eckenfeldergalerie (Di-So 14.00-17.00, Tel. 074 33/168 10), Burg Hohenzollern in Hechingen

Anfahrt
Aus Rottweil kommend B 27 nach Stadtmitte
Aus Stuttgart Autobahn Singen, Abfahrt Empfingen-Stadtmitte, gute Ausschilderung des Hotels

Hotel-Gasthof Lang
Wilhelm-Kraut-
Straße 1
72336 Balingen
Tel. 074 33/38 19 33
Fax 074 33/349 86

Mo-Do 11.00-24.00
Fr 11.00-15.00
und 17.30-24.00
So 11.00-15.00
und 17.30-23.00
Sa Ruhetag
Küche: 12.00-14.00
und 18.00-21.30

80 Plätze
1 Nebenraum
1 Tagungsraum
Reservierung nicht
erforderlich

16 EZ ab 50,00
6 DZ ab 90,00

Kreditkarten:
American Express,
Visa, Eurocard

Zum Ochsen

1997 wird das Berkheimer *Gasthaus zum Ochsen* 60 Jahre unter der Führung der Familie Raidt existieren. Für frischen Wind in der Küche des traditionsreichen Landgasthofes im baden-württembergischen Illertal sorgt neuerdings Sohn Andreas. Dem Namen *Ochsen* war er auch in der Fremde treu. Nach Lehrjahren im Ehinger *Ochsen* nämlich ging er für einige Jahre nach Hamburg, wo der Lehrchef aus besagtem Donaustädtchen ein Schwäbisches Spezialitätenrestaurant besitzt und dort kulinarische »Entwicklungspolitik« betreibt, die an der Alster ein Geheimtip ist. Wieder zurück im Illertal, offeriert Andreas Raidt im Zusammenwirken mit seiner Mutter in der Küche (der Vater ist Herr der benachbarten Metzgerei, weiß also, wo die Tiere her sind) schmackhafte regionale Gerichte und brachte aus der Fremde auch eine äußerst leckere Brotsuppe mit. Daß diese immer wieder verlangt wird, kann als besonderer Vertrauensbeweis der gemeinhin Neuem gegenüber eher als verschlossen geltenden Oberschwaben und Allgäuer gedeutet werden. *häm*

B

Gasthaus zum
Ochsen
Alte Steige 1
88450 Berkheim/
Illertal
Tel. 083 95/929 29
Fax 083 95/929 55

Mo-Sa 7.00-24.00
So Ruhetag
Küche: 11.30-14.00
und 17.30-21.30

100 Plätze
2 Nebenräume
Reservierung
angeraten

Keine Kreditkarten

Speisen und Getränke

Brotsuppe, Hochzeitssuppe, geröstete Maultaschen mit Ei und Käse, Honigmelone mit diversen hausgemachten Schinken und überbackenem Käse (4,20-11,80)
Ochsentoast, Rinderrückensteak mit Bohnen und Grilltomate, Lammrückensteak in Balsam-Essig-Sauce mit zartem Gemüse (5,50-26,00)
Schwäbische Mostküchle in Zimt und Zucker mit Vanilleeis, Ochsen-Hausbecher (3,80-8,50)
Bier: Memminger B & E Biere, Hefeweizen (0,5 l ab 3,50)
Wein: Vorrangig aus Württemberg, vom Bodensee und vom Kaiserstuhl (0,25 l ab 4,20)

Besonderheiten

Kinderstühle

Sehenswürdigkeiten

Das nahe Memmingen und ebenfalls jenseits der Iller das Schwäbische Bauernhofmuseum Illerbeuren, Bayerns ältestes Freilandmuseum zur ländlichen Kultur und Lebensweise (April bis Sep.: Di-So 9.00-18.00; März, Okt., Nov. 10.00-16.00)

Anfahrt

A 7 Stuttgart, Ulm, Kempten; Ausfahrt Berkheim; dort bei der ersten Kreuzung gen Biberach

Mühle

Sie ist das gastronomische Kleinod im an solchen nun wahrlich nicht armen Markgräflerland, diese *Mühle* in Binzen. In der seit den zwanziger Jahren als Gasthaus geführten ehemaligen Mühle, seit zwölf Jahren im Besitz von Hansjörg und Gill Hechler, kann man zwischen eleganten, mit der Handschrift der aus England stammenden Chefin ausgestatteten Räumen, einer rustikal-regional eingerichteten Gaststube und dem Gartenpavillon wählen, der ins Grüne und an das vorbeifließende Flüßchen Kandern gebaut ist. Die Hechlers haben sich das durchaus selbstbewußte Motto »Die feine Markgräfler Art« gewählt und setzen diese mit ihrem elsässischen Küchenchef Fabrice Herbrecht bestens um. Der Spagat zwischen Markgräfler Küche bodenständiger Art und Gourmet-Küche gehobenen Zuschnitts gelingt allemal; am besten genießt der Gast, der eines der günstig kalkulierten Menüs bestellt oder sich auf die Empfehlung der Hechlers verläßt. Nette junge Damen und die Chefs selbst sorgen für den freundlich-persönlichen Service. *rl*

Speisen und Getränke
Feldsalat mit Brotcroûtons und Speckwürfeln, Maissüppchen (6,50-12,50)
Suppenfleisch, Kutteln in Weißwein, Ochsenschwanzragout mit breiten Nudeln (20,50-29,50)
Markgräfler Weincreme, lauwarme Apfelcreme mit Vanillesauce (7,50-9,50)
Bier: Lasser (0,25 l ab 2,90)
Wein: Vorrangig Weine aus dem Markgräflerland, auch Spitzengewächse aus Italien und Frankreich, Faßwein (0,25 l ab 5,00)

Besonderheiten
Saisonale Küche; Kinderstühle, Kindergerichte und -portionen, Bilder- und Malbücher, kindgerechtes Schwimmbad

Sehenswürdigkeiten
Historischer Dampfzug, Museen in Lörrach und Weil am Rhein, Basel liegt nur 10 km entfernt, Burgruine Rötteln

Anfahrt
A 5 Ausfahrt Eimeldingen oder Kandern

B

Hotel-Restaurant
Mühle
Mühlstraße 26
79589 Binzen
Tel. 076 21/60 72
Fax 076 21/658 08

Mo-Sa 10.00-24.00
So Ruhetag
Küche: 12.00-14.30
und 18.00-22.00

140 Plätze
1 Nebenraum
2 Tagungsräume
80 Plätze im Freien
Reservierung
angeraten

2 EZ ab 85,00
18 DZ ab 120,00

Kreditkarten:
im Hotel: Diners,
American Express,
Visa, Eurocard
im Restaurant: keine

Albstuben

Wer vom Blautopf die Sonderbucher Steige (45 Gehminuten auf einem befestigten Waldweg) hochwandert, den erwartet oben auf der Rauhen Alb eine gehobene bürgerliche Küche, die man in dem kleinen Dorf nicht erwartet. Gregor Seidl hat sich auf heimischen Fisch spezialisiert, kreiert aber auch deftige Zwiebelrostbraten oder Nudelgerichte, zum Beispiel Ravioli mit Steinpilzen. Die Portionen sind, der bäuerlichen Umgebung entsprechend, zum Sattwerden, ohne daß der Teller überquillt. Je nach Jahreszeit sind Schwarzwurzeln, Staudensellerie, Spargel oder Pfifferlinge immer frisch. Basilikum oder Estragon zieht der Wirt in seinem Bauerngärtle neben dem Lokal. Kartoffeln, Eier und Salate stammen von Bauern aus der Nachbarschaft. Das Restaurant ist ein typischer Dorfgasthof in dem 700-Seelen-Ortsteil oberhalb des Blautopfs, und hin und wieder ist der engagierte Koch auch unten im Tal, im Ulmer Hotel *Schiefes Haus* im Fischerviertel, für die Verköstigung von hochkarätigen Managern tätig. *gh*

B

Albstuben
Blaubeurer Str. 33
89143 Blaubeuren-
Sonderbuch
Tel. 073 44/68 43

Fr-Mi 11.00-14.00
und 17.00-24.00
Do Ruhetag
Küche: 11.00-14.00
und 17.30-22.00

90 Plätze
1 Nebenraum
Freiterrasse geplant
Reservierung
erwünscht, vor
allem am
Wochenende

Kreditkarten:
Eurocard

Speisen und Getränke
Bonbons von Lachs und Eglifilet, gebratene Jakobsmuscheln an kleinem Salatbukett (4,00-18,50)
Lachssteak in würziger Kräuterbutter, geschnetzelte Putenbrust in Calvadosrahm (12,50-36,50)
Eisgugelhupf mit heißen Schattenmorellen, Topfencreme mit frischen Früchten (4,50-13,50)
Bier: Dinkelacker, Sanwald (0,3 l ab 2,20)
Wein: Vorrangig Weine aus Württemberg und Baden, auch einige französische Weine (0,25 l ab 5,70)

Besonderheiten
Kinderstühle, Kindergerichte und -portionen

Sehenswürdigkeiten
Das Dörfle auf der Alb steht in keinem Reiseführer, hat aber unten im Tal den sagenumwobenen Blautopf, die Klosterkirche und viele appetitanregende Wanderwege mit guter Ausschilderung.

Anfahrt
Auf der B 28 von Ulm aus rechts hinter Herrlingen die Wippinger Steige hoch, über Asch nach Sonderbuch (Segelflugplatz); oder von Blaubeuren (Ortsausgang) vor der Steige nach rechts hoch ein Sträßle für geübte Autofahrer Im Winter kann's äußerst glatt werden.

Gasthaus Rössle

Erst seit Februar '96 betreiben die Gehrs das *Gasthaus Rössle* in Bretzfeld. Daß die zuvor in Heidelberg ansässige Gastronomenfamilie, was die heimische Küche betrifft, durchaus und im besten Sinne »reigschmeckt« ist, beweisen die ideenreichen und geschmacklich hervorragenden Gerichte. Qualität auch (und gerade) bei einfachen Speisen ist oberstes Gebot bei Roland Gehr. Der Koch und Chef des Hauses hat sich vor allem der Pflege der typisch schwäbischen Küche verschrieben. Hier werden die Spätzle noch vom Brett geschabt, hier werden für die Brühe beim Gaisburger Marsch noch Knochen ausgekocht, und das Tagesessen wird nicht einfach warm gehalten und dann à la minute serviert. Von den frischen Zutaten und dem Fleisch aus tiergerechter Haltung bis zur vitamin- und nährstofferhaltenden Zubereitung – den Besucher des *Rössles* erwartet eine hochwertige Küche zu wirklich akzeptablen Preisen, wo schon die Linsen mit Spätzle das gewisse kulinarische »Etwas« besitzen. *rs*

Speisen und Getränke
Grünkerngrießsuppe mit Gemüsestreifen, Schwäbische Kartoffelrahmsuppe (4,80-5,20)
Kutteln in Geddelsbacher Riesling, Nierle in Senfrahmsauce, Geschnetzeltes vom Freilandhahn, eingemachtes Kalbfleisch (13,50-21,60)
Vanilleeis mit heißer Schokoladensauce, Grießflammerie mit Fruchtsauce (6,50-6,90)
Bier: Dinkelacker, Cluss naturtrüb (0,3 l ab 2,70)
Wein: Regionale Weine, schwäbischer Landwein (0,25 l ab 3,60)

Besonderheiten
Mehrere Kindergerichte, Bilder- und Malbücher, interessante Vesperkarte

Sehenswürdigkeiten
Heimatkundliches Museum in Ühringen (Tel. 079 41/353 94), Stiftskirche in Ühringen

Anfahrt
A 6 Heilbronn-Nürnberg, Ausfahrt Bretzfeld

B

Gasthaus Rössle
Adolzfurter Straße 20
74626 Bretzfeld
Tel. 079 46 / 950 31

Di-So 11.00-14.00
und 18.00-24.00
Mo Ruhetag
Küche: 11.00-14.00
und 18.00-22.00

40 Plätze
1 Nebenraum
Reservierung
angeraten

3 EZ ab 50,00
2 DZ ab 90,00

Keine Kreditkarten

Gasthaus Löwen

Schon im 18. Jahrhundert war der *Löwen* im Brigachtaler Ortsteil Kirchdorf eine Zwischenstation der Handlungsreisenden. Neben dem Gasthaus befand sich eine Schmiede, in der die Rösser der durchziehenden Kaufleute getränkt und neu beschlagen wurden. Die Herren selbst genossen das kühle Bier in der bäuerlichen Gaststube. Heute zählt das historische Gebäude mit seinem markanten, baarischen Treppengiebel zu den ältesten Bauten der Gemeinde Brigachtal und steht unter Denkmalschutz. Seit drei Generationen ist der *Löwen* ein Familienbetrieb mit einem Ambiente zum Wohlfühlen. Das Lokal hat den Charakter einer typischen Bauernstube mit viel heller Wand- und Deckenvertäfelung. Ein gelungener Anbau fügt sich nahtlos an das Hauptgebäude und wurde stilvoll in den historischen Teil integriert. *uk*

Speisen und Getränke

Shrimps, Krabbencocktail mit Toast, Schinkenröllchen mit Spargel, gebackener Camembert (3,50-11,50)
Brigachtaler Schlemmerplatte, Grillteller, Lammfilet mit Gemüseauswahl, Gemüseteller der Saison mit Camembert, Knoblauchsteak mit Gemüse (15,00-28,50)
Dessertteller nach Art des Hauses mit Mousse, Parfait und Früchten, Vanilleeis mit heißen Pflaumen und Sahne (4,50-9,50)
Bier: Stuttgarter Hofbräu Herrenpils, Hefeweizen, Kristallweizen, Pilsener u. a. vom Faß (0,3 l ab 3,30)
Wein: Vorrangig Kaiserstuhl, Ortenau, Württemberg (0,25 l ab 5,20)

Besonderheiten

Kinderstühle, Kindergerichte und -portionen, Bilder- und Malbücher

Sehenswürdigkeiten

Direkt gegenüber liegt die 1000jährige St. Martins-Pfarrkirche; 7 km zur Kur- und Bäderstadt Bad Dürrheim, 7 km nach Donaueschingen mit Schloß und Donauquelle

Anfahrt

Auf der Kreisstraße 171, Abfahrt in Villingen-Schwenningen-Marbach nach Brigachtal; dort im Ortsteil Kirchdorf, direkt an der Ortsdurchfahrtsstraße gelegen

B

Gasthaus Löwen
Marbacher Straße 3
78086 Brigachtal
Tel. 077 21/222 43
Fax 077 21/236 08

Di-So ganztags
geöffnet
Mo Ruhetag
Küche: 12.00-14.00
und 17.00-21.30

120 Plätze
2 Nebenräume
20 Sitzplätze im
Freien
Reservierung
erwünscht

Keine Kreditkarten

Landgasthof Bären

Mitten in der Region der 10 Tausender, wo die Schwäbische Alb am höchsten ist und das Wandern und Skilanglaufen am schönsten sind, liegt Bubsheim. In der Bärengasse 11 steht der weitbekannte und traditionsreiche *Landgasthof Bären* mit Metzgerei und Gästehaus. Der Gasthof wurde 1836 erworben durch Donat Grimm, den Großvater des ehemaligen Bundeskanzlers Dr. Kurt Georg Kiesinger. Um 1897 ging das Gasthaus in den Besitz der Familie Martin Zirn über, 1919 erwarb es schließlich die Familie Heinemann, die das Haus 1978 umbaute. Heute wird es von der Hotelmeisterin Sieglinde Heinemann-Wehn geleitet. War früher Kanzler Kiesinger ein regelmäßiger Gast, so ist es heute u. a. Erwin Teufel, der sich die Spezialität des Hauses, »Rehrücken Baden-Baden«, schmecken läßt und das urgemütliche Ambiente genießt. In Erinnerung an den Maurer Josef Winker aus Spaichingen, der 1858 wegen Zechprellerei verurteilt wurde, offeriert die Küche das regionaltypische Gericht für Kalorienbewußte: »7 Tage Arrest bei schmaler Kost, bei Wasser und Brot«. *ges*

Speisen und Getränke
Melonenschiffchen mit hausgeräuchertem Schinken, Schinkenröllchen gefüllt mit Spargel (4,80-14,50)
Feinschmecker-Rehragout aus heimischen Wäldern, Zigeuner-Steak »Pusta« in feuriger Sauce (10,80-33,80)
Frische Früchte mit Mousse au chocolat, Pfannküchle mit Vanilleeis und Sahnehäubchen (8,20-12,00)
Bier: Hirsch-Pils (0,25 l ab 2,80)
Wein: Vorwiegend aus Württemberg und Baden (0,25 l ab 5,20)

Besonderheiten
Eigene Metzgerei, handgeschabte Spätzle, Kindergerichte und -portionen

Sehenswürdigkeiten
Wacholderheide am Kirchberg, Ruine Granegg, keltische Kultstätten Heidentor und Götzenaltar, Segelfluggelände Klippeneck, Wallfahrtskirche Dreifaltigkeitsberg, Lemberg (1015 m)

Anfahrt
A 81 Ausfahrt Rottweil über Frittlingen, Gosheim oder Ausfahrt Tuningen über Spaichingen, Böttingen, B 14 von Spaichingen über Dürbheim, Böttingen

B

Landgasthof Bären
Bärenstraße 11
78585 Bubsheim
Tel. 074 29/23 09
Fax 074 29/992 98

Sa-Di, Do 9.00-24.00
Fr 9.00-14.00
Mi Ruhetag
Küche: 11.30-14.00
und 18.00-21.00

140 Plätze
2 Nebenräume
3 Tagungsräume
Reservierung
sonntags unbedingt
erforderlich

6 EZ ab 52,00
10 DZ 80,00

Keine Kreditkarten

Zum Engel

Eine über 120jährige Tradition prägt das Gasthaus *Zum Engel*. Als Herberge der »Hollerbacher Malerkolonie« ist es überregional bekannt, denn hier wurde ein Kapitel badischer Kunstgeschichte geschrieben. Von 1908 bis 1914 bot der *Engel* der Künstlergruppe (Schüler von Wilhelm Trübner) eine »Stätte gemütlichen Beisammenseins und kameradschaftlichen Lebens". Im Nebenzimmer des Gasthauses dankten sie mit Gemälden direkt auf den Wänden für die herzliche Aufnahme. 1995 übernahm Siegfried Grimm das Gasthaus von der alteingesessenen *Engel*-Wirtsfamilie Schwab. Auch er wahrt die anheimelnde Atmosphäre des Familienbetriebes und typischen Dorfgasthofes, pflegt die Erinnerung an die Malerkolonie im stimmungsvollen Ambiente des Nebenraumes. Nach seinen Wanderjahren als Koch durch deutsche Gourmet-Restaurants fand Siegfried Grimm im *Engel* die geeignete Adresse, sowohl die regionaltypische als auch die feine Küche offerieren zu können. Der Feinschmecker, der seinen Gaumen durch interessante Kreationen verwöhnen lassen möchte, geht hier ebensowenig fehl wie der Wanderer, der sich mit deftiger Hausmannskost stärken will, oder der Stammgast, der die exzellente Zubereitung regionaler Spezialitäten schätzt. *fz*

B

Gasthaus Zum Engel
Holunderstraße 7
74722 Buchen/
Hollerbach
Tel. 062 81/89 46
Fax 062 81/10 65

Mo, Mi-Fr
17.00-24.00
Sa, So 11.30-24.00
Di Ruhetag
im Sommer (ab
April) Do, Fr
zusätzlich
12.00-14.00
Küche: 12.00-14.00
und 17.30-21.30

54 Plätze
1 Nebenraum
30 Plätze im Freien
Reservierung
angeraten

Keine Kreditkarten

Speisen und Getränke

Grünkernstrudel mit Scampi und Ziegenkäsesauce, Wildterrine (5,00-14,50)
Medaillons vom Reh in Walnußkruste, Seeteufelmedaillon auf Blattspinat mit Garnelen (15,00-35,00)
Rhabarber in Cassis mit weißem Moccaparfait und Powidltascherl (7,00-11,00)
Bier: Distelhäuser Premium (0,4 l ab 3,40)
Wein: Internationale Weinkarte, offene Weine aus Baden und Tauberfranken (0,25 l ab 5,50)

Besonderheiten

Grünkern und Wildgerichte, Spezialitätentage (z.B. Weine zum Kennenlernen), alle Gerichte auch als halbe Portion, Kinderportionen, Einkauf direkt beim Erzeuger

Sehenswürdigkeiten

Historische Altstadt mit Bezirksmuseum (Tel. 062 81/88 98), Tropfsteinhöhle in Eberstadt (1.3.-31.10., 10.00-16.00), Museumsstraße, Odenwälder Bauernhaus (Tel. 062 81/27 80)

Anfahrt

B 27 über Buchen oder über Abfahrt Oberneudorf nach Hollerbach

Prinz Carl

Das traditionsreiche Haus im Schatten der Mariensäule mit dem unverwechselbaren Ambiente des Romantik-Hotels wurde 1610 als *Goldene Kanne* erstmals erwähnt. Wo damals Postkutschen Station machten und die Schweden im Dreißigjährigen Krieg Quartier nahmen, verwöhnen heute Familie Gemeinhardt und Team aufmerksam Urlauber und Tagungsteilnehmer. Gästen aus nah und fern erfüllt der junge Küchenchef Stefan Schau mit regional-leichter Küche und phantasievollen Menüs in stilvoller Umgebung fast jeden Wunsch. Ruhe und Erholung findet der Gast nicht nur in der reizvollen Landschaft, sondern auch in komfortablen Zimmern. Der Erweiterungsbau des *Prinz Carl*, gestaltet von Egon Eiermann, dem Architekten der Berliner Gedächtniskirche, steht in reizvollem Kontrast zum historischen Hauptgebäude. Zum Ausklang des Tages bei Kerzenlicht trifft man sich im gemütlichen Kellergewölbe der historischen Weinstube *Zur Goldenen Kanne*. Dort läßt bereits ein Blick in die Weinkarte Genießerherzen höher schlagen. ps

B

Speisen und Getränke
Petersilienschaumsüppchen mit Kaninchenroulade, Kalbskopf in Estragon-Vinaigrette (8,00-32,00)
Odenwälder Rehsauerbraten mit Pilzstrudel, Kanadischer Hummer, Prinz-Carl-Milchkalbsrücken (27,00-37,00)
Topfenknödel mit Mohnschmelze, Tresterbrand-Parfait auf Silvaner-Trauben-Ragout (10,00-16,00)
Bier: Krombacher, Eder, Bitburger (0,4 l ab 4,00)
Wein: Badische, fränkische, Pfälzer, italienische und französische Weine, besonders empfohlen werden der Blaue Zweigelt und Valpolicella Santa Sofia (0,2 l ab 6,00)

Besonderheiten
Eine große Auswahl französischer und italienischer Rohmilchkäse, Kinderstühle, Kindergerichte, Spielecke, Bilder- und Malbücher. Das Hotel bietet folgende Arrangements an: Romantik-Wochenende, Genießer-Wochenende und das Odenwälder Wander- und Radlerwochenende.

Sehenswürdigkeiten
Historische Altstadt, Bezirksmuseum, Tropfsteinhöhle Eberstadt, Römermuseum Osterburken, Golfplätze in der Nachbarschaft (Auskunft: Verkehrsamt Buchen, Tel. 062 81/27 80)

Anfahrt
A 81, Ausfahrt Osterburken; A 3/B 496, über Miltenberg/ Amorbach; B 27, alle Abfahrten, Stadtmitte

Hotel Prinz Carl
Hochstadtstraße 1
74722 Buchen/
Odenwald
Tel. 062 81/18 77
Fax 062 81/18 79

Täglich durchgehend geöffnet
Küche: 12.00-14.00 und 18.00-22.00

120 Plätze
2 Neben- bzw. Tagungsräume
Reservierung erwünscht

10 EZ ab 95,00
10 DZ ab 145,00

Kreditkarten: Diners, American Express, Visa, Eurocard

Zum Rebstock

Beste badische Eßtradition bietet der *Rebstock* in Bühl-Eisental. Die Küche ist das Reich von Wolfgang Hund, der das von wildem Wein umrankte elterliche Wirtshaus 1970 übernahm. Zwischen den dezent-festlich gedeckten Tischen in familiärer Atmosphäre regiert souverän Traute Hund, die viel Liebe in das Lokal einfließen läßt und jeden Gast persönlich begrüßt. In Schülerschrift beschriebene Schiefertafeln mit Schwämmchen, auf denen die Tagesgerichte angepriesen werden, und das geschmackvolle Interieur sind sichtbare Zeichen dieser Herzlichkeit. Aus der Küche kommen pfiffige und immer frische Köstlichkeiten. Das deftige Vesper mit frischem Brot, Schwarzwälder Schinken und Obstwässerle hat auf der Speisekarte ebenfalls seinen Platz. Schon die Großeltern Hund, die im jetzigen *Rebstock* eine Seilerei betrieben, hatten ihren Kunden als Dreingabe zu den selbstgefertigten Hanfseilen eine Brotzeit gereicht. *er*

B

Zum Rebstock
Weinstraße 2
77815 Bühl-Eisental
(Müllenbach)
Tel. 072 23/242 45
Fax 072 23/90 07 08

Di-So ab 17.00,
So auch 11.00-14.00
Mo Ruhetag
Küche: 17.00-22.00,
So auch 11.00-14.00

100 Plätze
2 Nebenräume
40 Plätze im Freien
Reservierung
angeraten

Keine Kreditkarten

Speisen und Getränke
Tartar nach Flugzeugführer Schulze, Weinbergschnecken »Elsässer Art« (7,50-25,50)
Badischer Hochzeitsschmaus, Matelote mit Ortenauer Rieslingfischsauce, Leber »Badische Art« mit hausgemachten Nudeln, Grünkernpfanne mit Gemüse und frischen Pilzen (18,00-39,50)
Versoffene Jungfern mit Weinschaumsauce, Palatschinken, Kaiserschmarren (9,50-14,50)
Bier: Hatz vom Faß (0,25 l ab 2,70)
Weine: Vorwiegend aus Baden, Frankreich und Italien; sehr breites Angebotsspektrum, auch preislich (0,25 l ab 5,20)

Besonderheiten
Vegetarische und jahreszeitliche Menüs sowie Jagdmenüs, Öko-Wein, Spielplatz, Kindergerichte

Sehenswürdigkeiten
Burg Windeck

Anfahrt
A 5, Ausfahrt Bühl Richtung Bühler Innenstadt, an der Straßengabelung nach links auf die B 3 Richtung Eisental/Sinzheim/Baden-Baden

Rebstock

Nicht nur vornehme Gourmetrestaurants verwöhnen in Baden mit delikaten Speisen, auch rustikal-stilvolle Gasthäuser wie der *Rebstock* in Bühlertal überraschen immer wieder mit lukullischen Genüssen. Auf der Karte finden sich Schlemmergerichte der feinen badischen und elsässischen Küche. Saisonspezialitäten wie Wild- und Spargelgerichte bereichern das Speiseangebot, dessen Qualität dem Chef des Hauses, Karlheinz Hörth, und seinem Sohn Uli zu verdanken ist. Auf der Weinkarte finden sich vorwiegend badische Top-Gewächse. Seit drei Generationen ist der *Rebstock,* der am Fuße der Schwarzwaldhochstraße liegt, in Familienbesitz. Diese Tradition spürt man als Gast schon beim persönlichen und individuellen Service. Zu einem besonderen Erlebnis wird ein Sommerabend auf der *Rebstock*-Terrasse, wo dieselbe Speisekarte wie drinnen gilt. *er*

Speisen und Getränke

Badische Grünkernsuppe mit Markklößchen, klare Kraftbrühe mit Pistazienklößchen (7,50-19,50)
Bühlertaler Rehragouttöpfchen mit Waldpilzen, Steinbuttschnitte auf Blattspinat, Variation von Meeresfischen auf Ratatouille-Gemüse in Rieslingsauce (17,50-35,50)
Lauwarmer Ofenschlupfer mit Birnen auf Vanillesauce, Mango-Sorbet mit Cremant (6,50-12,50)
Bier: Moninger und König-Pilsener vom Faß (0,3 l ab 3,50)
Wein: Vorwiegend badische und elsässische Weine, Wein aus Öko-Anbau, z. B. Bühlertaler Engelsfelser und Eisentaler Betschgräbler (0,25 l ab 6,00)

Besonderheiten

Saisonspezialitäten; Kinderstühle, Kindergerichte, Malbücher, Garten

Sehenswürdigkeiten

Gertelbach-Wasserfälle, Wein-Lehrpfad

Anfahrt

A 5, Ausfahrt Bühl, Richtung Bühl/Bühlertal (L 83)

B

Rebstock
Hauptstraße 110
77830 Bühlertal
Tel. 072 23/731 18
Fax 072 23/759 43

Fr-Mi ganztägig
Do Ruhetag
Küche: 12.00-14.00
und 18.00-22.00

250 Plätze
4 Neben- bzw.
Tagungsräume
50 Plätze auf der
Gartenterrasse
Reservierung
erwünscht

6 EZ ab 90,00
22 DZ ab 160,00

Kreditkarten: Diners,
American Express,
Visa, Eurocard

Berggasthof-Hotel Sonnhalde

Bürchau, ein kleines, typisches Südschwarzwalddorf, liegt ziemlich abseits der großen Verkehrsströme. Wer in einem solchen Dorf, 1993 übrigens als »schönstes Dorf Deutschlands« mit »Gold« prämiert, ein Gasthaus zu einem Anziehungspunkt für Genießer aus nah und fern machen will, der muß schon Außergewöhnliches bieten. Und Küchenchef Bernd Roser hat hier seine Schwerpunkte gesetzt mit einer frischen Wild-, Kräuter- und Pilzküche, die mit dem arbeitet, was die Bauern aus dem Dorf und der Umgebung liefern oder was der Patron selbst in Wald und Feld sammelt. Die rustikal eingerichteten Gasträume mit Blick über die Hügellandschaft des Südschwarzwaldes sind Tätigkeitsfeld eines eingespielten Teams auch im Service. Wer länger im Familienbetrieb *Sonnhalde* verweilen will, findet im angeschlossenen Hotel und Gästehaus alle Annehmlichkeiten eines modernen Beherbergungsbetriebs. *rl*

Speisen und Getränke
Bürchauer Gänseblümchensuppe, Festtagssüppchen vom Bergschinken, Carpaccio vom Bergschinken, Ackersalate mit gebratenen Waldspilzen (8,00-18,00)
Rehpfeffer in Burgunder, Medaillons von der Belchengams in Walnußkruste, Waldpilzkörbli, Milchlammkarree aus eigener Zucht (14,00-46,00)
Gutedeleis, Birnenschnitze, Birchauer Tannenspitzensorbet (5,50-8,50)
Bier: Verschiedene Flaschenbiere, z.B. Rothaus Tannenzäpfle, Rothaus Märzen, Fürstenberg (0,3 l ab 3,60)
Wein: Weine aus Baden, Italien, Frankreich, Wein vom Faß (0,25 l ab 4,30)

Besonderheiten
Lamm aus eigener Zucht, Sonderaktionen, z. B. Kräuter-, Wild- und Pilzwoche mit Kochkursen; Kinderstühle, Kindergerichte und -portionen, Bilder- und Malbücher, Spielplatz

Sehenswürdigkeiten
Wander- und Skigebiete Belchen, Feldberg, Vogelpark Wiesental in Steinen

Anfahrt
A 5 Ausfahrt Lörrach, Schopfheim, Richtung Tegernau, Bürchau

B

Berggasthof-Hotel
Sonnhalde
Untere Sonnhalde
35/37
79683 Bürchau
Tel. 076 29/260
Fax 076 29/17 37

Mi-So 8.00-24.00
Mo, Di Ruhetage
Küche: 11.30-14.00
und 17.30-20.30

120 Plätze
2 Nebenräume
2 Tagungsräume
50 Plätze im Freien
Reservierung
erwünscht

4 EZ ab 46,00
11 DZ ab 92,00
4 Appartements ab
110,00

Keine Kreditkarten

Zum Alten Bären

Denkendorf? Wer kennt schon Denkendorf? Oder ist das der kleine Ort mit dieser wunderbar erhaltenen Klosterkirche und dem kleinen Klostersee mit der Wasserfontäne? Genau. Zwischen Esslingen und Nürtingen gelegen, schmiegt sich diese kleine Gemeinde an die Hänge des Körschtales. Einige berühmte Dichter und Denker, so beispielsweise Friedrich Hölderlin oder der Humanist Johannes Reuchlin, waren schon vor Ihnen hier in Denkendorf und haben an verschiedenen Tafeln gespeist. Ob sie auch im *Alten Bären* bei Maultaschen und Rostbraten saßen, ist nicht urkundlich erwähnt, möglich wäre es dagegen schon. Vielleicht fällt auch Ihnen beim Betreten der Gaststube der Eisenring an dem dicken Pfeiler auf – angeblich ist dieser Ring noch original aus dem ausgehenden Mittelalter und wurde zum Anbinden der Pferde benutzt. Im aufwendig restaurierten *Bären* werden Ihnen gutbürgerliche Speisen zu reellen Preisen serviert. Als Dessert bietet sich ein Besuch der im Untergeschoß des Hauses gelegenen Heimatstube an. Guten Appetit! *pm*

D

Speisen und Getränke
Schwäbische Festtagssuppe, Scampi-Cocktail, verschiedene Salatteller und Omeletts (3,50-17,50)
Stuttgarter Rostbraten auf Kraut, Filetspitzen in Basilikumsauce, Räuberspieß, Schollenfilet in Eihülle (12,00-36,00)
Gebackener Camembert, gefülltes Pfannenküchle mit Waldbeerensauce (5,00-5,50)
Bier: Alpirsbacher (0,3 l ab 3,60)
Wein: Vollmundiges aus der näheren Umgebung sowie zwei Italiener und zwei Franzosen (0,25 l ab 5,40)

Besonderheiten
Interessante Maultaschen-Karte, immer frische Forellen, da Lieferung aus dem Denkendorfer Forellenteich (und für Ungeübte wird der Fisch per Entgrätmaschine »präpariert«), Kinderstühle

Sehenswürdigkeiten
Das Heimatmuseum im Untergeschoß und gegenüber; unbedingt empfehlenswert ist natürlich ein Spaziergang zu der berühmten Klosteranlage

Anfahrt
Von Stuttgart auf der B 10 Richtung Esslingen, kurz vor Plochingen Abfahrt nach Denkendorf

Restaurant
Zum Alten Bären
Kirchstraße 2
73770 Denkendorf
Tel. 07 11/346 19 09

Do-Di 11.00- 14.00
und 17.00-23.30
Mi Ruhetag
Küche: 11.00-14.00
und 17.00-22.30

60 Plätze
1 Nebenraum
45 Plätze auf schöner Terrasse
Reservierung am Wochenende angeraten

Kreditkarten:
Eurocard

Klippeneck

Gipfeltreffen in Deutschlands Sonnenstube. – Die Kenner fliegen aufs Klippeneck, und das im wahrsten Sinne des Wortes. Seit 1938 sind auf dem Hochplateau zwischen Spaichingen und Rottweil die Segelflieger zu Hause. In unmittelbarer Nachbarschaft zur Amtlichen Wetterstation, die das Klippeneck mit rund 1940 Sonnenstunden jährlich als sonnigsten Platz Deutschlands ausweist. Stolz deutet Brunhilde Weiß, Inhaberin des Hotel-Restaurants *Klippeneck,* denn auch auf ihre große Sonnenterrasse (120 Plätze), von der aus der Besucher den Blick von rund 1000 Metern Höhe über den Albtrauf hinab schweifen lassen kann. Die einmalige Aussicht ist aber nicht der einzige Grund für den ungebrochenen Andrang der Besucher. Tagungshotel und Restaurant zugleich, macht vor allem auch die gehobene und sprichwörtliche Gastlichkeit das *Klippeneck* zu einer begehrten Adresse. Selbst Persönlichkeiten wie Lothar Späth und Erwin Teufel haben auf dem *Klippeneck* ihre Visitenkarte hinterlassen. Eine wahre Fundgrube ist auch der bestens bestückte Weinkeller für all jene, die gerne einen guten und vor allem auch seltenen Tropfen »schlotzen«. *vb*

D

Hotel-
Höhenrestaurant
Klippeneck
Hans Weiß KG
78588 Denkingen
Tel. 074 24/859 28
Fax 074 24/850 59

Di-So 12.00-21.00
Mo Ruhetag
Küche: 12.00-14.00
und 18.00-21.00

250 Plätze
5 Nebenräume
2 Tagungsräume
90 Plätze im Freien
Reservierung
angeraten

3 EZ ab 80,00
5 DZ ab 130,00

Kreditkarten:
American Express,
Visa

Speisen und Getränke

Rinderkraftbrühe mit Kräuterflädle, Wildcremesuppe »Hubertus« unter der Sahnehaube (6,00-8,00)

Rehragout in Wacholderrahmssauce mit Preiselbeerbirne, Silberdistelschüssel (Hasenrückenfilet, Rehmedaillons, Hirschrücken), Schwäbischer Rostbraten (24,00-38,00)

Denkinger Zwetschgenbecher, Sauerkirschtraum (10,00)

Bier: Fürstenberg Pils, Hohner Hefe Weiße (0,4 l ab 4,20)

Wein: Vorrangig württembergische und badische Weine (0,25 l ab 5,00); sehr große Auswahl an 0,7 l-Flaschen, auch ausgesuchte französische Weine

Besonderheiten

Kinderstühle, -gerichte, -portionen, Bilder- und Malbücher

Sehenswürdigkeiten

Segelflugplatz, Drachenflugplatz, herrliche Wallfahrtskirche, Heimatmuseum, Freilichtmuseum, Fliegermuseum

Anfahrt

Autobahn Stuttgart-Bodensee, Abfahrt Rottweil bzw. Trossingen, nur per Auto zu erreichen

Rebstock-Stube

Denzlingen kann sich mit seinen 12.000 Einwohnern immer noch nicht so richtig entscheiden, ob es noch Dorf oder schon Kleinstadt ist. Adolf und Gabi Frey haben 1976 eine Entscheidung getroffen: Sie wollten direkt an der verkehrsreichen Hauptstraße eine gastliche Stätte schaffen, deren kulinarischer Ruf weit ins Südbadische hinausschallen sollte. Die Rechnung ging auf. Dabei konnten die Freys auf Traditionen bauen: Die Wurzeln der *Denzlinger Stuben* reichen bis ins 16. Jahrhundert zurück, und das Haus wird jetzt bereits in der 5. Generation von Mitgliedern der Familie Frey betrieben. Der heutige Bau wirkt mehr durch seine Lage als durch sein Äußeres. Um so größer ist die Überraschung beim Eintritt: Das Ambiente ist gediegen und geschmackvoll, ohne aufdringlich zu sein und entspricht damit genau dem freundlichen Service und der exquisiten Küche. Höchste Qualität ist das Markenzeichen des Familienunternehmens: Die *Rebstock-Stube* wird in den renommierten Restaurantführern seit vielen Jahren mit Sternen oder Kochmützen ausgezeichnet. Spezialität: Fischgerichte, bei denen Gourmets ins Schwärmen geraten. *kht*

D

Speisen und Getränke
Hausgemachte Gänseleberterrine, Rosette von gebeiztem Ochsenfilet und Lachs mit Kaviar (15,00-38,00)
Seeteufel gebraten, gebratenes Zanderfilet im Gemüsemantel, Hirschrückenmedaillon »Badische Art« mit Lauchgemüse (32,00-45,00)
Glacierter Apfelpfannkuchen mit Vanillesauce, Gratin von Himbeeren und Litschis mit Honigparfait (14,00-17,50)
Bier: Bitburger, Tannenzäpfle (Flasche ab 4,50)
Wein: Badische Weine aus Privatweingütern, z. B. Salvay, Blankenhorn, Huber (0,25 l ab 7,00)

Besonderheiten
Kinderstühle, -gerichte, *Rebstock*-Menü ab zwei Personen

Sehenswürdigkeiten
Storchenturm Denzlingen, »Schwarzwaldklinik« Glottertal, Klosterkirche St. Peter, Waldkircher Altstadt, Freiburg (schnelle Bahnanbindung) mit Münster, Bächle, Museen und Kultur

Anfahrt
A 5 Ausfahrt Freiburg-Nord, von dort Richtung Freiburg, dann auf die B 3 Richtung Emmendingen, Denzlingen rechts abbiegen, an der Hauptstraße erneut rechts abbiegen – voilà.

Rebstock-Stube
Hauptstraße 74
79211 Denzlingen
Tel. 076 66/20 71
und 72 80
Fax 076 66/79 42

Di-Sa ganztags
geöffnet
So, Mo Ruhetag
Küche: 12.00-14.30
und 18.00-21.30

120 Plätze
1 Nebenraum
Reservierung
erwünscht

6 EZ ab 65,00
6 DZ ab 110,00

Kreditkarten: Diners,
American Express,
Visa, Eurocard

Ochsen

Als ein Geheimtip für Freunde einer herzhaften Küche gilt die Dorfgaststätte *Ochsen* im Sternenfelser Ortsteil Diefenbach. Wer nicht nur liebevoll zubereitete Rumpsteaks oder Rostbraten, schwäbische Spezialitäten und, je nach Saison, Spargel, Muscheln, Lachs, Lamm oder T-Bone-Steaks mag, sondern darüber hinaus Rustikalität bevorzugt, ist in dem mit der Goldmedaille für schöne Gemeinden dekorierten Stromberg-Ort gut aufgehoben. Jeweils acht rote und acht weiße Rebsorten lassen im *Ochsen* das Herz eines jeden Weinkenners höher schlagen, wobei der Diefenbacher »König« der König unter den edlen Tropfen ist. Wer Schnäpse mag, den wird die Auswahl aus der hauseigenen Brennerei nicht enttäuschen. Wenn es draußen stürmt oder schneit, ist es neben dem ausschließlich mit Holz beheizten Kaminofen und an spiegelblanken 100 Jahre alten Holztischen, an denen die Spuren früherer Belagerungen noch sichtbar sind, am gemütlichsten. Dabei findet man in der einstigen Thurn- und Taxis-Poststation auch rasch Kontakt zu Einheimischen. In wärmeren Monaten locken die heimelige Freiluft-Atmosphäre und ein Gewölbekeller, der Mitte 1996 eröffnet wird. *bk*

D

Gasthaus Ochsen
Zaiserweiher Str. 1
75447 Sternenfels/
Diefenbach
Tel. 070 43/65 13

Mo, Do, Fr
10.00-14.00
und 17.00-24.00
Sa, So 10.00-24.00
Di, Mi Ruhetage
Küche: 11.30-14.00
und 18.00-22.00

55 Plätze
1 Nebenraum
1 Gewölbekeller
20 Plätze im Freien
Reservierungen für
das Wochenende
angeraten

Keine Kreditkarten

Speisen und Getränke

Französische Zwiebelsuppe mit Käse überbacken; Shrimpscocktail »pikant« mit Schinkenstreifen, Champignons, Toast und Butter (3,80-14,50)
Filetsteak »Madagaskar« in Pferfferrahmsauce, Ochsentöpfle aus drei verschiedenen Filets, saure Kutteln (9,00-23,50)
Verschiedene Eisspezialitäten, am Wochenende hausgemachter Kuchen (3,50-8,50)
Bier: Dinkelacker Faßbier (0,4 l ab 3,80)
Wein: Diefenbacher Weine aus der Einzellage »Stromberg« oder »König« vom Faß (0,25 l ab 3,80)

Besonderheiten

Wechselnde saisonale Spezialitäten; regelmäßig Faßweinproben mit Musik und originellem schwäbischem Buffet; Kinderstühle, Kindergerichte, Spielecke, Bilder-, Malbücher

Sehenswürdigkeiten

Sanierter und preisgekrönter Ortskern Diefenbach, Mitte Juni Kunsthandwerkermarkt, Ende August Weinfest

Anfahrt

Pforzheim – Mühlacker – Lienzingen – Diefenbach, oder: Bretten – Knittlingen – Diefenbach

Fürstenberg Bräustüble

Wer bei Fürstens direkt nebenan speisen möchte, tut gut daran, sich im *Fürstenberg Bräustüble* niederzulassen. Hier wartet die echte badische Küche auf den Gast, der sich nach einem Rundgang durch den fürstlichen Park oder aber nach der Besichtigung der nur wenige Schritte entfernt gelegenen Donauquelle in rustikaler Atmosphäre verwöhnen lassen möchte. Dabei hat der Besucher die Wahl zwischen einem deftigen Schwarzwälder Versper, dem Badischen Zwiebel-rostbraten oder Leberknödel und Schäufele auf Sauerkraut. Auch reichhaltige und liebevoll zubereitete Menüs hat das *Bräustüble* zu bieten, die man sowohl im Winter am warmen Kachelofen als auch im Sommer auf der Terrasse genießen kann. Das war nicht schon immer so. Fanden nämlich einst Angestellte der Familie Fürstenberg Unterkunft in dem einladenden Gebäude, dienten die Räumlichkeiten dann den Gesetzeshütern und schließlich einer Buchhandlung. Dem leiblichen Wohl ist das Haus erst seit 20 Jahren gewidmet. *bb*

Speisen und Getränke
Schwarzwälder Grünkernsüpple, Artischockenherz mit Parmaschinken und Sauce Vinaigrette (5,00-12,90)
Ochsenbrust »badisch« mit Preiselbeeren, Schwenkbraten mit deftiger Biersauce, hausgemachte Lachsmaultaschen, Gemüseteller mit Saison-Gemüse, Pilzen und Vollkorn-pfannkuchen (13,90-32,50)
Rote Grütze, ofenwarmer Apfelstrudel mit Karameleis und Sahne, Bräustüble-Saisoneisbecher (6,50-9,50)
Bier: Fürstenberg vom Faß (0,3 l ab 3,30)
Wein: Badische, württembergische und französische Weiß- und Rotweine, z. B. Scherzinger Batzenberg, Lehrensteins-felder Salzberg, Côtes-du-Rhône (0,2 l ab 5,30)

Besonderheiten
Österreichische und ungarische Wochen etwa zweimal, Fischwochen zwei- bis dreimal pro Jahr; Kinderstühle, Kindergerichte, Kinderportionen

Sehenswürdigkeiten
Donauquelle, Fürstliches Schloß, Fürstliches Museum mit Bibliothek, Fürstlich Fürstenbergische Sammlung (Gemäl-degalerie und geologische Sammlungen), Entenburg

Anfahrt
Bahn: Schwarzwald- und Höllentalbahn, Bahnhof Donau-eschingen (10 Gehminuten entfernt)
Auto: A 81, Ausfahrt Bad Dürrheim, über B 27 bis Donau-eschingen-Mitte, dann Richtung Donauquelle

D

Fürstenberg
Bräustüble
Postplatz 1-4
78166 Donau-
eschingen
Tel. 07 71/36 69
Fax 07 71/863 98

Di-Do 11.00-24.00
Mi Ruhetag
Küche: 12.00-14.00
und 18.00-22.00

110 Plätze
1 Nebenraum
40 Plätze im Freien
Reservierung 1 Tag
vorher angeraten

Kreditkarten: Diners,
American Express,
Visa, Eurocard

Landhaus Neckarhausen

Vor über fünf Jahren ist Johannes Heller in die ehemalige Anlegestelle am Neckarhausener Damm eingezogen und hat nach und nach das Innere liebevoll im Landhausstil hergerichtet, dann kam die »Alte Bibliothek« dazu, später der Wintergarten. Derzeit entsteht ein Bankettsaal. Draußen schlemmt man im Gartenrestaurant oder erfreut sich im Biergarten auf dem Damm und im Schatten alter Linden an der Silhouette Ladenburgs. Hellers Kochkunst mit einem Wort zu klassifizieren fällt schwer. Auf der regelmäßig wechselnden Karte finden sich Gerichte mit asiatischem Einschlag ebenso wie französische Klassiker und kulinarische Neukompositionen. Seit einiger Zeit besinnt sich der Küchenchef auch auf die einheimische Kochkunst und bietet Regionalmenüs an. Empfehlenswert sind u. a. Barsch, Zander, Seeteufel und Krustentieren oder der Wildschweinrollbraten mit Preiselbeeren. Großer Beliebtheit erfreuen sich auch die raffiniert zubereiteten vegetarischen Gerichte. Das *Landhaus Neckarhausen* lockt buntgemischtes, auch jüngeres Publikum. *jg*

E

Landhaus
Neckarhausen
Hauptstr. 332
68535 Edingen-
Neckarhausen
Tel. 062 03/28 79
Fax 062 03/152 83

Di-So 18.30-24.00
Mo Ruhetag
Küche 18.30-22.00,
bei Bedarf auch
länger

160 Plätze
2 Nebenräume
1 Bankettraum
100 Plätze in 2
kleinen Biergärten
65 Plätze im
Gartenrestaurant
Reservierung
angeraten

Kreditkarten:
American Express,
Eurocard, Visa,
Diners

Speisen und Getränke

Gemüse-Kartoffelreibekuchen mit rohem Zucchinisalat, marinierte Tranchen vom Tafelspitz (9,00-23,00)

Sauerbraten, Flugentenbrust auf schwarzer Currysauce, panierte Spinat-Käsemedaillons mit Spinatcanelloni, Zwiebelrostbraten vom Rotbarsch (25,00-45,00)

Glühweinsabayon mit Schokoladeneis, Apfelbeignets auf Vanillesauce mit Kokosparfait (13,00-16,00)

Bier: Karlsberg Urpils, Eichbaum Leicht, Schifferhofer Weizen (0,3 l ab 4,50)

Weine: Vorwiegend aus Baden und der Pfalz, französische und italienische Rotweine (0,25 l ab 6,50)

Besonderheiten

Kinderspielzeug; im Hochsommer zusätzliche Bierbänke auf dem Damm mit Selbstbedienung und günstigeren Preisen; Spezialitätenwochen

Sehenswürdigkeiten

Ladenburg (via Neckarfähre): Stadtmauer, Stadtpfarrkirche St. Gallus, Sebastianskapelle, Stadtbefestigungen, Lobdengaumuseum im Bischofshof (Archäologie und Stadtgeschichte, Sa und So 11.00 bis 17.00)

Anfahrt

A 656 Abfahrt MA-Seckenheim, erst Richtung Seckenheim, dann Beschilderung nach Neckarhausen folgen

Landgasthof Adler

Dieser große Landgasthof könnte eigentlich »Vier Jahreszeiten« heißen, weil die Wirtsleute Manfred und Pia Fisel in einem Vierteljahrhundert herausgefunden haben, daß Kochen jahreszeitlich bedingt ist. Ihr Credo: »Nichts aus der Konservendose!« Das Fleisch kommt von der Alb, das Gemüse vom Bodensee. Der Wirt ist Hobby-Landwirt, mästet Schweine und baut Kartoffeln an. Das kleinere Grünzeug wird im Garten gezogen und das Holzofenbrot nach einer alten Rezeptur im eigenen Ofen gebacken. In der kalten Jahreszeit werden Wild, Geflügel und Lamm angeboten. Schon legendär sind das Hausmachervesper und die Schlachtplatte mit hervorragend gewürzten Blut- und Leberwürsten auf immer frischem Filder-Sauerkraut. Die Portionen reichen auch für den großen Hunger. – Der historische Adler wurde 1429 erstmals urkundlich erwähnt und fand sich beim Bau der Bundesstraße schließlich am Ortsrand wieder. Der Adler ist ein Landgasthof für gehobene Ansprüche. Auch Reisende zwischen Stuttgart und Bodensee schätzen den freundlichen Service. *gh*

Speisen und Getränke
Marktfrischer Wintersalat, Carpaccio vom Rind, Scampi gebraten, Maultaschen in der Kraftbrühe, Weinbergschnecken vom Grill mit Weißbrot (5,50-14,20)
Grilltopf aus verschiedenen Fleischsorten, Maultaschen mit Käse überbacken, Putengeschnetzeltes mit Gemüsenudeln, gefüllte Zucchini mit Rahmchampignons (10,80-32,20)
Walnußparfait mit Kiwisauce, Marmoreisgugelhupf mit Kiwisauce oder Apfelkompott (7,50)
Bier: Berg-Bier aus Ehingen (0,5 l ab 3,40)
Wein: Es dominieren Württemberger Weißweine, z. B. Lauffener Katzenbeißer, Haberschlachter Heuchelberg, Grunbacher Wartbühl (0,25 l ab 5,80)

Besonderheiten
Aschermittwoch-Spezialitäten, für die der Ruhetag gestrichen wird; große Auswahl an kleineren schwäbischen Gerichten (ab 9,00)

Sehenswürdigkeiten
In Ehingen Römermuseum; auf Schloß Mochental in der Nähe Galerie für moderne Kunst und das einzige Besenmuseum der Welt; viele Wanderwege

Anfahrt
Von Ehingen von der B 28 auf die B 465, 7 km bis Altsteußlingen, oder auf der B 465 von Bad Urach aus

Landgasthof Adler
Alte Heerstraße 30
89584 Ehingen-Altsteußlingen
Tel. 073 95/330

Di 9.00-14.00
Do-Mo 9.00-24.00
Mi Ruhetag
Küche: 11.30-14.00
und 17.30-21.00

115 Plätze
1 Nebenraum
50 Plätze im Freien
mit Kinderspielplatz
Reservierung für
Sonntage erwünscht

Keine Kreditkarten

Roter Ochsen

An der Wand hängen die Bilder der Ahnen, zum Teil sehr frühe Zeugnisse der Photographie. Doch als diese Kunst erfunden wurde, war der Gasthof *Roter Ochsen* schon uralt. Das 1542 gegründete Familienunternehmen gehört sicher zu den historischsten Herbergen des Landes. Ab 1680 wurde im Haus auch gebraut, es wurde zur Hofbierschenke und später zur königlichen Posthalterei. Das *Rotochsen*-Bier gibt es noch heute, auch wenn die Herstellung seit 1960 in einem eigenen Haus am Stadtrand untergebracht ist. Dennoch nimmt das Bier nach wie vor eine zentrale Stellung in der *Rotochsen*-Gastronomie ein. In so manchem Gericht nämlich findet es sich wieder – seien es Weinbergschnecken im Bierteig oder Hefeweizen-Rahmsuppe mit Kräutern. Die schwäbische Küche kommt z. B. mit traditionellen Speisen wie dem Gaisburger Marsch zu ihrem Recht. Das Flair der Jahrhunderte findet sich in allen Räumen wieder. In der feinen »Roten Stube« sitzt man wie in einem Ellwanger Patrizierzimmer. Auf Eichenfaßböden gemalte Geschichte der Fürstbischofsstadt ist in den »Grünen Stuben« zu sehen. Gefeiert wird hingegen im »Weißen Zimmer« im gold-weißen festlichen Stil. *ml*

E

Roter Ochsen
Schmiedstraße 16
73479 Ellwangen
Tel. 079 61/40 71
Fax 079 61/536 13

Di-Sa 12.00-14.00
und 18.00-22.00
So 12.00-15.00
Mo Ruhetag
Küche: wie
Öffnungszeiten

230 Plätze
1 Nebenraum
1 Tagungsraum
40 Plätze im Freien
Reservierung
angeraten

15 EZ ab 75,00
20 DZ ab 98,00

Kreditkarten:
American Express,
Visa, Eurocard

Speisen und Getränke
Maultaschensalat, Hefeweizen-Rahmsuppe mit Kräutern (5,30-17,80)
Gaisburger Marsch, Lendchen in Malzbiersauce, Ochsenlende gesotten im Wurzelsud; vegetarisch: Spätzletopf mit Sauerkraut-Äpfel-Zwiebel (14,00-42,00)
Apfelküchle mit Zimthalbgefrorenem, Rhabarberschlupfer auf Vanillesauce (8,20-12,50)
Bier: Rotochsenbiere aus eigener Brauerei (0,3 l ab 2,70)
Wein: Württemberger und Franken (0,25 l ab 5,50)

Besonderheiten
Spirituosen-Eigenbrand, Kochen mit Rotochsenbier; Kinderstühle, Kindergerichte, Kinderportionen, Bilder- und Malbücher

Sehenswürdigkeiten
Wallfahrtskirche Schönenberg, Basilika St. Veit, Schloßmuseum, Schrezheimer Fayencen-Altar, Hallen-Wellenbad, idyllische Seen

Anfahrt
In Ellwangen von der B 290 in Richtung Stadtmitte; bis Brauergasse, Durchfahrt zur Aalener Straße: Parkplatz und Tiefgarage *Roter Ochsen*

Windenreuter Hof

Die Überraschung ist groß: Ein Neuankömmling würde schwerlich vermuten, daß sich ganz am Ende des dörflichen Ortsteils am Waldrand ein großstädtisch anmutendes Hotel und Restaurant befindet. Mit Fleiß, Beharrlichkeit und unternehmerischem Wagemut haben Elisabeth und Jürgen Real ihren *Windenreuter Hof* zu einer der ersten Adressen im Breisgau zwischen Freiburg und Lahr entwickelt. Zu den Stammgästen zählen übrigens auch manche Bundesligateams. Als alter Schalke-Fan freut sich Jürgen Real immer, wenn die blauweißen Knappen in seinem Hotel logieren, auch wenn sein Herz inzwischen mindestens genauso für den SC Freiburg schlägt. Obwohl groß geworden, ist der *Windenreuter Hof* ein Familienbetrieb geblieben. Seine Pluspunkte: Persönlicher Service, ruhige Aussichtslage in der Vorbergzone des Breisgau, anspruchsvolle Küche mit frischen Qualitätsprodukten auch aus dem Umland, Speisesäle mit Stil und Atmosphäre, Zimmer für hohe Ansprüche, diverse Möglichkeiten für Tagungen, Firmen- und Familienfeierlichkeiten. Jedesmal ein besonderer Genuß: sich im Panorama-Restaurant beispielsweise Rehrücken »Schwarzwälder Art« mit Pfifferlingen und Sauerkirschen munden zu lassen. *kht*

E

Speisen und Getränke

Schwarzwälder Kartoffelsuppe, Kaiserstühler Schneckenpfännle, Feldsalat mit gebrutzeltem Speck (7,50-17,00) Lendchen »Alt Freiburg«, eingemachtes Kalbfleisch, gegrilltes Zanderfilet, Fischvariation in 2 Folgen (35,00-55,00) Kaiserstühler Ruländerschaum mit Vanilleeis, flambierte Sauerkirschen mit Mandelparfait (11,00-17,50) Bier: Riegeler Felsenpils, Weizenbier (0,3 l ab 4,20) Weine: Vorwiegend aus Baden, Frankreich, Spanien und Italien (0,25 l ab 6,00)

Besonderheiten

Kinderstühle, Kindergerichte und -portionen, Bilderbücher, Spielzeug, Bar, Aussichtsterrasse mit Vesperangeboten

Sehenswürdigkeiten

Burgruine Hochburg, Emmendinger Altstadt mit Markgrafenschloß (Museum)

Anfahrt

A 5 Ausfahrt Riegel, Teningen oder Freiburg-Nord, auf der B 3 bis Emmendingen, dort Richtung Osten nach Windenreute und auf Tempo-30-Sträßlein durch den Ort; Lokal ist ausgeschildert

Windenreuter Hof
Rathausweg 19
79312 Emmendingen-Windenreute
Tel. 076 41/40 85
oder 40 86, 40 87
Fax 076 41/532 75

Mo-So ganztags geöffnet
Küche: 11.30-14.00
und 18.00-22.00

250 Plätze
3 Nebenräume
3 Tagungsräume
60 Plätze im Freien
Reservierung erwünscht

25 EZ ab 78,00
25 DZ ab 158,00

Kreditkarten: Diners, American Express, Visa, Eurocard

Stube

Der Kaiserstuhl zählt zu den besonders gehalt- und geschmackvollen deutschen Landschaften. Der Weinbau, die
auch kulinarisch inspirierende Nähe zum Elsaß und ein
schon südländisch anmutender Lebensstil prägen die Menschen. In einem typischen Kaiserstuhl-Dorf zwischen Wald
und Reben haben die Dutters ihr Reich – und dies bereits in
der 4. Generation. 1589 wurde das Fachwerkhaus direkt
neben der Kirche erbaut, und die Gäste aus nah und fern
fühlen sich vom ländlichen Ambiente und dem persönlichen Charme von Arthur und Franziska Dutter angezogen.
Seit 1986 »regiert« Arthur Dutter in seinem Elternhaus; er
setzt konsequent und mit großem Erfolg auf eine kreative,
feine badische Küche: frisch von Garten, Feld und Markt in
die *Stube*-Küche und auf die Teller. Seine Frau Franziska ist
die gute Seele des Familienbetriebes. Sie kümmert sich um
den Service und vermittelt dem Gast auch dank ihrer
Weinkenntnis das Gefühl, sich im Kaiserstuhl wirklich wohl
zu fühlen. Wer sich einmal das Wallerfilet in Kerbelschaum
oder den Zimt-Mohn-Eisgugelhupf auf der Zunge zergehen
ließ – Fischgerichte und Desserts sind die Stärken Arhur
Dutters –, der wird leicht zum »*Stuben*-Hocker«. *kht*

Speisen und Getränke
Carpaccio vom Rinderfilet, hausgemachte Fischterrine
(18,00-24,00)
Kalbsnierle in Senfsauce mit Brägele, Wallerfilet in Kerbelschaum mit Nudeln (28,00-34,00)
Zimt-Mohn-Eisgugelhupf mit heißen Sauerkirschen (9,00-
14,00)
Bier: Riegeler Felsenpils (0,3 l ab 4,00)
Wein: Ca. 100 verschiedene badische Flaschenweine aus
den Bereichen Kaiserstuhl, Markgräferland, Breisgau, Ortenau, Kraichgau (0,25 l ab 6,00)

Besonderheiten
Sehr kinderfreundliches Restaurant, Kinderstühle, Kindergerichte und -portionen, Bilderbücher, geeignet für Fest-
lichkeiten und Familienfeiern

Sehenswürdigkeiten
Kiechlinsberger Heimatmuseum, historische Altstadt Endingen mit Üsenbergmuseum, Badische Weinstraße, Was-
sersport am Sasbacher Rheinübergang, Europa-Park Rust

Anfahrt
A 5 Ausfahrt Riegel, dann durch Endingen nach Königs-
schaffenhausen, dort geradeaus nach Kiechlinsbergen

E

Stube
Wintererstraße 28
79346 Endingen-
Kiechlinsbergen
Tel. 076 42/17 86
Fax 076 42/42 86

Mo-So 12.00-14.30
und 18.00-24.00
Küche: 12.00-14.00
und 18.00-21.30

125 Plätze
1 Nebenraum
Reservierung
angeraten

4 DZ ab 95,00

Kreditkarten:
Eurocard

Wirtskeller St. Georg

Im 1980 liebevoll restaurierten Baumann'schen Fachwerkhaus von 1582 gibt es den *Wirtskeller St. Georg*. Dort kocht
der Chef selbst. Egon Glünz ist ein Hobbykoch mit Leidenschaft. Tagsüber arbeitet er als Maschinenbauingenieur,
abends zaubert er seit 1982 Wohlgerüche in die Stube mit
ihren 36 Plätzen an urgemütlichen Eichentischen. Gleich
beim stimmungsvollen offenen Kamin steht der Hausherr
am Herd. Der Gast kann zuschauen. Alles, von Omas Suppe
bis zum Eierküchlein-Dessert, wird frisch zubereitet. Exotisches findet man nicht, dafür herausragende regionale
Küche mit heimischem Qualitätsfleisch oder Fisch. Auf
Empfehlungen der charmanten Wirtin Inge Glünz kann
raffiniert kombiniert werden. Deshalb wird der herzhafte
Imbiß vom Holzbrett in 50-Gramm-Portionen Schinken,
Hartwurst, Käse oder Gorgonzola berechnet. Die Kinder
werden individuell bedient. Ein süßes Omelette gefällig? In
den Renaissance-Stuben mit ihren prunkvollen Schnitzereien gibt es kulturelle Veranstaltungen mit Buffet, stilvolle
Geschäftsessen oder kleine Feiern. *schw*

Speisen und Getränke

Abgeschmälzte Grießsuppe nach Omas Kochbuch, Ackersa-
lat mit gebratenen Steinchampignons (6,50-10,00)
Geschnetzeltes Lammfilet in Wacholderrahm, Rückensteak
vom schwäbisch-hällischen Schwein, Fasanenbrüstchen in
Portweinsauce (25,00-31,00)
Quarknocken im Cassiss-Schäumchen mit Pfirsicheis, Eier-
küchle gefüllt mit Calvadosäpfeln (10,50)
Bier: Heimisches Palmbräu, diverse Sorten (0,4 l ab 4,00)
Wein: Vorwiegend aus Württemberg, Baden, Österreich
und Frankreich (0,25 l ab 5,50)

Besonderheiten

Stilvolle Einrichtung, Innenhof mit Laubengang; Kinder
können ihre Gerichte am Herd auswählen, Malbücher,
Kinderstühle

Sehenswürdigkeiten

Altstadt Eppingen mit Museum, Alter Universität, Gassen,
Winkeln und Brauerei; Auto + Technik-Museum Sinsheim,
Kloster Maulbronn, Heuchelberg, Freizeitpark Tripsdrill

Anfahrt

A 6 Mannheim-Heilbronn Ausfahrt Sinsheim-Steinfurt,
Richtung Ittlingen-Eppingen, kurz nach Stadtbeginn links

E

Wirtskeller St. Georg
Kirchgasse 29-31
75031 Eppingen
Tel. 072 62/914 00
Fax 072 62/91 40 90

Mo-Sa 18.00-23.00
So Ruhetag
Küche: wie
Öffnungszeiten

36 Plätze
Reservierung
angeraten

2 DZ ab 170,00
4 Zweibettzimmer
ab 170,00
4 EZ ab 125,00

Kreditkarten: (nur im
Hotel) American
Express, Visa,
Eurocard

Gambrinus

Das *Gambrinus* liegt mitten im heftig schlagenden Herz von Esslingens Altstadt, und dort schon seit 1749. Damit ist es das älteste Gasthaus in der ehemaligen Reichsstadt am Neckar. Pächter Paul Bach hat seine »Fischerstube« mit häufig wechselnden Meeresgetier-Angeboten zu einem festen Bestandteil seiner Speisekarte gemacht. »Fischgerichte werden mal mehr, mal weniger verlangt, das macht eine größere Auswahl recht schwierig«, klagt der Pächter, »aber trotzdem möchte ich mein Angebot aufrechterhalten.« Wir hoffen auf ein Fortbestehen dieser »Fischerstube«, denn neben den durchaus respektablen Schwäbischen Lendchen mundete uns das Muschelragout in einer hochinteressanten Fischmarinade sehr gut. Noch ein Tip für kinderreiche Familien: Bringen Sie Ihre Kleinen ruhig mit, in jeder Ecke des *Gambrinus* findet sich ein Malbuch oder Spielzeug. Und wenn Ihr Schatz mal etwas heftiger im Gang spielt, so ist das für das hiesige Personal kein Problem; geschickt weicht man mit tellerbeladenen Armen aus. Das hat uns gefreut! *pm*

E

Restaurant
Gambrinus
Strohstraße 20
73728 Esslingen
Tel. 07 11/35 96 62
Fax 07 11/35 50 99

Do-Di 11.30-14.30
und 17.30-23.30
Mi Ruhetag
Küche: 11.30-14.00
und 17.30-22.00

102 Plätze
1 Nebenraum
32 Plätze auf einem
Vorplatz
Reservierung am
Wochenende
empfohlen

Kreditkarten: Diners,
American Express,
Visa, Eurocard

Speisen und Getränke

Gebackener Camembert mit Preiselbeeren, bunte Nudeln mit Räucherlachs (6,90-18,80)
Blumenkohl-Käse-Medaillon mit Sauce Hollandaise, Lammrückengeschnetzeltes mit Champignons in Kräutersauce, vielerlei Maultaschen-Variationen (12,00-38,50)
Mandelcreme mit Sahne, rote Grütze mit Sahne und Vanillesauce, reiche Auswahl an Eisspezialitäten (5,00-12,50)
Bier: Kulmbacher, Bitburger, Jever, Köstritzer Schwarzbier, Guinness, Kilkenny, Eku 28% (0,3 l ab 4,30)
Wein: Esslinger Schenkenberg und Lerchenberg, Kleinbottwarer Götzenberg, weitere Württemberger Weine sowie ein italienischer und ein französischer (0,25 l ab 4,50)

Besonderheiten

Party-Service mit einem kompletten Rundum-Angebot, Kinderstühle, – spielzeug, größere Bierauswahl

Sehenswürdigkeiten

Fördert die Verdauung hinterher: Ein Fußmarsch zur Esslinger Burg. Der Weg ist überall ausgeschildert, und die Aussicht lohnt sich.

Anfahrt

Über die B 10, Ausfahrt Esslingen-Zentrum, in die Stadtmitte; dort etwas schwierige Parkplatzsuche in der Altstadt

Zum Schwanen

Esslingen am Neckar: Fachwerk, wohin man sieht. Auch das Brauhaus *Zum Schwanen*, das 1987 total renovierte Gebäude, wurde fach(werk)gerecht herausgeputzt. Die Gemütlichkeit, die solch ein altes Gemäuer ausstrahlt, setzt sich übergangslos im Innern des Hauses fort. Freigelegte Deckenbalken, blanke Steinwände, rustikale Tische und Bänke – selbst der gläserne Eingang wirkt sehr einladend. Passend dazu das Speisenangebot. Die reichhaltige Karte winkt mit »Aus Großmutters Küche« oder dem »Maultaschenkärtle«. Unter der Überschrift »Außerschwäbisches« bekommt man Rumpsteak und Rostbraten »Österreichische Art« angeboten, und unter »Ebbes mit amerikanischem Weißbrot« muß man sich verschiedene Toasts vorstellen. Sieht alles lecker aus und hört sich vielversprechend an. Bei dem einen oder anderen Gericht kann allerdings der selbstauferlegte Anspruch nicht ganz gehalten werden. Nichtsdestotrotz: Das hauseigene wunderbar leichtwürzige Bier schwemmt so manche Kritik hinweg! *pm*

Speisen und Getränke

Gebrannte Grießsuppe, Königin-Pastetchen mit Ragout fin gefüllt (9,60-13,20)

Schwäbische Schweinskopfsülze, Schweinemedaillons an Biersenfsauce, Rumpsteak »Mirabeau« mit Sardellengitter und Oliven (10,80-29,50)

Apfelküchle mit Vanilleeis und Sahne, rote Grütze mit Vanillesauce (5,50-10,80)

Bier: Ausschließlich Schwanenbräu, Naturtrüb, Pilsner und Hefeweizen (0,3 l ab 3,70)

Wein: Kleine Auswahl an Weiß- und Rotweinen aus der näheren Umgebung, z.B. Esslinger Schenkenberg »Glokkenspiel« oder »Staffelsteiner«, Endersbacher Sonnenbühl (0,25 l ab 6,50)

Besonderheiten

Große Auswahl an originellen Maultaschengerichten; Führungen durch die Brauerei (im Hinterhaus) nach Absprache, 1 x im Monat Live-Country-Music; bei größeren Gruppen wird auf Wunsch »Essen auf heißem Stein« serviert

Sehenswürdigkeien

Herrlich renovierte, aber doch wundersam belassene Altstadt Esslingens

Anfahrt

B 10, Ausfahrt ES-Zentrum. Der *Schwanen* befindet sich am Blarer-Platz, mitten in der Altstadt.

E

Brauhaus
Zum Schwanen
Franziskanergasse 3
73728 Esslingen
Tel. 07 11/35 32 53
Fax 07 11/35 08 465

Mo-So 11.30-14.00
und 17.00-24.00
feiertags Ruhetag
Küche:
Mo-Fr 11.30-14.00
und 17.30-22.00,
So bis 21.00,
Sa 17.30-24.00

220 Plätze
2 Nebenräume
(davon ein
ausgebauter
Kellerraum)
40 Plätze im Freien
Reservierung bei
Gruppen erwünscht

Keine Kreditkarten

Schwarzwaldhotel Adler

Was tut ein Bayer im Schwarzwald? – Kochen, und zwar exzellent. Diese Aussage trifft auf den Niederbayern Walter Wimmer zu, der seit 18 Jahren im Bärentaler *Adler* immer wieder für Überraschungen sorgt, wie man *Adlers* kulinarischem Kalender entnehmen kann: deftiges Schlachtfest im Januar, Fisch im Februar, Käsespezialitäten im März, Spargel im Mai, Pfifferlinge im Juli und August, Wildwochen im Herbst, Gänsezeit im November und zum Jahresschluß festliche Menüs. Die Küche orientiert sich an Schwarzwälder Spezialitäten, die Kochrichtung liegt zwischen traditionell und phantasievoll leicht. Eine besondere Vorliebe hat Walter Wimmer für Filets jeglicher Art, die zart und fein abgeschmeckt auf den Tisch kommen, wie zum Beispiel das Rehnüßchen »Försterin Art«. Einfach jeder kommt hier auf seine Kosten, selbst der Vollwertler. Gemütlich ist es in dem schon 210 Jahre bestehenden Schwarzwaldgasthof mit seinen urigen Butzenscheiben, die im Sommer von herrlichen Geranien geschmückt werden. Als kinderfreundliches Haus ausgezeichnet, bietet der *Adler* u. a. eine lustige Kinderkarte mit pfiffigen Ideen. *gas*

Speisen und Getränke

Gebeizter Lachs, hausgebeizter Wildschinken mit Ebereschengelee (5,00-16,80)
Wildererpfännle mit Wildschweinmedaillons und Hasenfilet, Hirschgulasch in Wacholderrahmsauce, Ochsenbrust »Badische Art« mit Meerrettichsauce (14,80-28,80)
Kiwisalat, Kirschwasserbömble, Apfelküchle (4,00-12,00)
Bier: Fürstenberg Pils (0,3 l ab 3,70)
Wein: Vorrangig badische rote und weiße Weine (0,25 l ab 4,00)

Besonderheiten

Besonders kinderfreundlich durch ein Spielzimmer mit allerlei Überraschungen, in dem sich die Kinder tummeln und auch Märchenvideos anschauen können. Familienmenü für zwei Personen und ein Kind für 45,00, für jedes weitere Kind kostet es 10,00.

Sehenswürdigkeiten

Bärental liegt im Naturschutzgebiet Feldberg. Der Titisee ist nur wenige Kilometer entfernt. Außerdem gibt es Glasbläser und Altglashütten in der Nähe.

Anfahrt

Vom Titisee kommend an der Kreuzung B 500/B 317 links gelegen

Schwarzwaldhotel
Adler
Bärental
79868 Feldberg
Tel. 076 55/12 42
Fax 076 55/12 28

Täglich ganztags
geöffnet
Küche: 12.00-14.00
und 18.00-21.00

120 Plätze
1 Nebenraum
40 Plätze im Freien
Reservierung 1 Tag
im voraus
erwünscht

1 EZ ab 95,00
15 DZ ab 140,00

Kreditkarten: Diners,
American Express,
Visa, Eurocard

Landgasthof Lamm

Wo die Schwäbische Alb am rauhesten ist, gilt immer noch, daß der Mensch ordentlich essen oder vespern muß. Gelegenheit dazu ist im *Landgasthof Lamm* in Feldstetten, einem blitzsauberen, gutbürgerlichen Lokal für den großen Hunger, den man sich beim Skifahren oder Wandern holen kann. In der Küche, wo Babette Fülle am Herd steht, sind Konserven verpönt. Sie macht die bis Stuttgart gerühmte braune Sauce selbst – nach Hausfrauenart. Kartoffeln und Getreide stammen vom eigenen Feld, auf das kein Kunstdünger kommt. Und die Schweine im eigenen Stall füttert man hier noch wie vor 70 Jahren. Im *Landgasthof Lamm* kann man essen wie ein Scheunendrescher. Kartoffelsalat und handgemachte Spätzle werden ohne Aufforderung nachgereicht. Gerne erzählen sich die Stammgäste die Geschichte, wonach der Kartoffelsalat ganz besonders gut war, als die Großmutter den rechten Arm in Gips hatte. Auch wenn ein Bus mit 50 Gästen eintrifft, entsteht in dem Gasthof keine Hektik: Da wird auf gut schwäbisch »ebbes wegschafft«. Und wer den Berg Spätzle nicht abtragen kann, der nimmt den Rest mit nach Hause. *gh*

Speisen und Getränke

Gulaschsuppe, Flädlesuppe, Salatteller (3,50-8,00)
Schweinebraten (180-200 Gramm Fleisch) mit Kartoffelsalat, Zwiebelrostbraten, Kalbsrahmschnitzel, Sauerbraten, im Herbst und Winter Rehbraten (13,50-21,50)
Erdbeertörtchen mit Gebäck und Sahne, Creme Catalana (Eiscreme mit Eigelb und Caramelsauce), Tartufo (3,50-5,50)
Bier: Böhringer, Römerstein, Gold Ochsen vom Faß (0,3 l ab 2,30)
Wein: Vorwiegend aus Württemberg und Baden, z. B. Cleebronner Heuchelberg, Stettener und Haberschlachter Heuchelberg (0,25 l ab 5,00)

Besonderheiten

Großer Parkplatz vorm Haus, Kinderportionen und -gerichte, Kinderstühle

Sehenswürdigkeiten

Gut erhaltene Wandmalereien in der ev. Kirche in Feldstetten (14. Jahrhundert), in Laichingen Höhlen-Museum und tiefste Schauhöhle Deutschlands, Thermalbad in Bad Urach

Anfahrt

Direkt an der B 28, 35 km von Ulm, 20 km von Bad Urach entfernt

Landgasthof Lamm
Lange Straße 35
89150 Laichingen/
Feldstetten
Tel. 073 33/63 96

Do-Di 10.00-24.00
Mi Ruhetag
Küche: 11.00-14.00
und 17.00-21.00

150 Plätze
1 Nebenraum
Gartenterrasse
geplant
Reservierung für
Sonntage erwünscht

Keine Kreditkarten

Zur Hammermühle

Inmitten einer malerischen Landschaft, umgeben von drei Fischseen, liegt der über 200 Jahre alte Mühlengasthof *Zur Hammermühle*. Seit 1982 sorgt hier die Familie von der Dell für das Wohl ihrer Gäste. Diese können in einer rustikal eingerichteten Gaststube (interessanter Blickfang: die originale Zahnradmechanik des Mühlenrades) vor allem regionaltypische Speisen genießen. Besondere Leckerbissen sind die Wild- und Fischgerichte aus der eigenen Jagd bzw. dem eigenen Angelsee. Auch für deren Zubereitung zeigt sich der Chef des Hauses persönlich verantwortlich. Ideal für Familienfeiern oder Tagungen ist der Hubertussaal mit separater Hausbar. Früher als Lager für Werkzeuge und Maschinen zur Getreideverarbeitung genutzt, bietet der mit Jagdtrophäen ausgestattete Raum heute rund 180 Personen Platz. Ein weiterer Anziehungspunkt ist die Gartenwirtschaft, wo die im Sommer zahlreichen Wanderer ihren Durst stillen können. Als Wegverpflegung (nicht nur für die Spaziergänger) sehr empfehlenswert: die Hausmacher Wurstspezialitäten und der Original Hammermühlenbrand aus eigener Herstellung. *rs*

F

Zur Hammermühle
Hammermühle 1
74579 Fichtenau-
Lautenbach
Tel. 079 62/511
Fax 079 62/70 00 78

Do-Di 11.00-23.00
Mi Ruhetag
Küche: 11.30-14.00
und 18.00-22.00

250 Plätze
3 Nebenräume
1 Tagungsraum
100 Plätze im Freien
Reservierung
erwünscht

15 DZ ab 79,00
als EZ ab 45,00

Keine Kreditkarten

Speisen und Getränke
Metzelsuppe, Laugenbrezelsuppe, klare Suppe mit Meeresfrüchten und Gemüse (3,80-6,50)
Verschiedene Steaks, gekochtes Ochsenfleisch in der Brühe, Schweinerücken in Calvadosrahmsauce, Rehragout in Wacholder-Ginsauce, sämtliche Süßwasserfische in verschiedenen Zubereitungsarten auf Vorbestellung (8,80-21,80)
Hausgebackener Kuchen, Zimtflädle mit Zwetschgeneis, Nußschupfnudeln mit Vanilleeis und Sahne (3,00-9,80)
Bier: Alpirsbacher, Warsteiner und Erdinger (0,3 l ab 2,60)
Wein: Württemberger Weine, z.B. Bönningheimer Stromberg, Verrenberger Goldberg (0,25 l ab 4,20)

Besonderheiten
Regionale Küche: schwäbische und bayerische Spezialitäten; Kutschfahrten nach Dinkelsbühl

Sehenswürdigkeiten
Mittelalterliche Altstadt in Dinkelsbühl, Hologrammuseum in Dinkelsbühl (Tel. 098 51/63 36), Bayerischer Jagdfalkenhof Schloß Schillingsfürst mit täglicher Flugvorführung (25 km entfernt), Rothenburg ob der Tauber

Anfahrt
A 7 Würzburg-Ulm, Abfahrt Dinkelsbühl, Richtung Dinkelsbühl, in Neustädtlein Richtung Rötlein-Bernhardsweiler, dort Richtung Lautenbach

Zum Hirsch

Der Gasthof *Zum Hirsch* ist weit über den kleinen Ort Flözlingen hinaus ein Inbegriff für einen rustikalen Hock. An der Bierfilzbörse steht der *Hirsch* hoch im Kurs. Aus dem nahen und fernen Ausland treffen immer wieder Anfragen nach den Pappdeckeln mit der Aufschrift »Hirsch-Brauerei Flözlingen – seit 1793 – Deutschlands kleinste gewerbliche Braustätte« ein. Seinen Ruf verdankt das traditionsreiche Unternehmen vor allem der Auswahl vollmundiger Biere, die Braumeister Rolf Schittenhelm in der »kleinsten gewerblichen Brauerei Deutschlands« nach alten in der Familie tradierten Rezepturen ansetzt. In der gemütlichen Gaststube werden Spezialbiere aus der hauseigenen Brauerei wie halbdunkes oder naturtrübes Kellerbier angeboten. In der Küche ist noch heute die betagte Seniorchefin Margarete Schittenhelm um das leibliche Wohl der Gäste besorgt. Vor allem deftige Vespern stehen bei ihr auf dem Programm. Gekochtes Ripple mit Sauerkraut oder saure Kutteln bereiten den Gaumen vor für das, was Vater Gustav in seiner Brennerei zaubert. Zur Abrundung gehören selbstgebrannte Schwarzwälder Kirsch-, Mirabellen- und Zwetschgenschnäpsle. Ein besonders ausgefallener Tropfen ist der Bierschnaps. *du*

Speisen und Getränke
Ein Paar Saiten mit Brot, gekochtes Ripple mit Sauerkraut und Brot, Paar frische Bauernbratwürste mit Sauerkraut und Brot, saure Kutteln mit Brot, sauere Nierle mit Brot, Schwarzwälder Schinkenspeck (4,40-9,80)
Bier: Selbstgebraute Bierspezialitäten wie z.B. das Spezial (0,3 l ab 2,60)
Wein: Vorwiegend aus Baden und Württemberg (0,25 l ab 4,90)

Besonderheiten
Kinderstühle, auf Wunsch Brauereibesichtigung, hervorragende Obstbrände

Sehenswürdigkeiten
Zum Wandern: Eschachtal, restaurierte römische Badeanlage in Fischbach

Anfahrt
A 81 Singen, Abfahrt Rottweil, dann Richtung Zimmern ob Rottweil fahren, vor Zimmern rechts abbiegen in Richtung Flözlingen

Gasthof Zum Hirsch
Eschstraße 15
78658 Flözlingen
Tel. 074 03/489
Fax 074 03/75 44

Mi-Fr 11.00-22.00
Sa, So 10.00-22.00
Mo, Di Ruhetage
Küche: wie
Öffnungszeiten

80 Plätze
1 Nebenraum
100 Plätze im Freien
(ab Sommer '96)
Reservierung nicht
erforderlich

Keine Kreditkarten

Greiffenegg Schlößle

Hoch über den Dächern von Freiburg weht seit Dezember 1995 mit Toni Schlegel ein neuer Wind. »Wir haben die beste Lage und die schönste Aussicht der Stadt«, erklärt der junge Wirt, »dank der nahen Parkhäuser Schloßberg- und Schwabentorgarage keine Parkplatzprobleme und ein Traditionslokal, das jedem Anspruch gerecht wird.« Das wird der mit seinen 24 Jahren sehr junge Küchenchef Alexander Kühn noch beweisen müssen, obwohl er ja mit besten Referenzen des *Colombi-Hotels* äußerst vielversprechend ist. »Feine regionale Küche pfiffig-modern umgesetzt« ist hier das Motto. Neu im *Greiffenegg* ist das Regio-Menü, das zusammengestellt ist aus Ingredienzen des Dreiländerecks Baden, Elsaß, Schweiz. Neu ist ebenfalls das Studi-Menü, ein Superangebot für junge Feinschmecker unter 25 Jahren, die sich für ganze 29,00 ein wenig den Gaumen kitzeln lassen wollen. Und für die sonntäglichen Langschläfer bietet das *Greiffenegg* nicht nur eine gute Aussicht über die Stadt bis hinüber zu den Vogesen, sondern vor allem von 11.00 bis 14.30 ein reichhaltiges großes Brunch-Buffet, das gar ab 12.00 warme Mittagsgerichte bietet. *gas*

F

Greiffenegg
Schlößle
Schloßbergring 3
79098 Freiburg
Tel. 07 61/327 28
Fax 07 61/28 96 02

Täglich ganztags
geöffnet
Küche: durchgehend
12.00-24.00

170 Plätze
2 Nebenräume
2 Tagungsräume
150 Plätze auf der
Terrasse
700 Plätze im
Biergarten
Reservierung
erwünscht

Kreditkarten: Diners,
Visa, Eurocard

Speisen und Getränke
Bibliskäs, Bündnerfleisch (12,50-21,00)
Barbarie-Entenbrust, Steinbeißerfilet, Lauch-Kartoffelrösti mit frischen Champignons, Putengeschnetzeltes in Calvados-Pfefferrahm, Schloßherrentöpfe (18,50-37,00)
Pochierte Birnen in Weingelee (8,50-16,00)
Bier: Fürstenberg, Weihenstephan (0,3 l ab 4,20)
Wein: Große Auswahl an badischen Weinen, auch französische und italienische Weine (0,25 l ab 6,50)

Besonderheiten
Sonntags und an Feiertagen großes Brunch-Buffet; Kinderstühle, Kindergerichte und -portionen, Bilder- und Malbücher

Sehenswürdigkeiten
Altstadt Freiburgs mit ihren Bächle und dem Münster am Fuße des Schloßbergs

Anfahrt
A 5, Ausfahrt Freiburg Mitte

Kybfelsen

Es ist nicht nur der herrliche Kastaniengarten im Sommer, der die Gäste in den über 100 Jahre alten Gasthof *Kybfelsen* lockt. Eine umfassende Renovierung und eine neues Konzept, mit dem die jungen Wirtsleute Feierling-Rombach 1993 das Haus übernahmen, machen den *Kybfelsen* zu einem beliebten Treffpunkt für gastronomische Streifzüge. Die Feierling-Rombachs schufen ein gepflegtes Ambiente – eine Mischung aus Traditionellem und Kühlmodernem – das zum Verweilen einlädt, und auch die regional geprägte Küche sorgt immer wieder für angenehme Überraschungen. Alle Gerichte werden frisch zubereitet. Salatfreunde oder gar Vegetarier finden hier nicht nur den klassischen Gemüseteller, sondern schmackhafte Varianten. Auch die Weinkarte kann sich sehen lassen: Edle Tropfen aus dem Markgräferland und Kaiserstuhl locken hier den Genießer. Und – wie könnte es für die Brauerfamilie Feierling anders sein – natürlich wird hier das hauseigene, naturtrübe Feierling-Bier ausgeschenkt. *gas*

Speisen und Getränke

Löwenzahnsalat, wechselnde hausgemachte Sülzen, verschiedene Suppen (6,00-15,00)
Steinbeißer, Edelfische, Grünkernrisotto mit winterlichem Gemüse, Rinderroulade mit Gemüse, Lammrücken mit Gemüse (21,00-34,00)
Sorbetteller, Topfenmousse mit Früchten (11,00-12,00)
Bier: Feierling (naturtrüb) aus der Hausbrauerei, Ganter Privat-Pils (0,3 l ab 3,80)
Wein: Vorwiegend trockene, vereinzelt auch liebliche Weine aus der Region, einige Rotweine aus Frankreich, z.B. Gutedel (0,25 l ab 5,80)

Besonderheiten

Kinderstühle, Kindergerichte und -portionen, Spielecke, Bilder- und Malbücher, Spielplatz

Sehenswürdigkeiten

Vom *Kybfelsen* führt die Straße direkt zum Hausberg Schauinsland. Eine direkte Straßenbahnverbindung zur reizvollen Freiburger Innenstadt gibt es vor dem Haus.

Anfahrt

A 5, Abfahrt Freiburg Mitte, Zubringer Mitte in Richtung Schauinsland, Stadtteil Günterstal, nach altem Tor 150 Meter links

F

Kybfelsen
Schauinslandstr. 49
79100 Freiburg
Tel. 07 61/294 40
Fax 07 61/290 117

Mo-So 11.30-24.00
Küche: 11.30-14.00
und 18.00-22.00

120 Plätze
1 Nebenraum
250 Plätze im Freien
Reservierung 1 Tag
im voraus angeraten

Kreditkarten:
Telecash

Wiehre Bahnhof

Kaum zu glauben, aber wahr: Der nüchterne Bahnhof mit seiner öden und schmucklosen Wartehalle bietet Gewaltiges: Für Kenner der Freiburger Szene ist er längst zum wöchentlichen Muß geworden. Das Ambiente bietet Jugendstil pur, eine Melange aus Kitsch, Kunst und Kostbarem, von Lampen, alten Schränken, blanken Holztischen, Holztäfelung und allerlei Bildern, Fotos und Spiegeln. Und gerade diese Mischung zieht ein ebenso gemischtes Publikum an. Es spricht sich herum, daß der *Wiehre Bahnhof* nicht nur Fahrkarten zu bieten hat, sondern auch eine respektable Speisekarte, die täglich wechselt und deftige badische Küche mit leichtem Westwind aus dem benachbarten Frankreich präsentiert. Berühmt ist die geschnetzelte Leber »sauer« oder »geröstet«. Die angebotenen Weine bringen die Gäste des *Wiehre Bahnhofs* schon mal in Fahrt und gelegentlich in Zugzwang. Da das Preis-Leistungs-Verhältnis stimmt, ist der Andrang besonders im Sommer draußen entsprechend groß. Dann allerdings gilt es für den Gast, sich ein wenig in Geduld zu üben. Übrigens: Der *Wiehre Bahnhof* ist eine der wenigen Adressen, wo man auch dem Boulespiel frönen kann. *gas*

F

Wiehre Bahnhof
Robert-Gerwig-Pl. 20
79102 Freiburg
Tel. 07 61/755 58

So-Fr ganztags
geöffnet
Sa Ruhetag
Küche: 11.30-14.00
und 17.30-24.00

60 Plätze
90 Plätze auf der
Terrasse
Reservierung
erwünscht

Keine Kreditkarten

Speisen und Getränke

Maultaschen, Fischterrine mit Räucherlachs, Shrimps und Kartöffle (6,00-15,20)
Geschnetzelte Leber »sauer« oder »geröstet«, feine Scholleröllchen mit Lachs, Weinrahm im Spinat-Reisrand, Dialog vom Lammhüftsteak und Kotelett (14,80-27,00)
Warmer Apfelstrudel mit Vanilleeis, bunter Eisteller mit Kiwis (8,70-13,00)
Bier: Ganter Pils (0,2 l ab 2,40)
Wein: Überwiegend badische Weine, ein Rioja (0,25 l ab 4,80)

Besonderheiten

Bilder- und Malbücher für die Kinder. Die Bahnhofshalle dient den Kindern als Spielplatz.

Sehenswürdigkeiten

Nicht weit entfernt befindet sich der Waldsee – ideal für Paddeltouren – mit Waldschänke und schöner Gartenterrasse, Freiburger Altstadt

Anfahrt

A 5 Ausfahrt Freiburg Mitte, rechts ab in Richtung Schauinsland, vor Ortsausgang letzte Straße links zum *Wiehre Bahnhof*

Zähringer Burg

Seitdem 1887 dieser ehemalige Bauernhof von der Familie Beck übernommen wurde, wird in der *Zähringer Burg* gewirtet. Seit 1994 bekocht Wolf Daniel Biere seine Gäste hinter romantischen Butzenscheiben, während seine Frau Edeltraud für den Service zuständig ist. Bereits in kurzer Zeit setzte das ambitionierte Ehepaar Akzente, die sich in und um Freiburg herumgesprochen haben. Ausgefallene Dekorationen oder Kunstwerke aus Gräsern, Moos und Stoffen verzaubern die alte Bauernstube. Ehemann Daniel dagegen stellt seine Kunst in der Küche unter Beweis. Die Gerichte sind solide und ohne Extravaganzen. Donnerstags und freitags abends findet die Fischküche mit einem sehenswerten Fischbuffet ihren Höhepunkt. Jeden Sonntag wiederum veranstaltet der Gastwirt ein Spanferkelessen. Wie die Speisekarte, so ist auch die Weinkarte überwiegend regional geprägt. Und wer es ganz zünftig liebt, der nehme Platz in der Philosophenstube, dem Treff an rustikalen Wirtshaustischen, wo einst auch der Freiburger Philosoph Heidegger sein Viertele schlotzte. Urbadische Vesper ergänzen hier das Feinschmeckerangebot und machen die Burg zu einem gemütlichen Beizle. *gas*

F

Speisen und Getränke
Hausgemachte Terrinen, Burgwirt's Vorspeisenvariation (19,50-28,50)
Kalbsschnitzel auf Nudeln, Lammrücken in Basilikumkruste mit Gratin und Gemüse (19,50-45,50)
Badische Apfelküchle, Dessertvariation des Tages (14,50-19,50)
Bier: Reitter Pils, Bitburger (0,3 l ab 3,90)
Wein: Vorrangig badische Weine von regionalen Weingütern, z.B. Kerner, Klingelberger, Burgunder (0,25 l ab 6,50)

Besonderheiten
Kinderstühle, Kindergerichte und -portionen, Spielecke, Spielplatz

Sehenswürdigkeiten
Direkt in Zähringen finden sich die ersten Wanderparkplätze, die hinaufführen zur Burgruine Zähringen.

Anfahrt
A 5 Ausfahrt Freiburg Nord, von dort ca. 5 Minuten
Endhaltestelle der Tram Linie 5

Zähringer Burg
Reutebachgasse 19
79108 Freiburg
Tel. 07 61/540 41
Fax 07 61/55 57 55

Mo-So ganztags
geöffnet
Küche: 12.00-14.00
und 18.00-23.00

110 Plätze
2 Nebenräume
1 Tagungsraum
Reservierung nicht
erforderlich

Kreditkarten:
American Express,
Visa, Eurocard

Bärenschlößle

Im ältesten Stadtteil der Kurstadt Freudenstadt, im Christophstal, liegt das *Bärenschlößle* malerisch am Hang mit Blick ins Tal und auf Freudenstadt. Von Wald umgeben, finden sich in direkter Nachbarschaft und noch im Blickfeld der gemütlichen Außenterrasse Rotwildgehege und Vogelvolieren – ideales Ziel für einen Familienausflug. Das Haus mit seinem markanten Renaissance-Giebel entstand 1627 als Alterssitz des Gewerbrebfaktors, dem Herrn über »Knappen und Laboranten«. Seit 25 Jahren ist das im Privatbesitz befindliche Haus eine urig-gemütliche Gastwirtschaft, rustikal eingerichtet mit Kachelofen, holzgetäfelten Wänden und Decken und viel Zierrat aus dem Mittelalter. Seit drei Jahren führen Inhaberin Doris Hilsz und Küchenchef Jochen Zack Regie, tischen bodenständige, urschwäbische Gerichte auf, dazu eine stattliche Auswahl an Vollwertgerichten. Das *Bärenschlößle* ist weithin bekannt für seine kernigen Wildgerichte, für Forelle und Karpfen aus dem eigenen Weiher zu soliden Preisen. Doris Hilsz: »Seit meiner Übernahme vor drei Jahren sind die Preise gleichgeblieben.« *hk*

F

Bärenschlößle
Christophstraße 28
72290 Freudenstadt-
Christophstal
Tel. 074 41/78 50
Fax 074 41/78 50

Mi–Mo 10.00–24.00
Di Ruhetag
Küche: 11.00–22.00

80 Plätze
1 Nebenraum
80 Plätze auf der
Terrasse
Reservierung
erwünscht

Kreditkarten: Visa,
Eurocard

Speisen und Getränke
Flädlesuppe, Kartoffelsuppe mit Kracherle, geräuchertes Forellenfilet (5,50–14,50)
Saure Kutteln mit Bratkartoffeln, Spätzleauflauf überbacken mit Schinken und Käse, Sahnegeschnetzeltes mit Pilzen, Hasenrückenfilet im Pfannkuchenmantel (9,50–25,50)
Apfelstrudel mit Vanilleeis und Sahne, Zimtparfait mit heißen Früchten, Eisorange (5,00–8,50)
Bier: Dinkelacker-Biere vom Faß, Sanwald-Weizenbiere vom Faß, Diebels Alt vom Faß (0,3 l ab 3,60)
Wein: Weiß- und Rotweine aus Baden-Württemberg, Frankreich, Italien und Spanien (0,25 l ab 4,90)

Besonderheiten
Kinderkarte, Kinderstühle, Fischwochen, Wildwochen, Schlachtplatten, ausgebauter Weinkeller für Weinproben bis ca. 30 Personen, herzlicher Service

Sehenswürdigkeiten
Wildgehege neben dem Lokal, Marktplatz mit Arkaden in Freudenstadt

Anfahrt
B 500 (Schwarzwaldhochstraße) aus Richtung Freudenstadt, ca. 500 m nach Ortsende rechts Richtung Christophstal abbiegen, Beschilderung folgen

Hotel Schwanen

Ganz in der Nähe des größten Marktplatzes der Republik, keine fünf Gehminuten vom Bahnhof entfernt gelegen, ist das *Hotel Schwanen* schon seit den Gründerjahren der Kurstadt Freudenstadt ein gastlicher Anziehungspunkt. Daran hat sich bis heute nichts geändert. Seit der Jahrhundertwende im Familienbesitz, hat der stolze Bau viele Wandlungen mitgemacht. Heinz und Suse Bukenberger, die heutigen Besitzer, sind mit der Zeit gegangen, haben letztmals 1989 den *Schwanen* umgebaut, ihn mit heller Tanne und luftig-feundlichem Ambiente versehen, die Küche auf den neuesten Stand gebracht. Hier zeichnet Sohn Edgar Bukenberger als Küchenchef verantwortlich, präsentiert eine fein abgestimmte Auswahl heimischer Spezialitäten und beweist mit täglich wechselnden Speisekarten und herzhaften kleinen Gerichten seine Flexibilität. Hervorzuheben ist die ausgezeichnete Karte mit Riesenpfannkuchen aller nur denkbaren Arten, nicht nur gut für kleine Schlekkermäulchen. *hk*

Speisen und Getränke
Hausgemachte Gulaschsuppe, geräuchertes Schwarzwälder Forellenfilet mit Sahnemeerrettich (6,20-15,80)
Freudenstädter Herrenschüssel (Schweinefleisch mit geschmolzenen Tomaten, Zwiebeln, mit Käse überbacken), Hirsegemüsenocken in Käsesauce, marktfrisches Gemüsepfännle (10,00-34,00)
Kuchen aus eigener Herstellung, frische Waffeln mit Sauerkirschen und Vanilleeis, Eiskarte (3,60-7,00)
Bier: Dinkelacker Biere vom Faß, Bitburger Pils, Sanwald Weizen, Diebels Alt (0,25 l ab 2,60)
Wein: Weiß- und Rotweine aus Württemberg, Baden und Italien (0,25 l ab 7,50), ausgesuchte Flaschenweinkarte, »Schatzkiste« mit erlesenen Flaschenweinen verschiedener Anbaugebiete

Besonderheiten
Pfannkuchenkarte, Spargelwoche, Wildwoche, Fischwoche, ausgezeichnete Obstbrände; für Kinder: Kinderstühle, Kindergerichte, Kinderportionen, Malbücher

Sehenswürdigkeiten
Marktplatz, Kurhaus, Kurpark, Panoramabad, Nähe zur Schwarzwaldhochstraße, Freizeitbus für Wanderungen

Anfahrt
Das Restaurant liegt in der Stadtmitte von Freudenstadt.

F

Hotel Schwanen
Forststraße 6
72250 Freudenstadt
Tel. 074 41/91 55-0
Fax 074 41/91 55-44

Mo-So 7.30-23.30
Küche: 11.30-14.00
und 17.30-21.00

125 Plätze
2 Nebenräume
(davon einer für
Nichtraucher)
40 Plätze auf
sonniger Terrasse
Reservierung
erwünscht

3 EZ ab 55,00
12 DZ ab 116,00
Dazu EZ- und DZ im
Hotel Garni Landhaus
Bukenberger mit
Möglichkeit der Voll-
und Halbpension im
Schwanen

Kreditkarten: Visa,
Eurocard

Hotel-Restaurant Traube

Kaum zehn Minuten vom Messegelände entfernt, ist die *Traube* der richtige Ort, um sich nach einem anstrengenden Messebesuch zu erholen und Ruhe zu finden. Von außen wirkt das Haus schlicht und sachlich. Kaum öffnet sich jedoch die schwere Holztür, wird man eines besseren belehrt: Frische Blumen auf den Tischen und Grünpflanzen, die den Raum geschickt unterteilen, verbreiten stille Gemütlichkeit. Feine Bleistiftzeichnungen und Aquarelle von Künstlern aus der Region – die zu den Stammgästen der *Traube* gehören – laden zum näheren Betrachten ein, nachdem man bestellt hat. Denn etwas Geduld ist notwendig, bis Lothar Völker die mit viel Sorgfalt zubereiteten frischen Gerichte vollendet hat. Obst und Gemüse wählt er auf dem Ailinger Bauernmarkt aus. Auch der Dorfmetzger in Ailingen kennt die Ansprüche des *Trauben*-Wirts inzwischen gut und liefert nur beste Ware. Fischgerichte, wie zum Beispiel das in Mandelbutter gebratene Eglifilet, stehen jedoch in der Gunst der Gäste am höchsten – wie es sich am Bodensee eben gehört! ssm

Speisen und Getränke
Rehpastete an Beerensauce, klare Bodenseefischsuppe mit frischen Fischen (6,00 -19,50)
Rehnüßchen in Rahmsauce, Bodenseefelchenfilet in Zitronenbutter gebraten, Rehragout mit Pilzen in Trollingersauce, Lammrückenfilets im Thymianjus mit Schafskäse überbacken (15,00-37,50)
Beerenparfait an Fruchtmarksauce, Apfelküchle, gebacken in Bierteig, mit Weinschaumsauce (7,50-12,50)
Bier: Bürgerliches Brauhaus, Königsbrauerei (0,3 l ab 2,80)
Wein: Großes Angebot an Qualitätsweinen aus Baden, Württemberg und Frankreich, besonders Bodenseeweine, Bermatinger (0,25 l ab 5,30)

Besonderheiten
Besondere Spezialität sind Wild- und Fischgerichte; Kindergerichte, Kinderportionen, Bilder- und Malbücher

Sehenswürdigkeiten
Messe Friedrichshafen, Zeppelin Museum, Spaziergänge am Bodensee oder durch die Obst-und Hopfenplantagen, Wellenbad

Anfahrt
B 31 bis Friedrichshafen, dann Richtung Ailingen; in Ailingen liegt die *Traube* direkt an der Kreuzung B 30, Richtung Kehlen/Ailingen

F

Hotel-Restaurant
Traube
Ittenhauser Straße 4
88048 Friedrichs-
hafen/Ailingen
Tel. 075 41/530 63
Fax 075 41/569 04

Di-So 11.00-14.00
und 17.00-24.00
In den
Sommermonaten:
11.00-23.00
Mo Ruhetag
Küche: 11.30-14.00
und 17.00-21.30

70 Plätze
1 Nebenraum
50 Plätze im Freien
Reservierung
angeraten

1 EZ ab 80,00
10 DZ ab110,00

Kreditkarten:
American Express,
Visa, Eurocard

Burgstüble

Das *Burgstüble* ist ein geschmackvoll eingerichtetes Restaurant mitten in dem zu Geislingen gehörenden Albdorf Weiler. Die dezente Hintergrundmusik und ein großer Kerzenleuchter verbreiten angenehme Atmosphäre. Bemerkenswert ist außerdem die Freundlichkeit, mit der Rolf Lehner seine Gäste begrüßt, ihnen die Speisen erläutert und Freude und Optimismus ausstrahlt. »In unserem Haus regiert nur die Liebe«, sagt er und will seinen Gästen das Gefühl vermitteln: »Ein Besuch macht Freude«. Während er in seiner unnachahmlich-sympathischen Art für den Service zuständig ist, sich selbst auch gelegentlich als »Butler« bezeichnet, bereitet seine Frau, eine gelernte Köchin und aus der Feinkostbranche kommend, die Speisen zu. Lehner über seine Ehefrau: »Sie ist ein absolutes Kochgenie.« *str*

Speisen und Getränke

Schnecken in hausgemachter Schneckenbutter, gebratene Wachtel ausgelöst auf Salatkreation (5,80-20,00)
Rinderhüftsteak, Lammfilet mit Knoblauchschaum überbacken, Meeresfrüchtespieß, Nordsee-Seezunge (22,80-37,50)
Flädle gefüllt mit Walnußeis mit hausgemachtem Apfelmus oder mit Vanilleeis und heißer Schokolade oder mit Vanilleeis und frischen Früchten (11,50-15,00)
Bier: Heimisches Kaiser Edel-Pils vom Faß (0,3 l ab 3,70)
Wein: Sehr großes Angebot Württemberger, aber auch französischer und italienischer Weine (0,25 l ab 6,90)

Besonderheiten

Kinderstühle, Kindergerichte und -portionen, Bilder- und Malbücher

Sehenswürdigkeiten

Herrliches Wandergebiet am Albtrauf oberhalb der Stadt Geislingen/Steige, die einen historischen Altstadtkern aufzuweisen hat; Burgruine Helfenstein, historischer Ödenturm; Radfahrmöglichkeiten auf der Albhochfläche, bei Übernachtung im Burghotel (Hallenbad, Sauna, Massagebäder etc.) dort auch Fahrrad-Abstellplätze

Anfahrt

Über Geislingen/Steige (B 10) die Weiler Steige hoch – oder aus Richtung Ulm kommend vor der Geislinger Steige (B 10) rechts in Richtung Schalkstetten, dann Beschilderung Geislingen-Weiler folgen

G

Restaurant
Burgstüble
Dorfstraße 12
73312 Geislingen/
Steige-Weiler
Tel. 073 31/421 62
Fax 073 31/94 17 51

Mo-Sa 18.00-24.00
So Ruhetag
Küche: 18.00-22.00

40 Plätze
1 Nebenraum
Reservierung
erforderlich

12 EZ ab 88,00
11 DZ ab 145,00

Kreditkarten: Diners,
American Express,
Visa, Eurocard

Landgasthof Ochsen

Der *Ochsen* ist ein gemütlich eingerichtetes, modernes, ländliches Restaurant mitten im romantischen Geislinger Stadtbezirk Eybach. Besonders genießt man einen Besuch im Sommer auf der großen Terrasse. Der Landgasthof ist ein Familienbetrieb. Eigentümer Karl Irtenkauf ist gelernter Koch und bereitet die Speisen selbst zu. Als Ur-Eybacher fühlt er sich nicht nur mit Land und Leuten eng verbunden, sondern auch mit der urschwäbischen Küche. Direkt am Lokal befindet sich ein großer Parkplatz und ebenso eine Bushaltestelle für die Linie Geislingen-Böhmenkirch. Auf der anderen Seite der Dorfstraße gibt es außerdem ein neues Gästehaus für diejenigen, die sich von der Gegend nicht so schnell wieder trennen möchten. *str*

Speisen und Getränke

Tagessuppe, Maultasche in Brühe, geschmälzte Leberknödel mit Salaten (4,50-13,00)
Rahmbraten mit Spätzle und Salaten, Putengeschnetzeltes mit Spätzle und Salaten, Zwiebelrostbraten mit Röstkartoffeln, Schweinelendchen mit Champignons, Rehbraten mit Champignons, Goldbarschfilets mit Salatplatte, Pfeffersteak mit Salatplatte, saure Leber, Wildschweinbraten (18,00-32,00)
Verschiedene Eisbecher (6,00-9,80)
Bier: Bitburger, Mark Edelpils (0,3 l ab 2,90)
Wein: Überwiegend Württemberger Weine, Hauswein (0,25 l ab 5,00)

Besonderheiten

Kinderstühle, Kindergerichte, Kinderportionen

Sehenswürdigkeiten

Eybach liegt eingebettet in die Täler der Schwäbischen Alb. Über dem Ort ragt die steile Wand des Himmelsfelsens empor. Viele Wandermöglichkeiten durch wildromantische, tief eingeschnittene Täler zur Albhochfläche hinauf. Radfahren auf verkehrsarmen Nebenstraßen. Nur 3 Kilometer von Geislingen/Steige mit seiner historischen Altstadt und zahlreichen Sehenswürdigkeiten (Heimatmuseum, Burgruine Helfenstein, Ödenturm) entfernt. Ausgangspunkt für Ausflugsfahrten nach Ulm, Heidenheim oder Göppingen

Anfahrt

Über Geislingen/Steige (B 10) in Richtung Heidenheim

G

Landgasthof Ochsen
Von-Degenfeld-
Straße 23
73312 Geislingen-
Eybach
Tel. 073 31/620 51
Fax 073 31/620 51

Sa-Do 10.00-23.00
Fr Ruhetag
Küche: 11.30-14.00
und 17.00-21.30

85 Plätze
1 Nebenraum
1 Tagungsraum im
Gästehaus
40 Plätze im Freien
Reservierung
angeraten

13 EZ ab 75,00
10 DZ ab 140,00

Keine Kreditkarten

Gasthof Hirsch

Gengenbach gilt in Baden als das schönste Städtchen des ausgehenden Mittelalters. Der Sitz des bedeutendsten Klosters der Ortenau ist heute wie damals von Reben umgeben; der Stadtkern innerhalb seiner Wehrmauern wurde in den letzten fünf Jahrzehnten aufwendig restauriert. Entsprechend hoch sind die Besucherzahlen. Die Gastronomie ist weniger spektakulär. Die Grande Cuisine wird man in Gengenbach vergebens suchen; die gehobene »gutbürgerliche« Art nämlich ist hier beheimatet. Mitgeprägt wurde die örtliche Kulinarik nach dem Krieg vom alten Josef Armbruster selig, der eingedenk seiner Spezialitäten als »Leberle-Sepp« in die Annalen der Gengenbacher Gastronomie einging. Seine Söhne lernten ausnahmslos das Handwerk am Herd. Das Stammhaus, den *Hirsch,* übernahm Anfang der achtziger Jahre Norbert Armbruster, ein überaus kompetenter Vertreter seiner Zunft. Was er in der abgelegenen Grabenstraße im Schatten des Amtsgerichts seinen Gästen anbietet, verdient den Namen Badische Küche wirklich. Die geschickte Kombination klassischer Regionalküche mit auch internationalem Angebot wird selbst dem anspruchsvollen Gast gerecht. Günstige Tagesessen und ein originelles Menü des Monats beweisen zudem Beweglichkeit. *ros*

G

Speisen und Getränke
Blattsalate in Apfelessigdressing mit gebratenen Putenbruststreifen, Linsensalat mit warm geräuchertem Wacholderschinken, Badisches Schneckenrahmsüpple (4,50-18,50)
Saure Leber, Hirschrahmgulasch, Lammrücken in Kräuterkruste an Thymiansauce mit Marktgemüse (15,50-32,50)
Hausgemachtes Zwetschgeneis auf Apfelküchle mit Vanillesauce, Walnußparfait an Ahornsirup mit frischen Kiwis, Sauerkirschsorbet mit Kirschwasser (4,80-10,00)
Bier: Ketterer Export, Pils und Hefeweizen (0,3 l ab 3,60)
Wein: Müller-Thurgau, Spätburgunder Rotwein, Durbacher Clevenre Traminer, Von-Bender Weine (0,25 l ab 6,50)

Besonderheiten
Kinderstühle, Kindergerichte und -portionen, Kinderspiele

Sehenswürdigkeiten
Historischer Stadtkern, Benediktinerkloster, Stadtkirche, Narrenmuseum, Flößermuseum

Anfahrt
Autobahn Offenburg Mitte, Richtung Villingen-Schwenningen B 33, Ausfahrt Gengenbach (ca. 10 km von der BAB-Abfahrt)

Gasthof Hirsch
Grabenstraße 34
77723 Gengenbach
Tel. 078 03/33 87
Fax 078 03/78 81

Mo, Di, Do-Sa
7.30-24.00
So 7.30-15.00
Mi Ruhetag
Küche: 11.30-14.00
und 17.30-23.30

100 Plätze
1 Nebenraum
1 Tagungsraum
Reservierung 1-2
Tage im voraus
erwünscht

2 EZ ab 65,00
6 DZ ab 100,00

Kreditkarten:
American Express,
Visa, Eurocard

Hotel-Restaurant Hohenstaufen

Das Hotel-Restaurant *Hohenstaufen* ist ein familiär geführtes Haus, das in einer ruhigen Seitenstraße der Innenstadt liegt. Es besteht seit 120 Jahren und ist seit über 65 Jahren in Familienbesitz. Als der erste Eigentümer aus der Familie Heer Ostern 1931 das Lokal eröffnete, war er der erste männliche Koch Göppingens. Behaglich, im altdeutschen Stil eingerichtet, bietet das Restaurant ein umfangreiches Angebot landestypischer Speisen. Die Veranstaltungsräume tragen Namen wie »Welfenstube«, »Staufenecke« oder »Barbarossa-Raum« und erinnern damit an die Staufer, deren Stammburg auf dem nahen Hohenstaufen auch dem Hotel-Restaurant den Namen gegeben hat. Nur ein paar hundert Meter sind's zum städtischen Hallenbad, das mit Solarium, Sauna, Dampfbad und Massageabteilung ausgestattet ist. Das *Hohenstaufen* wird zu den ersten Häusern der Stadt gezählt und gilt als feine Adresse. Seine Nebenräume eignen sich außerdem sehr gut für Tagungen und Familienfeiern. *str*

G

Hotel-Restaurant
Hohenstaufen
Freihofstraße 64
73033 Göppingen
Tel. 071 61/67 00
Fax 071 61/700 70

So-Fr 10.00-14.00
und 18.00-24.00
Sa 18.00-24.00
Küche: 12.00-14.00
und 18.00-22.00

120 Plätze
3 Nebenräume
1 Tagungsraum
Reservierung
erwünscht

30 EZ ab 105,00
20 DZ ab 140,00

Kreditkarten: Diners,
American Express,
Visa, Eurocard

Speisen und Getränke

Sechs Weinbergschnecken im Töpfle, Riesengarnelen, Melonenkugeln in Portwein mit Parmaschinken (8,50-23,00) Rückenfilet vom Feldhasen, Rehrücken mit Maronen und Haselnußspätzle, Filet von der Lachsforelle, Zanderfilet »Kloster Lorch« auf Blattspinat (22,00-45,00) Apfelküchle, verschiedene Eisbecher (8,00-12,00) Bier: Pils (0,3 l ab 4,50) Wein: Umfangreiches Angebot Württemberger und badischer Weine (0,25 l ab 6,50)

Besonderheiten

Kinderstühle, Kindergerichte, Kinderportionen, Bilder- und Malbücher

Sehenswürdigkeiten

Auf der 110 Kilometer langen »Straße der Staufer« den Spuren Barbarossas folgen. Markante Punkte dabei: Kloster Adelberg, das Wäscherschloß, Kloster Lorch, Schwäbisch Gmünd, die Burgruine Hohenrechberg und die Stiftskirche im Göppinger Stadtbezirk Faurndau. In der Göppinger Innenstadt: Städtisches Museum Storchen, Märklin-Museum (am südöstlichen Stadtrand gelegen, nahe der B 10)

Anfahrt

Göppingen liegt an der B 10 zwischen Stuttgart und Ulm, Autobahnanschlußstelle A 8 Kirchheim oder Aichelberg. In Göppingen entlang Hauptstraße, Marktplatz und Obere Marktstraße zu Ziegelstraße (hinter der dortigen Kirche)

Tannenmühle

Zweifellos: Die *Tannenmühle* bei Grafenhausen bietet die meisten Forellengerichte der Gegend. 29 sind es an der Zahl, und dabei ist die Tageskarte noch nicht berücksichtigt. Doch nicht nur eingeschworene Liebhaber des zarten Süßwasserfischs kommen in dem abgelegenen Tal auf ihre Kosten. Ein kleiner Streichelzoo und eine komplett restaurierte Museumsmühle sind weitere Attraktionen des Hotel-Restaurants im Schwarzwälder Stil. Bereits zweimal wurde die *Tannenmühle* zum »Bundessieger familienfreundlicher Betriebe« gekürt, und 1995 erhielt die Familie Baschnagel den Landespreis in Sachen Umweltschutz. Das Fleisch stammt darüber hinaus aus eigener Landwirtschaft, und der selbst angebaute Dinkel sorgt für das deftige Bauernbrot. Für den hohen Standard der Küche spricht, daß die Industrie- und Handelskammer seit Jahren hier die Meisterprüfung ihrer Köche durchführt. Und für Schutz von »oben« ist auch gesorgt: Dem heiligen Laurentius, dem Schutzpatron der weißen Zunft, haben die Baschnagels vor nicht allzu langer Zeit eine Kapelle errichten lassen. *tb*

G

Speisen und Getränke

Forellenkraftbrühe, Forellen-hors d'oeuvre, Forellenleber (7,00-15,00)
Forelle Müllerin Art, pochierte Forellenfilets nach »Zuger Art«, pochiertes Forellenfilet »Tannenmühle« (18,00-28,00)
Schwarzwälder Kirschtorte, verschiedene Eisparfaits (3,80-13,00)
Bier: Rothaus Pils (0,3 l ab 3,00)
Wein: Ehrenstetter, Neuweier, Hohentengener und andere (0,2 l ab 5,00)

Besonderheiten

Kinderstühle, Kindergerichte, Kinderportionen, Spielecke, Bilder-/Malbücher, Spielplatz

Sehenswürdigkeiten

Mühlen- und Gerätemuseum, Tiergehege, Laurentiuskapelle; Heimatmuseum »Hüsli« in Rothaus, bekannt aus der TV-Serie »Schwarzwaldklinik«

Anfahrt

Von Stuttgart A 81, Ausfahrt Donaueschingen, Bonndorf
Von Freiburg B 31, dann B 500 über Schluchsee

Hotel Tannenmühle
Tannenmühlenweg 5
79865 Grafenhausen
Tel. 077 48/215
Fax 077 48/12 26

Mi-Mo 10.00-23.00
Di Ruhetag
ab Mai kein Ruhetag
Küche: 11.15-20.45

200 Plätze
1 Nebenraum
1 Tagungsraum
70 Plätze auf der Terrasse
Reservierung nicht erforderlich

12 DZ ab 90,00
EZ auf Anfrage

Keine Kreditkarten

Gasthaus Lamm

Der Gast ist König – diesen Wahlspruch hat sich Horst Wendt, Chefkoch und Inhaber des *Gasthauses Lamm*, ganz groß aufs Banner geschrieben. Im *Lamm* können die Hungrigen und Durstigen nicht nur aus einer reichhaltigen Karte wählen; der Chef persönlich steht immer gerne bereit und empfiehlt besondere Küchenschmankerl, die nirgends auf der Karte zu finden sind. Auch die kleinen Gäste kommen nicht zu kurz: Ihnen wird das leckere Essen grundsätzlich zuerst serviert. Das *Lamm* vereint die traditionelle schwäbische Küche mit zukunftsweisender Kreativität. Fisch und Krustentiere bereitet der Chef mit besonderer Leidenschaft zu. Für Suppenliebhaber ist die Langostinosuppe ein kulinarisches Feuerwerk. Nicht nur die Speisen, auch die Atmosphäre, die der vollständig mit Holz getäfelte Raum ausstrahlt, laden zu längerem Verweilen ein. Im Nebenraum befindet sich eine sieben Meter breite, elsässische Tapete, die die Gründungsgeschichte der USA zeigt. *jük*

G

Gasthaus Lamm
Hauptstraße 23
71546 Großaspach
Tel. 071 91/202 71
Fax 071 91/231 31

Di-Sa 11.00-14.00
und 18.00-24.00
So 11.00-14.00
Mo Ruhetag
Küche: 11.00-14.00
und 18.00-22.00

90 Plätze
2 Nebenräume
Reservierung 1 Tag
im voraus angeraten

Keine Kreditkarten

Speisen und Getränke
Kraftbrühe mit Flädle, Blattspinatsuppe mit frischen Shrimps (7,00-25,00)
Kalbszüngle in Sauce Vinaigrette mit Salatbouquet, Norwegischer Lachs in Kartoffelkruste auf Safransauce, Kalbsnierenscheiben an Estragonsauce (15,00-37,00)
Hausgemachtes Eis, glacierte Weißweinbirne auf Schokosauce (8,80-14,00)
Bier: Stuttgarter Hofbräu, Stauder-Pils, Erdinger, Clausthaler (0,3 l ab 4,50)
Wein: 20 offene Weine (hauptsächlich Württemberger) und 180 Flaschenweine, Schwerpunkt Italien, Frankreich, aber auch Chile, Kalifornien, Australien

Besonderheiten
Jeder Gast erhält einen sogenannten »Gruß aus der Küche«; für Kinder: Kinderstühle, Kindergerichte, Bilder- und Malbücher, und sie werden stets als erste bedient

Sehenswürdigkeiten
Marbach: Schillers Geburtshaus und Museum; Beinstein: Burg Langhans mit Falknerei, jedes 2. Oktoberwochenende Kelterfest (mit Preßvorführungen)

Anfahrt
B 14 bis Backnang-West, dann Richtung Autobahn Ludwigsburg, nach 4 km rechts nach Großaspach, im Ort immer auf der Hauptstraße bleiben

Herrengass

Ein bißchen was hat der Schwäbische Wald vom Land »hinter den sieben Bergen«. Dennoch – oder gerade deshalb – hat sich hier seit Jahrzehnten eine erstaunliche Kulturszene angesiedelt. Die gastronomische Lücke schlossen Martin und Gaby Hoerz vor rund fünf Jahren mit dem Restaurant *Herrengass* und dem angegliederten Bistro *Schublad*, dem ehemaligen Kolonialwarenladen von Gschwend. Die Inspiration für den Koch ist vor allem die Jahreszeit und besonders die Laune der Gäste, mit denen er zum Auftakt stets das Gespräch sucht. Martin Hoerz' Küche ist leicht, ohne »light« zu sein. Er pflegt neben Rostbraten und Maispoulardenbrust eine vegetarische Küche, die selbst den sonst durchaus fleischeslüstigen Gourmets das Wasser im Mund zusammenlaufen läßt. Fisch bereitet er nach Tageseinkauf zu, wobei seine Zeit im berühmtesten Fischrestaurant New Yorks deutliche und schmackhafte Spuren hinterlassen hat. *ml*

Speisen und Getränke
Kuttelsuppe, Blattsalate mit verschiedenen marinierten Bohnen (6,50-25,00)
Vollkorn-Käsespätzle, Rostbraten mit Sauce aus Zwiebeln, Wurzelwerk und Kräutern, Lammrücken auf Thymiansauce mit eingelegten Auberginen (ab 2 Personen) (15,00-39,00)
Zitronen-Limonen-Gratin, Lebkuchenparfait mit warmem Sauerkirschragout, verschiedene Rohmilchkäse (7,00-16,00)
Bier: Kellerpils naturtrüb, Jever, Warsteiner, Kaiser-Hefeweizen (0,3 l ab 3,80)
Wein: Schwerpunkte der Flaschenweine sind Italien, Frankreich und Deutschland; dazu 12 Qualitätsweine im offenen Ausschank (0,25 l ab 6,50)

Besonderheiten
Weine auch von kleinen Winzerbetrieben mit hohem Qualitätsanspruch, Kräutergarten am Haus mit 21 verschiedenen Kräutern; für Kinder gibt es Kinderportionen

Sehenswürdigkeiten
Aussichtsturm am Hagberg (geöffnet im Sommer an Wochenenden), Mühlenwanderweg, Naturbadesee, Veranstaltungen im Bilderhaus (Tel. 079 72/722 22)

Anfahrt
Zwischen Schwäbisch Gmünd und Schwäbisch Hall an der B 298; in der Ortsmitte von Gschwend Richtung Welzheim, 200 m links

G

Restaurant Herrengass
Welzheimer Str. 11
74417 Gschwend
Tel. 079 72/450
Fax 079 72/64 34

Di–So 11.30-14.00
und 18.30-22.00
Mo Ruhetag
Küche: wie
Öffnungszeiten

40 Plätze
bei Feiern bis zu
70 Plätzen
1 Nebenraum: Bistro
1 Tagungsraum
45 Plätze im Freien
Reservierung
erwünscht

Kreditkarten: Diners,
American Express,
Visa, Eurocard

71

Silberkönig

Gegründet wurde das Haus als *Waldschänke.* Schon in der 3. Generation engagiert sich die Familie Birmelin mit Erfolg dafür, daß sich die Gäste im *Silberkönig* auch wie Könige fühlen. Am Rande des Silberwaldes im Elztal gelegen, eignet sich das Hotel vorzüglich als Tagungsort und als Treffpunkt für Genießer der badischen Küche. Nach dem Umbau 1983 präsentiert sich das hübsche Haus im Schwarzwälder Stil – von außen Behaglichkeit verheißend, im Innern Gastlichkeit und Gemütlichkeit ausstrahlend. Auch Familien sind in dem kinderfreundlichen Haus bestens aufgehoben, zumal die Preise moderat geblieben sind. Der *Silberkönig* scheint wie aus einem Guß: Holz dominiert und schafft eine heimelige Atmosphäre. Die feine und doch bodenständig gebliebene Küche verkörpert Schwarzwälder Lebenskultur und Gastlichkeit. Dies wird besonders deutlich an einem sonnenreichen Tag auf der Terrasse mit weitem Blick übers Elztal hinüber zu den Bergwäldern. *kht*

Speisen und Getränke

Morchelsuppe, gebratene Entenbrustscheibe in Himbeeressig-Dressing (15,00-21,00/10,00-14,00 für kl. Portionen) Filets »auf Heu gebraten«, Maispoulardenbrust mit Lachs gefüllt auf Rieslingsauce, gebratener Fasan »Winzerin Art« mit Sauerkraut und Kartoffelpüree (23,00-39,00) Gedünstete Feigen in Marsala-Sabayon, gratinierte Orangenfilets auf Marc de Champagne-Sorbet (11,50-15,00) Bier: Hirschbräu Wurmlingen (0,3 l ab 3,80) Weine: Badische und französische Weine (0,25 l ab 4,80)

Besonderheiten

Von allen Vorspeisen und von Fleisch- und Fischgerichten gibt es auch kleine Portionen (nicht nur für Kinder!); Kinderstühle, Kindergerichte und -portionen, Spielecke, Bilderbücher, Spielplatz, Wickelecke, auf Anfrage Kinderbetreuerin, Tennisplatz, Liegewiese, Grillstation

Sehenswürdigkeiten

Altstadt Waldkirch mit Marktplatz, Orgelbaumuseum und Kastelburg, Aussichtsberg Kandel mit Drachenflugschule, Freilichtmuseum Vogtsbauernhöfe im Kinzigtal

Anfahrt

A 5 Ausfahrt Freiburg Nord, erst Richtung Freiburg, dann auf der B 294 Richtung Waldkirch/Freudenstadt; von der B 294 Ausfahrt Gutach-Bleibach, der ausgeschilderte Weg schlängelt sich zuerst durchs Schwarzwalddorf Bleibach und dann durch Wiesen

G

Hotel Silberkönig
Am Silberwald 24
79261 Gutach-
Bleibach
Tel. 076 85/701-0
Fax 076 85/701-100

Mo-So ganztags
geöffnet
Küche: 12.00-14.00
und 18.00-22.00

260 Plätze
5 Tagungsräume
60 Plätze im Freien
Reservierung
erwünscht

4 EZ ab 102,00
37 DZ ab 178,00

Kreditkarten: Diners,
American Express,
Visa, Eurocard

Klosterhof

Der Gutenzeller *Klosterhof,* früher eine Torwache, gehört
mit seinem Ambiente in rustikal-ländlichem Stil zu den
führenden Gastro-Adressen an der oberschwäbischen Barockstraße und ist mit seiner idyllischen Lage ein gesuchtes
Haus für Familienfeste, Tagungen und Konferenzen. Seit
Jahresbeginn '95 hat Siegfried Sax die Küchenregie von
seinem Vater Franz übernommen. Er kann bereits auf
renommierte Häuser verweisen, in denen er seine Fertigkei-
ten vervollkommnete. So z. B. auf den *Schinderbuckel* in
Bonlanden-Filderstadt oder den Stettener *Ochsen* in Remstal, um nur einige zu nennen. Das Fleisch in ausgewählter
Qualität bezieht er von seinem Bruder im nahen Schwendi,
Obst entsprechend der Saison von der Plantage Wiest in
Ochsenhausen/Goppertshofen und Gemüse von den Bauern bzw. Anbietern der Region oder direkt vom Wochen-
markt. Delikatessen kommen via Fachhändler, die direkt
vom Pariser Großmarkt beliefert werden, nach Gutenzell.
Spezialität des gastlichen Hauses: klare Steinpilzsuppe. *häm*

Speisen und Getränke
Kalbskopfsalat, Gemüsegrießschnitten mit Tomatenbasili-
kumsauce (9,50-18,80)
Rehschnitzel aus heimischer Region mit Pfifferlingen, Pou-
lardenbrust mit Champignonrahmsauce (25,50-29,50)
Apfelküchle mit Vanilleeis und Sahne, marinierte Wald-
beeren mit hausgemachtem Joghurteis (8,80-9,50)
Bier: Keller Pils, Ulmer Münster-Brauerei (0,5 l ab 3,60), ab
und zu Aktionsbiere
Wein: Viertele aus Baden, Württemberg und Franken, z.B.
Löwensteiner Wohlfahrtsberg, Flaschenweine auch aus
Italien und Frankreich (0,25 l ab 5,50)

Besonderheiten
»Schwäb'sche Eisebah« zum Mitnehmen (Viererlei Konserven, nett verpackt, natürlich vom Bruder in Schwendi);
nicht verpassen: Holunderblütenlikör mit Sekt; für Kinder:
Kinderstühle und Malbücher

Sehenswürdigkeiten
Örtliche Klosterkirche; Abstecher in die ehemaligen Klo-
sterorte Ochsenhausen und Rot an der Rot

Anfahrt
Autobahn Stuttgart – Ulm, B-30-Schnellstraße nach Friedrichshafen, Ausfahrt Laupheim/Schwendi

G

Hotel-Gaststätte
Klosterhof
Schloßbezirk 2
88484 Gutenzell
Tel. 073 52/30 21
Fax 073 52/77 79

Mo-So 11.00-14.00
und 17.00-24.00
Küche: 12.00-14.00
und 18.00-21.00

120 Plätze
1 Nebenraum
30 Plätze im Freien
Reservierung
erwünscht, am
Wochenende
angeraten

9 EZ ab 56,00
9 DZ ab 112,00

Keine Kreditkarten

Zum Roß

Seit Jahren schon ist das Roß unter der Schweinberger »Swineburg« ein Geheimtip. Nicht nur Geschäftsleute leisten sich den Abstecher in den Hardheimer Ortsteil, auch Franz Josef Strauß und Peter Horton ließen es sich in gepflegter Atmosphäre und in angenehmem Ambiente hier bereits munden. Ebenso schätzt die Fechtelite um Bundestrainer Beck aus dem nahen Tauberbischofsheim Küche und Keller des *Roß*-Wirts. Der Familienbetrieb wurde 1967 komplett umgebaut, und vor 12 Jahren kam noch ein Gästehaus hinzu. Aus dem alten traditionsreichen Land- und Dorfgasthaus hat sich ein Gastbetrieb entwickelt, in dem Küchentradition hochgehalten wird. Hartwig Scherzinger, der Schwarzwälder in Baden, setzt auf Schnelligkeit, exquisite Qualität und freundliche Bedienung. Neben regionalen Spezialitäten gilt Fisch als Geheimtip, und alles zu einem angemessenen Preis. Letzteres gilt auch für das neue Gästehaus, das weit über die Grenzen der engeren Heimat hinaus einen guten Ruf genießt. *wg*

H

Landgasthof
Zum Roß
Königheimer Str. 23
74736 Hardheim-
Schweinberg
Tel. 062 83/10 51
Fax 062 83/503 22

Di-Sa 11.30-13.45
und 17.30-21.30
Mo 17.30-21.30
So 11.30-15.00
Küche: wie
Öffungszeiten

110 Plätze
1 Nebenraum
Reservierung
angeraten

9 EZ ab 55,00
16 DZ ab 95,00

Keine Kreditkarten

Speisen und Getränke

Badische Schneckensuppe, hausgemachte klare Fischsuppe, hausgebeizter Lachs auf Reibekuchen (6,00-19,00)
Blattsalat mit Lachs und Getreidekruste, Rahmnudeln mit Hummerragout, Lammrücken mit Kräuterkruste (15,00-35,00)
Marzipan-Mandeleis auf Amarettoschaum, hausgemachtes Quarkeis mit einer Sauce aus frischen Früchten, hausgemachtes Vanilleeis mit frischen Erdbeeren und Grand-Marnier-Schaum (5,00-10,00)
Bier: Distelhäuser (0,3 l ab 3,40)
Weine: Badisch-Franken (0,25 l ab 4,00)

Besonderheiten

Kinderportionen, Bilder- und Malbücher, Kinderstühle, Vegetarische Gerichte

Sehenswürdigkeiten

Museum Hardheim, Miltenberg, Wertheim (Glasmuseum), Kloster Bronnbach, Wallfahrtsbasilika Walldürn

Anfahrt

A 81, Ausfahrt Tauberbischofsheim, B 27 Richtung Mosbach, Abfahrt Schweinberg-Ortsmitte

Hofgut Hohenkarpfen

Der 912 Meter hohe Hohenkarpfen liegt am Rande der Baar zwischen Schwarzwald und Schwäbischer Alb. Unterhalb der Burgruinenreste wurden 1973 die 270 Jahre alten Hofgutsgebäude in ein Tagungshotel umgebaut und sodann unter Denkmalschutz gestellt. Die Ausstattung mit 21 komfortablen Zimmern, das exklusive Restaurant mit rustikal-nostalgischem Ambiente, zwei modern eingerichtete Tagungsräume und die wunderschöne Lage in nahezu unberührter Natur machen das von Susanne Ritzi-Mathé seit 1990 geführte Hotel zu einem echten Geheimtip. Die Gastronomie bietet neben internationaler Küche typische Gerichte der Region, dazu Candlelight Dinners, Familienmenüs und Sonderkreationen für Veranstaltungen und Gruppen. Frischgezapftes Bier, erlesene Weine und kernige Schnäpse runden das gastronomische Angebot ab. *ges*

Speisen und Getränke
Rahmsuppe von Kopfsalatherzen mit Kalbfleischwecken, Avocadococktail mit Tiefseegarnelen (9,50-19,00)
Gebratene Zanderschnitte auf Kartoffelgnocchi, Duett von Sauerkraut- und Spinatstrudel, gebratener Hirschrücken und Wildhasenfilet mit Pfifferlingen (27,00-38,00)
Marmorierte Mousse von Toblerone, Punschmousse mit Zimtbuchteln und Lebkuchenparfait (9,00-13,00)
Bier: Honer Hirsch Pils, Fürstenberg Pils (0,3 l ab 3,80)
Wein: Gut sortiert aus deutschen, italienischen und französischen Anbaugebieten; z.B. Munzinger Kapellenberg, Bönningheimer Sonnenberg (0,25 l ab 6,40)

Besonderheiten
Schöne Umgebung für Feste; ganzheitliche Rahmenprogramme für Tagungen mit spezieller Angebotsliste verschiedener Arrangements (z. B. Mediennutzung, mit oder ohne Übernachtung etc.); Kinderstühle, Kindergerichte

Sehenswürdigkeiten
Kunstmuseum im Haus, das die stil- und schulbildenden Maler im deutschen Südwesten zeigt. (Ostern bis 15. Nov: Mi-So 13.30-18.30), Heimatmuseum (März-Dez: So 14.00-17.00, Mi: regelmäßig Führung um 14.30, sonst Führungen nach Absprache); Wallfahrtskirche Dreifaltigkeitsberg bei Spaichingen

Anfahrt
A 81 Ausfahrt Tuningen, dann Richtung Spaichingen bis Schura, ab dort braune Hinweisschilder; B 14 Spaichingen – Hausen ob Verena

Hotel Hofgut
Hohenkarpfen
78595 Hausen ob
Verena
Tel. 074 24/30 21
Fax 074 24/59 95

Mo-So 7.00-24.00
Nov.-April:
14.00-17.30
geschlossen
Küche: 12.00-13.30
und 18.00-21.30

65 Plätze
1 Nebenraum
2 Tagungsräume
Reservierung
angeraten

11 EZ ab 88,00
10 DZ ab 150,00

Kreditkarten: Diners,
American Express,
Visa, Eurocard

Brielhof

Adel verpflichtet. – Im Schatten der mächtigen Burg Hohenzollern, dem Wahrzeichen des Zollern-Albkreises, findet sich auch eine besonders gute Adresse, wenn es um Rast und Einkehr geht: der *Brielhof* in Hechingen. Auf Schritt und Tritt spürt der Gast, daß er in einem sehr traditionsreichen Haus ist. Selbst der preußische Kaiser hat um die Jahrhundertwende sein Quartier in dem mittlerweile rund 350 Jahre alten Hotel-Restaurant aufgeschlagen. Zahlreiche Möbel und Bilder erinnern an die große Epoche des Hauses Hohenzollern. Seit dem vorigen Jahrhundert ist der *Brielhof* im Besitz der Familie Hentsch. Viele Jungköche haben in der bekannt guten Küche des *Brielhofes* ihr Handwerk erlernt und von Küchenchef Franz-Josef Hentsch vorbildliches Rüstzeug für ihren weiteren Berufsweg erhalten. Die Speisekarte bietet für jeden etwas: ob Deftiges aus dem Schwabenland, Leckeres aus dem Meer oder Wildbret aus der eigenen Jagd. Wer es besonders majestätisch und exklusiv liebt, dem bietet sich noch eine andere Möglichkeit: Seit Jahren bewirtschaften die Hentschs auch die *Burg Hohenzollern* – Hochzeiten und Familienfeiern wie zu Kaisers Zeiten, der *Brielhof* macht's möglich. *vb*

Hotel-Restaurant
Brielhof
Auffahrt
Burg Hohenzollern
72379 Hechingen
Tel. 074 71/40 97
Fax 074 71/169 08

Mo-So 7.00-22.00
Küche: 11.30-22.00

220 Plätze
3 Nebenräume
3 Tagungsräume
60 Plätze im Freien
Reservierung
erwünscht

12 EZ ab 90,00
12 DZ ab 180,00

Kreditkarten: Diners,
American Express,
Visa, Eurocard

Speisen und Getränke

Hausgebeizter Lachs, würziger Lammspieß auf grünen Bohnen, weiße Tomatensuppe mit Lachsrose (5,90-24,50)
Rehragout mit frischen Chamignons, Zanderfilet in Schnittlauchsauce, Hirschschnitzel in Preiselbeer-Apfelsauce, gefüllte Kalbsschnitzel in heller Morchelsauce (15,80-40,50)
Schwäbische Apfelküchle mit Vanillesauce, Haselnuß-Krokant-Eistorte (6,80-12,50)
Bier: Bitburger, Haigerlocher Schloßbräu (0,3 l ab 3,30)
Wein: Eine große Auswahl von Weinen aus Württemberg, Baden, dem Elsaß, Bordeaux, Burgund, der Schweiz, Kalifornien, Südafrika, Italien und Spanien (0,25 l ab 5,90)

Besonderheiten

Kinderstühle, Kindergerichte und -portionen, Bilder- und Malbücher, Spielkorb

Sehenswürdigkeiten

Burg Hohenzollern (Verwaltung: 074 71/24 28), ganzjährig geöffnet

Anlage

A 8 Stuttgart, Ausfahrt Hechingen, Richtung Burg Hohenzollern; das Restaurant liegt direkt unterhalb der Burg an der B 27

Wirtshaus zum Spreisel

Als eine der ersten Adressen in Sachen regionale Küchen in Heidelberg und näherer Umgebung gelten die Restaurants der Familie Ueberle. Zuerst in der schon legendären *Sudpfanne* und seit einigen Jahren im *Wirtshaus zum Spreisel* beglückt Peter Ueberle seine Gäste mit traditioneller Hausmannskost, die er, neben ausgefallenen Gerichten aus ganz Europa, in einer dicken, ledergebundenen Speisekarte feilbietet. Dort finden sich neben Klassikern auch Gerichte, die weit und breit nirgendwo mehr zu haben sind. Gebratene Lammleber gehört ebenso dazu wie die weitgerühmten Krautwickel. Ob Fisch, Fleisch, Wild, Salat oder auch nur eine Suppe – die Größe der Portionen sucht in ganz Heidelberg ihresgleichen. Das Restaurant mit seiner über 200jährigen Inneneinrichtung aus massivem, geschnitztem Holz ist im Erdgeschoß des ehrwürdigen Hotels *Holländer Hof*, einem stattlichen Barockbau, untergebracht. Im Sommer verführt die große Terrasse zur Einkehr – Blick auf den Neckar und die weltberühmte Alte Brücke inklusive. Die exklusive Lage und das internationale Publikum haben glücklicherweise keine Auswirkung auf die außerordentlich freundliche Preisgestaltung. *jg*

H

Speisen und Getränke
Rinderkraftbrühe, Markgräfler Kartoffelsuppe (6,90-10,90) Wilddieb-Schweinesteak, halbes Perlhuhn auf Rieslingsauerkraut, gebratene Lammleber (17,90-37,90) Kirschstrudel mit Vanillesauce, Tartufo Siziliano mit Waldbeerenmarinade (10,90-13,90) Bier: Bitburger Pils vom Faß, Dachsen Franz dunkel, Adlerwirts Kellerbier (0,3 l ab 3,60) Wein: Vorwiegend badische offene Weine (0,25 l ab 5,90)

Besonderheiten
Weine direkt vom Erzeuger, Biere aus der Adlerbrauerei in Zuzenhausen

Sehenswürdigkeiten
Schloß, Alte Brücke, Marstall, Heuscheuer, Karlstor, Alte Universität, Universitätsbibliothek, Heiliggeistkirche, Jesuitenkirche, Peterskirche, Kurpfälzisches Museum (Hauptstraße 97, Di-So 10.00-17.00, Mi bis 21.00)

Anfahrt
Parkleitsystem zum Parkhaus 12 (Bergbahn) oder 13 (Karlsplatz) folgen; zu Fuß weiter zur Alten Brücke Buslinie 35 oder Bahnbus: Haltestelle Alte Brücke

Wirtshaus
zum Spreisel
(im Hotel
Holländer Hof)
Neckarstaden 66
69117 Heidelberg
Tel. 062 21/235 43
Fax 062 21/16 43 93

Mo-Fr 16.00-24.00
Sa, So 11.30-24.00
Küche:
Mo-Fr 16.00-23.00
Sa, So 11.30-23.00

100 Plätze
80 Plätze auf der
Terrasse
Reservierung
angeraten

6 EZ ab 135,00
40 DZ ab 195,00
(im Holländer Hof,
Tel. 062 21/120 91)

Kreditkarten:
American Express,
Visa, Eurocard,
Euroscheckkarte

Weinstube Eberhardt

Es ist nicht leicht zu finden, das Lokal, in dem sich die Gourmets aus der Region Ostwürttemberg treffen. Die *Weinstube Eberhardt*, ein traditionsreiches »Weinstüble«, das sich in den letzten Jahren zum Geheimtip unter Feinschmeckern entwickelt hat, liegt in Heidenheim-Schnaitheim am Jagdschlößle. Küchenmeister Jörg Stockinger und Dieter Beck, der für den Service zuständig ist, veränderten nichts an der rustikal-ländlichen Einrichtung der Weinstube. Um so mehr staunt der Gast, wenn ihm in der Küche ein Menü gezaubert wird, das alle Erwartungen weit übertrifft. Die Speisekarte wird täglich neu kreiert und den Gästen auf großen Tafeln handschriftlich präsentiert. »Schwäbisch-mediterrane Küche« nennt Jörg Stockinger seine kreativen Kompositionen, die immer wieder für Überraschungen sorgen. Sämtliche Speisen werden absolut frisch zubereitet und überzeugen durch ihre geschmackliche Raffinesse und solide Kochkunst. Immer findet sich auf der Karte auch ein Fischgericht. Grundsätzlich orientiert sich die Küche an saisonalen Angeboten und der aktuellen »Marktlage«. Zur kleinen, aber feinen Speisekarte gibt es ein auserlesenes Wein-Angebot und immer wieder auch die Möglichkeit zur Wein-Degustation. *npf*

H

Weinstube
Eberhardt
Am Jagdschlößle 4
89520 Heidenheim-
Schnaitheim
Tel. 073 21/628 87

Mo-Sa 18.00-24.00
Sonn- und Feiertage
Ruhetag
Küche: 18.00-22.00

48 Plätze
1 Nebenraum
36 Plätze im Freien
Reservierung
erwünscht

Keine Kreditkarten

Speisen und Getränke

Kalbsbriesterrine in Brunnenkresseschaum, hausgebeizter Lachs mit Kartoffelpuffern (10,00-17,00)
Taube auf Champagnerkraut, Pot au feu von Hummer und Kabeljau, gefüllter Rinderrücken in Barolo (27,00-28,00)
Quarksoufflé auf Orangenkompott, Buttermilchmousse in Beerensauce, Pistazienmousse auf Nougatsauce (9,00-9,50)
Bier: Nur Flaschenbiere: Königsbronner Edelpils und Spezial (0,5 l ab 3,80)
Wein: Vorrangig Weine aus Württemberg, Bordeaux, Österreich (0,25 l ab 5,20)

Besonderheiten

Kulinarische Weindegustation, ständig wechselnde Künstlerausstellungen im Nebenzimmer

Sehenswürdigkeiten

Schloß Hellenstein mit dem Landesmuseum für Kutschen, Klosteranlage Neresheim mit weltberühmter Kirche

Anfahrt

A 7, Ausfahrt Heidenheim, dann weiter Richtung Heidenheim bis zum Vorort Heidenheim-Schnaitheim; die Weinstube befindet sich in der Ortsmitte

Tilly's Rembrandt-Stuben

Wer mal toskanisch speisen möchte – so mitten drin im Schwabenland –, der ist bei Udo Tilly in der *Rembrandt-Stube* in Heidenheim gut aufgehoben. Denn der Küchenmeister lädt regelmäßig zur toskanischen Woche ein. Freilich ist dies nur ein Aspekt der reichhaltigen Küche des 1977 eröffneten Lokals. In der Hauptsache widmet sich der Küchenmeister den regionalen Spezilitäten, die er, saisonal angepaßt, mit viel Liebe zubereitet. Man sollte es probieren, das Schwäbisch Haller Milchferkel in dunkler Biersauce oder den Brenz-Aal in Kräuterschaum – zwei Leckerbissen, die selbst den verwöhntesten Gaumen überzeugen. Die *Rembrandt-Stube* ist ein beliebter Treffpunkt für Geschäftsleute, die vor allem das überragende regionale Speisenangebot schätzen. Dazu gibt es überwiegend regionale Weine sowie Bier aus der lokalen Königsbrauerei. Eine Besonderheit der *Rembrandt-S tube*: Viele Hauptgerichte werden auch als kleine Portionen angeboten. Wer Kulinarisches mit Kultur verbinden möchte, der komme im Sommer, und zwar dann, wenn auf dem nahegelegenen Schloß Hellenstein die Opernfestspiele stattfinden. *npf*

Speisen und Getränke
Sülze vom Donau-Waller, »Vitello Tonnato« Kalbskutteln in Trollingersauce (8,00-18,00)
»Schwäbisch Haller« Milchferkel in dunkler Biersauce, Hohenloher Flugentenbrust, Brenz-Aal im Kräuterschaum, Roulade von Hecht und Hummer (24,00-38,00)
Topfenmousse auf buntem Früchtespiegel, Eisgugelhupf, Sorbet von rosa Grapefruit mit Basilikum (7,00-12,00)
Bier: Königsbronner Edelpils, Königs-Pilsener (0,3 l ab 3,50)
Wein: Überwiegend württembergische und badische Weine (0,25 l ab 4,80)

Besonderheiten
Kinderstühle, Kindergerichte und -portionen, Bilder- und Malbücher, Spiele-Kasten

Sehenswürdigkeiten
Opernfestspiele und Naturtheater ca. 3 km entfernt, Freizeitbad »Aquarena«, 1 km, »Felsenmeer« und Wental ca. 8 km entfernt

Anfahrt
A 7 Ausfahrt Heidenheim, dann Richtung Würzburg, im Ortsteil Schnaitheim der Beschilderung »Mittelrain« folgen; Buslinie 18, Haltestelle Carl-Spitzweg-Straße

Tilly's Rembrandt-Stuben
Rembrandtweg 9
89520 Heidenheim
Tel. 073 21/654 34
Fax 073 21/666 46

Di-Sa 11.30-14.30
und 18.00-24.00
So 11.30-14.30
Mo Ruhetag
Küche: 12.00-14.00
und 18.00-22.00

90 Plätze
1 Nebenraum
35 Plätze im Freien
Reservierung 1 Tag
im voraus angeraten

Kreditkarten: Visa,
Eurocard

Burkhardt

Mitten in der City, direkt am Neckar gelegen, hat sich ein moderner Hotel- und Restaurantbetrieb mit Tradition entwickelt, und die läßt sich mit »Der Burkhardt macht seit 60 Jahren die besten Maultaschen weit und breit« betiteln. Auch heute noch dominiert in dritter Generation unter Junior Wilhelm Burkhardt (seit 1981 Küchenmeister im Familienbetrieb) die Karte mit schwäbischen Spezialitäten: als Variation mit drei Saucen, mit geschmälzten Zwiebeln, geröstet mit Ei oder auf Mailänder, andalusische, Schweizer, Tiroler und Jägerart. Der freundliche Service unter Leitung von Bärbel Burkhardt trägt aber auch Linsen mit Spätzle, saftiges Gulasch, Sauerbraten oder Rostbraten aus heimischer Fleischzucht und die internationale Küche auf. Auch kleinere Portionen werden angeboten. Gemütlichkeit im rustikalen Teil, moderne Eleganz im sachlichen Stil, jeder findet seine Lieblingsecke – und im neuen Hotel auch noch zeitgemäße Zimmer. Originell: Der Brandy aus der Tisch-Destillerie. *schw*

Hotel-Restaurant
Burkhardt
Lohtorstraße 7
74072 Heilbronn
Tel. 071 31/62 24-0
Fax 071 31/62 78 28

Mo-So 11.30-14.30
und 18.00-24.00
Küche: 11.30-14.30
und 18.00-23.00

100 Plätze
1 Nebenraum
7 Tagungsräume mit
variabler Platzzahl
Reservierung
erwünscht

51 EZ ab 109,00
31 DZ ab 168,00

Kreditkarten: Diners,
American Express,
Visa, Eurocard

Speisen und Getränke
Ackersalat in Walnußdressing mit lauwarmen Shii-take Pilzen und Rehschinken, Duo vom geräucherten Lachs und Stör mit warmen Blinis und Sevruga-Kaviar (6,50-23,00) Saure Kutteln mit Käse überbacken, geschmortes Bürgermeisterstück mit Champignons und Maiskölbchen, Filetwürfel mit Steinchampignons und Austernpilzen, pochiertes Steinbuttfilet auf Rieslingsauce (13,80-42,00) Cappuccinocreme, Camparigelee, Apfeltöpfle, Rhabarbergrütze, Schwarzwaldbecher (8,50-14,50) Bier: Dinkelacker, Cluss, Stuttgarter Hofbräu (0,3 l ab 4,20) Wein: Vorwiegend Heilbronner, Württemberger, Badener Weine, aber auch andere europäische Weine (0,25 l ab 6,30)

Besonderheiten
Maultaschengerichte, Kinderportionen, spezielle Kinderbetreuung beim Sonntagsbrunch, familiäre Atmosphäre, Brandy aus der Tisch-Destillerie

Sehenswürdigkeiten
Innenstadt Heilbronn mit Kilianskirche, Deutschhof-Museum, Rathaus-Uhr, Neckar-Schiffahrt, Wartberg

Anfahrt
A 6, A 81 Ausfahrt Heilbronn-Neckarsulm, B 27 Richtung Heilbronn, Hotelbeschilderung folgen

Zum Dorfkrug

In den rustikal eingerichteten Räumen des Wirtshauses *Zum Dorfkrug* in der Neckargartacher Mühlbachstraße hängen zahlreiche Fotos aus der guten alten Zeit. Bei herzhafter, gutbürgerlicher Küche und süffigem Wein werden da schnell Erinnerungen an den dereinst selbständigen Heilbronner Stadtteil wach. Damals, genaugenommen 1935, gab es in Neckargartach noch 28 Gaststätten, heute gibt es gerade mal 10 gastliche Orte für die fast 10 000 Einwohner. Der *Dorfkrug* bietet Historisches zum Viertele und bringt deftige schwäbische Spezialitäten auf den Tisch. Mit viel Liebe zum Detail wurde das renovierte Wirtshaus eingerichtet. Die Neckargartacher Erich Schuhmann und Heinz Kurz haben die heimatkundlichen Präziosen aus ihren Sammlungen zur Verfügung gestellt. Für Kinder stehen im *Dorfkrug* eine Spielecke und eine spezielle Kinderspeisekarte zur Verfügung. Kinder werden überhaupt zuerst bedient, damit sie zum Spielen schnell nach draußen kommen. Und auch Gesellschaften sind im *Dorfkrug* immer willkommen. *sh*

Speisen und Getränke
Maultaschensuppe, Carpaccio vom Rind, Forellenfilet mit Sahnemeerrettich und Toast (5,50-18,50)
Sauerbraten mit Semmelknödeln, Filetspitzen vom Rind an Cognacrahmsauce, Jägerschnitzel, Dorfkrugplatte: verschiedene Fleischsorten mit Gemüse (18,50-28,50)
Apfelstrudel mit Vanilleeis und Sahne, Eiskaffee mit Amaretto, Sahnehaube und Mandelsplittern (4,80-7,80)
Bier: Cluss Kellerpils und Export, Sanwald Hefeweizen (0,4 l ab 4,30)
Wein: Weißherbst, Riesling, Trollinger, Lemberger (0,25 l ab 4,60); Kabinettweine, spezielle Sorten: Samtrot, Trollinger Trocken, Lemberger Trocken

Besonderheiten
Mo: Schälripple-Essen, Mi: Essen zum halben Preis, Do: Schnitzel-Essen (8,50), Fr: Rostbraten, Wochenende: spezielles Hauptgericht für 11,50; Kinderkarte, Spielecke

Sehenswürdigkeiten
Käthchen- und Weinstadt Heilbronn, Perle des Neckartals: Bad Wimpfen, weinbekanntes Neckarstädtchen Lauffen am Neckar; Bad Friedrichshall, Gundelsheim

Anfahrt
A 6 Ausfahrt Untereisesheim, Richtung Heilbronn, direkt beim Kraftwerk

Zum Dorfkrug
Mühlbachstraße 2
74078 Heilbronn-
Neckargartach
Tel. 071 31/216 80

So-Mo 11.00-24.00
Sa 17.00-24.00
Küche: 11.00-14.00
und 17.00-24.00
So bis 21.30

70 Plätze
40 Plätze im Freien
Reservierung
angeraten

Keine Kreditkarten

Restaurant-Café de Weiss

»Auch das kleinste Gericht muß perfekt zubereitet und schön angerichtet sein« ist das Motto von Arend Peter de Wijs. So wird der Besuch im *Restaurant de Weiss* zu einem Erlebnis, bei dem Gaumen und Auge gleichermaßen verwöhnt werden. Für den entsprechenden Rahmen sorgt eine stilvolle Villa, die an den einstigen Ruf des Nobel-Kurorts unweit des Bodensees erinnert. Mit viel Fingerspitzengefühl sorgt das Künstlerehepaar jedoch dafür, daß »Stil« hier nicht anstrengend, sondern äußerst gemütlich ist. Minutiös ausgewogene Rezepte sowie frische und qualitativ hochwertige Zutaten sind die Grundvoraussetzungen, mit denen Arend Peter de Wijs seine Kunstwerke auf den Tellern kreiert. Seine Frau hingegen hat sich die Leinwand als Plattform ihrer Kunst ausgewählt: »So wie mein Mann kocht, so male ich. Immer ist unsere ganze Seele mit dabei.« Ihre farbintensiven Ölkreide-Zeichnungen sind in einer ins Restaurant integrierten Galerie ausgestellt und runden den Aufenthalt im *Restaurant de Weiss* zu einem im wahrsten Sinne geschmackvollen Kunsterlebnis ab. *ssm*

H

Restaurant-Café
de Weiss
Postplatz 5
88633 Heiligenberg
Tel. 075 54/765
Fax 075 54/765

Restaurant:
Di-So 12.00-14.00
und 18.00-21.00
Café:
Di-So 14.00-18.00
Mo Ruhetag
Küche: 12.00-14.00
und 18.00-21.00

45 Plätze
35 Plätze im Freien
Reservierung
erwünscht

Kreditkarten:
Eurocard

Speisen und Getränke
Gemüseterrine, geräucherter schottischer Lachs mit Meerrettich, Kürbiscremesuppe (6,00-19,50)
Forelle à la Adrian mit Kräuterrahmsauce, Curry-Huhn »Indisch« mit Risotto, Barbarie Entenbrustfilet mit Honig-Holundersauce und gebackenen Bodenseeapfelringen (24,50-36,50)
Karamelapfel, Eiskaffee »Spezial«, verschiedene Parfaits, Käse-Variation (4,00-12,50)
Bier: Zoller-Export, Zoller Fürsten-Pils (0,3 l ab 3,50)
Wein: Vorrangig offene Bodenseeweine und französische Flaschenweine (0,25 l ab 5,50)

Besonderheiten
Die gekonnte Verbindung von Kunst und Küche; Kinderstühle, Kindergerichte und -portionen

Sehenswürdigkeiten
Schloß Heiligenberg, Spaziergänge im Schloßpark oder im weitläufigen Gelände mit herrlicher Sicht auf den Bodensee

Anfahrt
B 31 bis Überlingen, dann Richtung Salem-Heiligenberg

Hotel-Gasthof Hasen

Herrenberg, am Fuße des Schönbuch, ist der Zentralort des »Gäus«. Die erste spätgotische Hallenkirche ragt auf halber Höhe des Schloßberges über die gesamte Stadt auf. Unterhalb der Stiftskirche liegt die unter Denkmalschutz stehende Altstadt, mit zahlreichen Fachwerkhäusern, schmalen Gassen und einer Vielzahl von Brunnen. Am Rande der Altstadt befindet sich der *Gasthof Hasen* – ein Stück Herrenberger Geschichte. Bereits 1620 erstmals urkundlich erwähnt als »Hans Hasens Wirtshaus«, ist der Gasthof noch heute Anziehungspunkt für kulinarische Pilger, die die schwäbische und internationale Küche schätzen und lieben. Direktor Roland Nölly ist gelernter Koch und immer wieder selbst in der Küche tätig: Jeden Monat kreiert der Küchenchef neue Gerichte der Saison. Auch die ausgewählte Fischkarte und die vegetarischen Speisen sind eine »*Hasen*-Spezialität«. In den Sommermonaten finden vor dem *Hasen* an den Wochenenden zudem oft Grillabende statt, bei denen die dann hell erleuchtete Stiftskirche für eine romantische Atmosphäre sorgt. *jük*

Speisen und Getränke
Kressesamtsuppe, Neptunvorspeise mit Waller, Garnele, Seelachsforelle an Pommery-Senf (7,80-17,50)
Frische Kalbsnierle an Speck-Rotweinsauce, Herrenberger Leibgericht, Maultaschen, Schweinelende (23,50-31,00)
Creme Caramel mit Sahnetupfer, Schokoplättchen eingelegt in Vanilleeis mit Sauerkirschkompott (6,20-8,70)
Bier: Hochdorfer Pils, Gold-Krone Export (0,3 l ab 3,60)
Wein: Württemberg, Frankreich, Italien u. a. (0,25 l ab 6,10)

Besonderheiten
Schweizer Weine, Vorverkauf für »Miss Saigon« und Varieté Friedrichsbau, Wochenendangebote mit Touren; für Kinder: Kinderstühle, Kindergerichte und -portionen, Bilder- und Malbücher, Spielplatz

Sehenswürdigkeiten
Herrenberger Altstadt mit Stiftskirche, Stadtführungen werden vom Hotel organisiert, Daimler-Benz-Werk Sindelfingen

Anfahrt
A 81 Stuttgart-Singen, Ausfahrt Herrenberg, stets auf Hauptstraße bleiben, nach dritter Ampel auf der linken Seite; S-Bahnhaltestelle befindet sich 400 m vom Hotel enfernt

Hotel-Gasthof Hasen
Hasenplatz 6
71083 Herrenberg
Tel. 070 32/20 40
Fax 070 32/20 41 00

Mo-So 6.00-24.00
Küche: 11.30-14.00
und 18.00-23.00

225 Plätze
2 Nebenräume
5 Tagungsräume
102 Plätze im Freien
Reservierung
2-3 Tage im voraus
angeraten

18 EZ ab 88,00
50 DZ ab 130,00

Kreditkarten: Diners, American Express, Visa, Eurocard, Telecash

Restaurant Am Golfplatz

Wer die ländliche Idylle liebt, der ist im *Restaurant Am Golfplatz* genau richtig: Am Rande des Naturparks Schönbuch, inmitten von Wiesen und Wäldern, ist das Restaurant im ehemaligen Gut »Schaichhof« untergebracht. Der komplett erhaltene und restaurierte Komplex steht unter Denkmalschutz und läßt die schwäbisch-ländliche Atmosphäre spüren, die hier einmal geherrscht hat – selbst wenn heute in den Sommermonaten die Golffreunde aus dem Großraum Stuttgart in nächster Nähe ihre Putts auf den Greens spielen. Eine besondere Spezialität ist hier die Tafelspitzsülze von Chefkoch Martin Frietsch. Die Gerichte auf der Karte wechseln zumeist wöchentlich, doch der typische schwäbische Zwiebelrostbraten mit Spätzle und Filderkraut wird immer darauf zu finden sein. Das *Restaurant Am Golfplatz* steht auch in der Gunst der »Viertelesschlotzer« und Weinkenner ganz weit oben: Die exzellente Weinkarte lädt zu einer Europareise in Sachen Rebensaft ein: Zwölf offene Weine, und sage und schreibe rund 250 (!) verschiedene »edle Tröpfchen« werden in Flaschen gereicht. Und gut gelagert werden die flüssigen Leckereien allemal: in einem mehrere 100 Jahre alten Gewölbekeller, direkt unter dem Restaurant. *jük*

H

Restaurant
Am Golfplatz
Im Schaichhof 1
71088 Holzgerlingen
Tel. 071 57/661 88

Di-So 11.00-24.00
Mo Ruhetag
Küche: 11.30-14.00
und 17.30-22.00

50 Plätze
60 Plätze im Freien
Reservierung 1 Tag
im voraus
erwünscht

Kreditkarten: Diners,
American Express,
Visa, Eurocard

Speisen und Getränke

Currysuppe mit Hähnchen, Ackersalat mit Speck, Kuddelsalat mit Kräutern (5,80-18,50)
Schwäbischer Zwiebelrostbraten, geschmorte Entenkeulen in Pfeffersauce, Lachsmittelstück auf gebratenem Chicorée, Muschelsauce (12,50-36,50)
Apfelküchle mit Eis, Eispralinen mit Früchten im Hippenblatt (9,50-18,50)
Bier: Schönbuch Bräu (0,2 l ab 3,00)
Wein: Reichhaltiges Weinangebot, 12 offene Weine und 250 Flaschenweine aus der ganzen Welt (0,25 l ab 4,50; Flasche ab 32,00)

Besonderheiten

Das enorme Weinangebot; Kinderstühle, Kindergerichte und -portionen, Bilder- und Malbücher, Spielplatz

Sehenswürdigkeiten

Naturpark Schönbuch, gute Wandermöglichkeiten

Anfahrt

A 81 bis Böblingen, B 464 Böblingen – Tübingen, in Höhe Holzgerlingen direkt an der Straße gelegen

Berg-Gasthaus Windegg-Witthoh

Auf dem Witthoh, dem Hausberg der Donaustadt Tuttlingen, liegt in exponierter Höhenlage (842 Meter) das *Berg-Gasthaus Windegg-Witthoh*. Es bietet eine herrliche Aussicht in das weite offene Land mit Blick zu den Vulkankegeln des Hegaus und zum Bodensee. Bei guter Fernsicht erfreut sich das Auge an einem großartigen Alpenpanorama Allgäuer und Schweizer Berggipfel. Gemütlich eingerichtete Gasträume, eine gutbürgerliche Küche mit vielerlei Spezialitäten, selbstgebackene Kuchen und deftige Vesper aus eigener Metzgerei bieten die Wirtsleute Georg und Helga Schlegel, die das seit 1910 bestehende Gasthaus 1988 übernommen haben. Markierte Wanderwege rundum laden zu Spaziergängen und Wanderungen ein. Ins Hegau, an den Bodensee und in die Schweiz ist es nur ein Katzensprung. An warmen Sommertagen verführt ein uriger Biergarten mit einer speziellen Speise- und Vesperkarte und Most aus eigenem Obstanbau zum Besuch. *ges*

Speisen und Getränke

Kartoffelpuffer mit frischem Apfelmus, Salatteller »Rustikal« mit gebratenen Speckstreifen (4,50-11,20)
Schweinebraten mit Semmelknödel, Filetsteak »Madagaskar«, Entrecôte »Mexikanisch« (14,50-33,90)
Selbstgebackene Kuchen, Vanilleeisparfait (3,00-9,50)
Bier: Export, Pils, Hefeweizen (0,3 l ab 3,20)
Wein: Vorrangig aus Baden und Württemberg, z. B. Großbottwarer Wunnenstein, Verrenberger Lindelberg, Oberrottweiler Käsleberg, aber auch aus Südtirol und Frankreich

Besonderheiten

Neu angelegter, urgemütlicher Biergarten. Als Mitbringsel geeignet: Hausmacher Dosenwurst aus eigener Herstellung. Kinderstühle, -gerichte und -portionen

Sehenswürdigkeiten

Freilichtmuseum Neuhausen ob Eck (geöffnet in den Sommermonaten), Fastnachtsmuseum Eigeltingen (im Schloß Langenstein, Nov. bis Ende April: Mi, Sa, So 13.00-17.00, Mai bis Ende Okt.: täglich außer Mo 13.00-17.00, So und Feiertage 10.00-17.00), Wallfahrtskapelle Schenkenberg, Donauversinkung bei Möhringen

Anfahrt

A 81 Ausfahrt Geisingen über Immendingen, Hattingen oder Ausfahrt Tuningen über Tuttlingen, Emmingen; B 14 Tuttlingen, Emmingen, B 31 Tuttlingen, Hattingen

Berg-Gasthaus
Windegg-Witthoh
Windegg 1
78194 Immendingen-
Hattingen
Tel. 074 61/84 52

Di-Sa 10.00-24.00
So und Feiertage
10.00-22.30
Mo Ruhetag
Nov.-März
auch Di Ruhetag
Küche: 11.30-14.00
und 17.30-21.30
So bis 21.00

190 Plätze
3 Nebenräume
100 Plätze im
Biergarten
Reservierung
erwünscht

3 EZ ab 45,00
4 DZ ab 76,00

Keine Kreditkarten

Haus Nicklass

Seit zwei Generationen steht das *Haus Nicklass* in Ingelfingen für gute Gastlichkeit. In einem anheimelnden rustikalen Ambiente kann der Feinschmecker eine Kostprobe der ausgezeichneten fränkischen Küche bekommen oder sich vom Koch auf eine kulinarische Weltreise entführen lassen. Weitere lukullische Aktionen, wie beispielsweise die Knoblauch-, Nudel- oder Wildwochen, zeigen die ganze Bandbreite Nicklass'scher Rezepte und beweisen einmal mehr, in welchem Maße Ideenreichtum und Kochkunst einander zuarbeiten. Besonders empfehlenswert: die spritzigen Salate sowie die Fischspezialitäten. Und was liegt näher, als zur Abrundung dieser Speisen ein Glas Rebensaft von den umliegenden Ingelfinger Weinbergen zu sich zu nehmen? Weil es nirgends so schmeckt wie an der frischen Luft, ist bei schönem Wetter zudem der große Hausgarten geöffnet, der rund 40 Personen Platz bietet. Hier kann nicht nur der Freund einer urgemütlichen Weingartenatmosphäre der Geselligkeit frönen – auch Kinder finden vielerlei Möglichkeiten zum Spiel. *rs*

Speisen und Getränke
Bretonische Fischsuppe, Cocosrahmsüppchen mit Nocken von Lachs und Hecht (7,50-7,80)
Feldhasenkeule mit Semmelknödeln, Rehbraten in Sahnesauce mit Preiselbeeren, Filet vom Bodenseefelchen mit Streifen von geräuchertem Lachs, Hirschsteaks mit angeschwenkten Pfifferlingen und Kaiserschoten (19,80-26,50)
Obstsalat von frischen Früchten mit gerösteten Mandelstiften, Cointreaubecher: Eiscreme, Mandarinenfilets, Cointreau, Melonensorbet mit frischen Kiwispalten (8,20-9,80)
Bier : Herbsthäuser, Bitburger und König-Pilsener vom Faß (0,3 l ab 3,80)
Wein: Faßwein, Ingelfinger, internationale Weine (0,25 l ab 3,00)

Besonderheiten
Kindergerichte, Spielplatz, Bilder-/Malbücher, vegetarische Gerichte

Sehenswürdigkeiten
Schloß Neuenstein, Klosterkirche Schöntal

Anfahrt
A 6 Heilbronn-Nürnberg, Ausfahrt Kupferzell (B 19), Ingelfingen noch ca. 15 km

Haus Nicklass
Mariannenstraße 47
74653 Ingelfingen
Tel. 079 40/91 01-0
Fax 079 40/91 01 99

Sa-Do 10.00-24.00
Fr Ruhetag
Küche: 11.30-14.00
und 17.30-22.00

80 Plätze
1 Nebenraum
1 Tagungsraum
35 Plätze im Freien
Reservierung
erwünscht

10 EZ ab 65,00
26 DZ ab 110,00

Kreditkarten: Visa,
Eurocard

Burghotel Götzenburg

»Mal wieder beim Götz speisen«, heißt das Motto für einen Besuch. Die Einmaligkeit: das Burg-Ambiente, in dem der Ritter mit der eisernen Hand und dem deftigen Spruch (1480-1562) geboren wurde, die Kulturlandschaft, in der er lebte. Hier hat man noch Zeit, sich um den Gast zu kümmern, der vom Stammplatz des Bundespräsidenten (Festspiele-Schirmherr) in der Großen Götzenstube den weiten Blick über das liebliche Jagsttal hinweg erleben oder am offenen Kamin im Rittersaal die Lieblingssuppe des Hausherrn genießen kann. Die Stammburg des Götz ist jährlich im Sommer Schauplatz der Burgfestspiele mit renommierten Schaupielern in der Titelrolle des Goethe-Schauspiels, mit Musical und Kindertheater. Aus der Schloßküche von Jürgen Bircks kommen bodenständige und internationale Gerichte für den Genießer, vom freundlichen Service unter Leitung von Gretel Bircks serviert. Man kann hier einen ganzen Tag verbringen, einen Hauch von Geschichte verspüren, zwischen Mittag und Kaffee im Götz-Museum die eiserne Hand besichtigen, im Burgpark flanieren, das Weiße und Rote Schloß besuchen, die Landschaft ringsum genießen und nach dem Abendgang (Burg-Pfännle!) im Adelheid-Zimmer einschlafen. *schw*

J

Speisen und Getränke
Lieblingssuppe des Götz, Französische Zwiebelsuppe, Spargelsalat, Räucherlachs (6,80-23,00)
Hirsekäsemedaillon, Wolfsbarsch auf Kresseschaum, Rehschnitzel, Hohenloher Freilandente (15,50-39,00)
Walnußeis mit heißer Hagebuttensauce, Gourmet-Eis am Fruchtspiegel, rote Grütze mit Vanilleeis (5,50-11,00)
Bier: Stuttgarter Hofbräu (0,4 l ab 4,80)
Wein: Offene Weine aus der Umgebung, u. a. Verrenberg, Willsbach, Heilbronn (0,25 l ab 5,00), Flaschenweine aus der Region, aus Frankreich, Chile und Kalifornien

Besonderheiten
Kegelbahn im Keller (2 Bahnen), Frühstücksterrasse mit Blick aufs Jagsttal

Sehenswürdigkeiten
Götz-Burg mit Museum, Festspiele (Juni-Aug., Tel. 079 43/91 23 45, Fax 91 24 40 und 91 24 50), ehemaliges Römerbad, Kanu-Fahrten auf der Jagst, Kloster Schöntal (Götz-Grab)

Anfahrt
A 81 Ausfahrt Möckmühl, Richtung Widdern, Jagsthausen; A 6 Ausfahrt Neuenstein, Richtung Sindringen, Jagsthausen; Parkplätze im Burgareal

Burghotel
Götzenburg
74249 Jagsthausen
Tel. 079 43/22 22
Fax 079 43/82 00

Mitte März bis Mitte Nov.:
Mo-So ganztags geöffnet
Mitte Nov. bis Mitte März geschlossen

Über 200 Plätze
2 Nebenräume
7 Tagungsräume mit variabler Platzzahl
Reservierung erwünscht

17 DZ ab 100,00

Kreditkarten: Diners, Visa, American Express, Eurocard

Friedrichshof

Wer mitten im Herzen der badischen Metropole seinen Gaumen mit den Freuden gutbürgerlicher Kochkunst und regionaler Weine verwöhnen möchte, sollte seine Schritte zum *Friedrichshof* lenken. Direkt an der Achse Schloß – Marktplatz – Ettlinger Tor gelegen, bietet der *Friedrichshof* eine ausgezeichnete Gelegenheit, den Bummel durch die Stadt, den Kino- oder Theaterbesuch mit einem netten Essen abzurunden. Das Interieur schafft eine freundliche Atmosphäre, welche in gekonnter Weise traditionelle und moderne Stilelemente verbindet. Die reichhaltige Speisekarte umfaßt von den herzhaften regionalen Spezialitäten über die höhere Badische Cuisine bis zu einem breiten Angebot verschiedener Fleisch- und Fischgerichte das ganze Spektrum der guten Küche. Entsprechend vielseitig gestaltet sich das Angebot der regionalen Weine, welche vor allem den Bereichen badische Bergstraße und Ortenau entstammen. Wer bei dieser ausgezeichneten Auswahl nicht schon nach dem ersten Viertel aufhören möchte, sollte sich keine Zwänge auferlegen. Dank der zentralen Lage des *Friedrichshofes* bringt einen die Straßenbahn zu (fast) jeder Stunde sicher nach Hause. *jl*

K

Friedrichshof
Karl-Friedrich-Str. 28
76133 Karlsruhe
Tel. 07 21/223 08
Fax 07 21/207 75

Di-Fr, So
11.30-24.00
Mo 18.00-24.00
Sa Ruhetag
Küche: 11.30-14.30
und 18.00-23.00

100 Plätze
50 Plätze im Freien
Reservierung
angeraten

Keine Kreditkarten

Speisen und Getränke
Badisches Lachspfannküchle gefüllt mit Blattspinat, Krabben und Lachsstreifen mit feiner Hummersauce (6,50-18,00)
Zanderfilet gedünstet in badischem Riesling, Kalbssteak badische Art gratiniert mit pikanter Schneckensauce (12,80-28,50)
Salzburger Mozart-Bömble, hausgemachtes Schokoladen-Krokant-Parfait (2,50-9,50)
Bier: Moninger (0,3 l ab 4,00)
Wein: Badische Weine, z. B. Durbacher, Weingärtner, Sasbachwalden, Sinzheim (0,2 l ab 6,50)

Besonderheiten
Zentrale Lage: Schloßgarten, Staatstheater, Kongreßzentrum, Stadtgarten; für Kinder Kinderstühle, Kindergerichte und -portionen, Spielecke, Bilder- und Malbücher, Wickeltisch

Sehenswürdigkeiten
Schloß und Stadtgarten, Zoo

Anfahrt
Linien Marktplatz oder Ettlinger Tor/Staatstheater

Hotel-Restaurant Steuermann

Noch vor einigen Jahren war der *Steuermann* mehr für die deftige Küche bekannt. Dieses Image gehört heute der Vergangenheit an. Nach der Übernahme des Restaurants durch eine neue energische Führung wurde das Aschenputtel zielstrebig zu einem der besten Spezialitätenrestaurants der Region aufgebaut. Durch seine Lage nahe dem Rheinhafen fast schon prädestiniert, hat sich der *Steuermann* auf die hohe Kunst der Zubereitung feiner Fischgerichte spezialisiert. Neben einem breiten Angebot internationaler Gerichte werden in bester Rheinfischertradition viele regional geprägte Fischspezialitäten angeboten. Das Ambiente wurde konsequenterweise durch geschmackvolle Verwendung maritimer Stilelemente der kulinarischen Hauptströmung angepaßt. Doch auch der dem nassen Element weniger zugeneigte Genießer kommt auf seine Kosten. Eine breite Palette von Speisen verschiedener Provenienz und einige badische Highlights verwöhnen jeden Gaumen. Fazit: Empfehlung für alle, für Fisch-Fans absolutes Muß! *jl*

Speisen und Getränke
Grünkernsuppe, Scampi Pfännle (15,00-20,00)
Neptun's Fischteller, Dialog vom Lachs (24,00-39,00)
Süßer Traum, Black and White (Mousse), Leise rieselt der Schnee (13,00-17,00)
Bier: Alpirsbacher Klosterbräu (0,3 l ab 4,30)
Wein: Badische, französische und italienische Weine, regionale Weißweine, Weingärtner Hauswein vom Faß (0,25 l ab 6,50)

Besonderheiten
Champagner-Menü auf Bestellung; im Sommer Mitnahme-Buffet im Freien; Kinderstühle, Kindergerichte und -portionen, Malbücher

Sehenswürdigkeiten
Hafensperrtor, Rheinhafen, Fahrgastschiff MS Karlsruhe ca. 1 km entfernt

Anfahrt
Auf der A 8 Richtung Karlsruhe

K

Hotel-Restaurant
Steuermann
Hansastraße 13
76189 Karlsruhe
Tel 07 21/50 32 01
Fax 07 21/57 40 20

Mo-Fr 11.00-15.00
und 17.30-24.00
Sa 17.30-24.00
So Ruhetag
Küche: 12.00-15.00
und 18.00-22.00

80 Plätze
25 Plätze auf der
Dachterrasse
Reservierung
erwünscht

14 EZ ab 132,00
6 DZ ab 180,00

Kreditkarten:
American Express,
Visa, Eurocard

Alte Residenz

Viel Zeit muß man schon mitbringen, wenn man in die *Alte Residenz* in Durlachs romantischer Altstadt einkehrt. Doch die mitunter etwas längere Wartezeit wird auf jeden Fall belohnt, denn Maître Hoffmann hat es sich schon seit fast 20 Jahren zur Devise gemacht, alle Gerichte frisch und individuell für seinen Gast zuzubereiten. »Bei uns speisen Sie vom Tisch der Völker«, so heißt es einleitend auf der Speisekarte, deren vollständiges Studium schon einige Zeit in Anspruch nehmen kann. Grundlage der hier gebotenen Küche ist natürlich die Badische, die gekonnt mit französischen, italienischen und österreichischen Einflüssen zu wahren kulinarischen Kunstwerken komponiert wird. Alle Zutaten werden ausschließlich frisch von heimischen Märkten besorgt. Außerdem gibt es zu jeder Saison Sonderkarten, so z.B. im April eine Spargelkarte oder im September Dutzende von frischen Pilzgerichten. Besonders erwähnenswert sind die ca. 15 verschiedenen Maultaschenvariationen oder die Auswahl an z. Zt. 14 verschiedenen Roséweinen. Und all das wird dem Freund des guten Geschmacks zu annehmbaren Preisen von einer überaus freundlichen Bedienung geboten. *kmg*

K

Hoffmann's
Speiserestaurant
Alte Residenz
Zunftstraße 6
76227 Karlsruhe-
Durlach
Tel. 07 21/423 31
Fax 07 21/441 14

Mo-So 11.00-14.30
und 18.00-0.30
Küche: 12.00-14.00
und 18.00-22.30

78 Plätze
Reservierung
angeraten

Keine Kreditkarten

Speisen und Getränke

Badische Forellencremesuppe, Sinfonie von frischen Fischen (5,80-24,80)
15 verschiedene Gemüsevariationen, 15 verschiedene Maultaschenvariationen, ca. 40 Nudelgerichte (11,80-88,80)
Blutorangensorbet, Crêpes in Grand Marnier (3,00-18,00)
Bier: Von Export bis »Abadu« (0,2 l ab 2,50)
Wein: Badische und französische Sorten (0,25 l ab 4,80)

Besonderheiten

Vier Sonder- und Saisonkarten (Fischkarte, Kalbsnierenkarte, Spargelkarte, spezielle Karten für Vegetarier), umfangreiche Wein-, Rosé- und Champagnerkarte (z.B. Cremout), Partyservice

Sehenswürdigkeiten

Altstadt Durlach mit mittelalterlichem Stadtkern, Basler Tor, Evangelische Stadtkirche, Durlacher Schloß mit Pfinzgaumuseum, Teile der mittelalterlichen Stadtmauer, Turmberg mit Aussichtsturm und Turmbergbahn

Anfahrt

A 5, Ausfahrt Karlsruhe-Durlach in Richtung Durlach-Mitte, parken am Parkplatz Pfinzstraße oder in der Zunftstraße; Stadtbahn S 1 und S 2, Schloßplatz Durlach

Alte Schmiede

Seit 10 Jahren ist die *Alte Schmiede* unter gleicher Leitung und gehört seither zu den wenigen Karlsruher Lokalen, die ausschließlich badische Spezialitäten und besonders Karlsruher und Durlacher »Brigande«-Gerichte anbieten. Die gibt es zu annehmbaren Preisen in ordentlicher Qualität, und genießen kann man sie in urgemütlichen, etwas verwinkelten Räumen im über 300 Jahre alten Gasthaus mitten in Durlachs romantischer Altstadt. Doch alle Nichtbadener seien vorgewarnt: Die gesamte Speisekarte ist in Durlacher »Muddrsproch« verfaßt! Notfalls bleibt dem auswärtigen Gast nur, sich die zahlreichen Gerichte von den freundlichen Bedienungen übersetzen zu lassen. Aber am besten läßt man sich überraschen und bestellt sich »Knepfle«, »Freßbobbl«, »Brigandesteckle« oder »Dreckige Grumbiere« auf Verdacht und wird mit einfachen, aber zünfigen Speisen belohnt. Wer dann noch den passenden Wein dazu braucht, der muß nicht lange überlegen: Es gibt die gesamte Palette der Tropfen aus dem badischen Weingarten, die nicht zu den schlechtesten gehört. Unt wer dann immer noch nicht genug hat, der kann im angegliederten »Omas Lädle« Weine, Schnäpse, Konfitüren und sonstige urbadische »Gschmäckle« mit nach Hause nehmen. *kmg*

K

Speisen und Getränke
Flädlesupp, Markklößlesupp, Grumbieresupp, Straßburger Worschdsalad (5,90-13,90)
Knepfle, Letschebacher Spieß, Ochsefetze, Karlsruher Sauerbrade; auch Gerichte für 2 Personen (11,90-60,00)
Förschderbecher, B'schwipsde Pfannkuche, Apfelkiechle, Kratzete (7,90-12,90)
Bier: Diebels, König, Moninger, Tuborg (0,2 l ab 2,50)
Wein: Weine aus Weingarten in Baden (0,25 l ab 7,00)

Besonderheiten
Originale Karlsuher Spezialitäten, Partyservice, »Omas Lädle« mit angeschlossener Weinhandlung

Sehenswürdigkeiten
Altstadt Durlach mit mittelalterlichem Stadtkern, Basler Tor, Evangelische Stadtkirche, Durlacher Schloß mit Pfinzgaumuseum, Teile der mittelalterlichen Stadtmauer, Turmberg mit Aussichtsturm und Turmbergbahn

Anfahrt
A 5, Ausfahrt KA-Durlach in Richtung Durlach-Mitte, parken am Parkplatz Pfinzstraße oder in der Ochsentorstraße
Stadtbahn S 1 und S 2, Schloßplatz Durlach

Alte Schmiede
Ochsentorstraße 4
76227 Karlsruhe-Durlach
Tel. 07 21/49 32 51
Fax 07 21/49 27 17

Mo-Fr 11.00-14.00
und 17.30-01.00
Sa-So 17.30-01.00
Küche: 12.00-13.30
und 18.00-22.30

70 Plätze
40 Plätze im
Biergarten
Reservierung
erwünscht

Kreditkarten: Diners,
American Express,
Visa, Eurocard

Rössel

Der Landstrich zwischen Ried und Hanauerland hat eine traditionsreiche Küche. Hier ist der Flammenkuchen zu Hause, hier kennt man das Ochsenfleisch oder den Sauerbraten. Exotisch ist das Küchengeschehen hierzulande nicht. Man kocht einfach gut, und es war schon immer badische Lebensart, aus einfachen Dingen feine Speisen zu bereiten. Ähnlich ist die Gastronomie angelegt. Die Dorfwirtschaften sind wenig auffällig im Äußeren. Dafür überzeugt dann die Leistung oft um so mehr, so im *Rössel* in Kittersburg, einen Katzensprung entfernt von der Autobahnabfahrt Offenburg Mitte. Carsten Schauder kocht hier in schöner Beständigkeit seine badische Küche, und die Wirtin Renate bedient ihre Gäste in heimeliger Atmosphäre. Wo die Gaststube das Flair eines gemütlichen Wohnzimmers ausstrahlt, brummelt an schönen Tagen der Biergarten. Flammenkuchen verlassen in Quadratmetern den Holzofen. Wem der Sinn nach kulinarisch Höherem steht, mag sich an Riesengarnelen oder an Lammkarree erfreuen. Ein täglich wechselndes Menü läßt auch beim häufig wiederkehrenden Gast kaum kulinarische Langeweile aufkommen. *ros*

K

Landgasthof Rössel
Dorfstraße 2
77694 Kehl/
Kittersburg
Tel. 078 54/90 77
Fax 078 54/187 77

Di-So 11.30-14.00
und 18.00-24.00
Mo Ruhetag
Küche: 11.30-14.00
und 18.00-22.00

60 Plätze
1 Nebenraum
70 Plätze im Freien
Reservierung nicht
erforderlich

3 EZ ab 75,00
4 DZ ab 110,00

Kreditkarten: Diners,
American Express,
Visa, Eurocard

Speisen und Getränke
Kräutercremesüppchen, Feldsalat mit Speckdressing, Gambas gegrillt mit Knoblauchtunke (5,50-22,00)
Schweizer Almsteak vom Schweinerücken mit Berner Rösti, Kalbsrahmschnitzel, Rinderfilet an Morchelrahm, Gambas an Whiskeyrahm, Entrecôte mit Pfeffersauce (13,50-41,50)
Vanilleeis mit heißen Himbeeren, frische Erdbeeren mit Sahne, Parfaitteller (8,50-11,00)
Bier: Wagner Pils, Hefeweizen vom Faß (0,3 l ab 3,70)
Wein: Müller-Thurgau, Elsässer Riesling, edle französische Flaschenweine (0,25 l ab 6,50)

Besonderheiten
Verschiedene leckere Flammenkuchen aus dem Holzofen, auch flambiert mit Äpfeln und Calvados (9,50-14,00); Kinderstühle, Kindergerichte, Kinderportionen

Sehenswürdigkeiten
Herrliche Auenlandschaft am Altrhein; Straßburg liegt nur 7 km entfernt.

Anfahrt
A 5 Abfahrt Offenburg Mitte, Richtung Kehl

Mange

»Wie kann es ein Spitzenkoch, der bei Witzigmann und Bocuse in die Lehre ging, in Grießen aushalten, einem Ortsteil des nicht minder unbekannten Klettgau?« fragte vor Jahren ein französischer Gourmet-Führer süffisant. Die Rede war von Paul Maier und seiner *Mange*, und die Antwort liegt im fast schon missionarischen Eifer des besagten Kochs, in der tiefsten Provinz eine exzellente badisch-französische Küche zu etablieren. Und das zu vergleichsweise günstigen Preisen, wohlgemerkt. Das Experiment ist gelungen: Maiers *Mange* genießt auch über die Landesgrenzen hinaus höchste Anerkennung. Seine Lachs-Maultäschle waren schon immer ein Renner, das samstägliche Ochsenfleisch eine Referenz an die badische Küche. Maier setzt alles daran, immer neue Kreationen aus der Pfanne zu zaubern und seinen Gästen ein Höchstmaß an Service zu bieten. Oft wird er gefragt, woher der ausgefallene Name des Lokals stammt. »Mange« bedeutet denn auch nicht das französische Wort für »Essen«, sondern ist der Spitzname des ersten Besitzers – aus Magnus wurde Mange. *tb*

K

Speisen und Getränke

Brunnenkresseschaum mit Kalbsbriesle, lauwarmer Kartoffel-Linsensalat (12,00-25,00)

Zander mit knusprig gebratener Haut, Kalbskopf und Züngle mit Kräuter-Senfrahm (20,00-38,00)

Quarksoufflé mit Rhabarberkompott (12,00-16,00)

Bier: Rothaus Pils (0,3 l ab 3,00)

Wein: Vorrangig badische Weine, z. B. Kalkbödele, Merdingen, Geb. Müller, Breisach (0,25 l ab 5,00)

Besonderheiten

Kinderstühle

Sehenswürdigkeiten

Rheinfall, Neuhausen; Küssaburg

Anfahrt

B 34 Richtung Schaffhausen, Ortsteil Grießen

Mange
Kirchstraße 2
79771 Klettgau
Tel. 077 42/54 17
Fax 077 42/31 69

Mi-So 10.00-15.00
und 18.00-24.00
Mo, Di Ruhetage

Plätze 100
2 Nebenräume
1 Tagungsraum
20 Plätze im Freien
Reservierung
unbedingt
erforderlich

Kreditkarten: Diners,
American Express,
Visa, Eurocard

Zur Kanne-Post

Wo einst der erste Bundespräsident, Theodor Heuss, gemütlich sein Viertele Wein »schlotzte«, Autorennfahrer Rudolf Carraciola genüßlich vesperte und nach dem Zweiten Weltkrieg die Südwest-SPD wiedergegründet wurde, ist auch heute noch Bodenständigkeit Trumpf. Wer sich in der über 300 Jahre alten Knittlinger Gaststätte *Kanne-Post* auf die 70 Jahre alten Stühle setzt, ahnt nicht, welch ruhmreiche Vergangenheit die Bauernwirtschaft auf dem Buckel hat. Bescheidenheit ist ebenso angesagt wie eine einfache, erstklassige Küche und Wein aus Lagen, die schon die Römer schätzten. Marie-Luise Jaggy und Hermann Wezel legen Wert auf heimische Produkte, die sie bei Bauern in ihrer Gegend, beim selbstschlachtenden Metzger vor Ort, beim einheimischen Schäfer und beim Knittlinger Müller kaufen und so zubereiten, wie es früher in Dorfgasthäusern üblich war. Das heißt beispielsweise: der Braten und die Kalbsbrust aus dem Backofen, die Bratkartoffeln aus der Eisenpfanne mit Schmalz und die Maultaschen statt mit Hackfleisch mit durchgedrehtem Braten. *bk*

K

Gasthof zur
Kanne-Post
Stuttgarter Straße 3
75438 Knittlingen
Tel. 070 43/323 13
Fax 070 43/323 13

So, Mo, Mi-Fr
11.00-24.00
Di 11.00-14.00
Sa 17.00-24.00
Küche: 11.30-14.00
und 17.00-24.00

160 Plätze
3 Nebenräume
1 Tagungsraum
20 Plätze im Freien
Reservierung
erwünscht

Keine Kreditkarten

Speisen und Getränke
Hochzeitssuppe mit Markklößchen, Leberspatzen und Maultaschen, Ochsenmaulsalat, verschiedene Satatteller (3,60-14,50)
Rehragout, gefüllte Lammbrust, Wildschweinbraten mit Preiselbeeren und Beilagen, 1/2 Fasan mit Champagnerkraut (13,50-30,90)
Hausgemachte Eisbombe mit marinierten Früchten, Apfelspeise, Bayerische Creme mit Wildbeerensauce (6,50-8,80)
Bier: Stuttgarter Hofbräu Pils (0,3 l ab 3,30)
Wein: Knittlinger Weine, Schwaigener, Württemberger (0,25 l ab 3,20)

Besonderheiten
Kinderstühle, Kinder- und Seniorenportionen, Spielecke, Bilder- und Malbücher; saisonale Speiseangebote. Auf Wunsch werden Menüs nach Angaben der Gäste zubereitet.

Sehenswürdigkeiten
Alter Stadtkern; Faustmuseum (Di-Fr 9.30-12.00 und 13.30-17.00, Sa/So 10.00-18.00)

Anfahrt
Bahn: Stadtbahn Karlsruhe bis Bretten (Sportzentrum), dann ca. 4 km, auch gut zum Wandern
Auto: Über B 35 Abfahrt Knittlingen bis Stadtmitte

Landgasthof Löwen

Es sind gewiß nicht nur die Einheimischen und die Kenner der örtlichen Gastronomie-Szene, die den *Landgasthof Löwen* in Zang besuchen und schätzen. Das traditionsreiche Haus auf der Schwäbischen Alb ist vor allem an Wochenenden ein beliebtes Ziel von Kurzurlaubern aus dem Stuttgarter Raum. Küchenmeister Frank Widmann, der den traditionsreichen Familienbetrieb mit seiner 200jährigen Geschichte leitet, hat ein feines Gespür für die Wünsche und Bedürfnisse seiner Gäste. Geschickt nutzt er nicht nur die landschaftlichen Schönheiten der Schwäbischen Alb für werbende Zwecke – hier ist vor allem das »Felsenmeer« Wental zu nennen –, sondern sorgt oft auch in der Küche für schwäbische Solidität, gepaart mit Einfallsreichtum und bodenständiger Qualität. Zur neuen schwäbischen Regionalküche, die von Frank Widmann besonders gepflegt wird, gehören eine Reihe ausgezeichneter Wildgerichte, deren Zutaten aus den heimischen Wäldern stammen. Zur großen Freude der kleinen Kunden gibt es neben einer großen Spielwiese auch ein Kleintiergehege. Darüber hinaus können die Gäste bei Kutschfahrten die Reize der Ostalb kennenlernen. *npf*

Speisen und Getränke
Gepökelte Wildschweinbäckchen, Fischsuppe von heimischen Fischen (8,00-15,00)
Rehnüßchen mit Haselnußspätzle, Filet von Wild- und Stallhasen im Strudelteig auf Linsensauce (17,00-35,00)
Obstragout im Hippenkörbchen mit Kaffee-Eis, Charlotte von Ingwer- und Schokoladeneis (12,00-13,00)
Bier: Export, Bitburger Pils (0,3 l ab 2,80)
Wein: Vorrangig Württemberger Weine wie Graf Adelmann, Graf Neipperg, Weinschule Weinsberg, Weingut Ellwanger, aber auch gute Auswahl italienischer Weine (0,25 l ab 6,50)

Besonderheiten
Kinderstühle, Kindergerichte und -portionen, Bilder- und Malbücher, Spielplatz, Spielwiese, Kleintiergehege, Kutschfahrten

Sehenswürdigkeiten
Wandergebiet Wental, Schloß Hellenstein in Heidenheim, Kloster Neresheim, Barock-Rathaus in Königsbronn

Anfahrt
A 7 Abfahrt Heidenheim, von dort nach Königsbronn, weiter über Göppingen nach Zang

K

Landgasthof Löwen
Struthstraße 17
89551 Königsbronn-Zang
Tel. 073 28/62 92
Fax 073 28/75 37

Do-Mo ganztags geöffnet
Mi ab 18.00
Di Ruhetag
Küche: 11.30-14.00
und 17.30-21.30

200 Plätze
4 Nebenräume
1 Tagungsraum
100 Sitzplätze im Freien
Reservierung sonntags erwünscht

1 EZ ab 75,00
7 DZ ab 125,00

Kreditkarten: Visa

Nicolai Torkel

Einst ließ es sich der 1. Stand, der Klerus, hier gutgehen. Eine alte Chronik nannte den 1583 errichteten Bau des heutigen *Torkel* sogar »das Lusthaus der Mönche«. Er gehörte zum Petershausener Benediktinerkloster, dessen Mönche hier die Reben der Weinberge preßten, die damals noch den *Torkel* umgaben, vor 200 Jahren aber dem Lorettowald wichen. Hans Weber, der seit 6 Jahren das Hotel-Restaurant führt, bekochte zuvor den 2. Stand, den Mainaugrafen Bernadotte. Heute darf sich auch der 3. Stand seiner Kochkunst erfreuen. Und dies ist auch Hans Webers besonderes Anliegen – er möchte ein »Haus ohne Hemmschwelle, in dem jedermann sich wohl fühlen kann«. Entsprechend bietet er bodenständige bis gehobene, aber keinesfalls abgehobene Gaumenfreuden und setzt dabei vorzugsweise auf lokale Produkte wie Fische und Weine vom Bodensee. Nur die Dessertkarte gleitet etwas ins Exotische ab. Das rustikale Ambiente des sich über zwei Etagen erstreckenden Gastraums mit seinem wuchtigen Fachwerkgebälk und dem besonders gemütlichen Erkertisch wäre perfekt, würde es nicht durch eine allzu schale Hintergrundmusik etwas entwertet. Aber von der Sonnenterrasse genießt man dafür einen schönen Blick hinaus auf den Obersee. *rb*

K

Nicolai Torkel
Eichhornstraße 83
78464 Konstanz
Tel. 075 31/814 10
Fax 075 31/814 120

Mi-Sa 12.00-14.00
und ab 18.00
Di ab 18.00
So 12.00-15.00
Mo Ruhetag
Küche: 12.00-14.00
und 18.00-21.00

60 Plätze
50 Plätze im Freien
Reservierung nicht
erforderlich

2 Einzelzimmer zu
100,00
4 Doppelzimmer zu
170,00

Kreditkarten: Visa,
Eurocard

Speisen und Getränke

Reichenauer Salatteller, hausgebeizter Lachs, Spinatcremesuppe mit Roquefort (6,80-20,80)
Badische »Saure Leberle«, rosa gebratene Barbarie-Entenbrust, Bodensee-Fischteller mit Felchen-, Kretzer- und Zanderfilets in verschiedenen Saucen; vegetarische Gerichte (12,80-36,00)
Diverse Mousses, Sorbets und verführerische Eisbecher mit Früchten (9,50-17,00)
Bier: Ruppaner (0,3 l ab 4,20)
Wein: Vorwiegend badische Weine mit Schwerpunkt Bodensee (0,25 l ab 6,00)

Besonderheiten

Ausstellungen im Restaurant; in unmittelbarer Nähe Tennisplätze, Minigolf, Freibad und Thermalbad (tägl. 9.00-21.00)

Sehenswürdigkeiten

Blumeninsel Mainau, Konstanzer Altstadt

Anfahrt

Von der Altstadt kommend immer den Wegweisern »Fußballstadion, Schwimmbad« (Piktogramme) folgen; Buslinie 5 der Stadtwerke

Gasthof Engel

Die Schnurgasse in der Künzelsauer Altstadt ist bekannt für ihr »Schilderwirken« vor dem Hintergrund des Morsbacher Torturms, einem der drei noch erhaltenen Tore des Mauerrings aus dem 18. Jahrhundert. Eines dieser Schilder gehört zum *Gasthof Engel*, der auf eine nunmehr über 200 Jahre alte Gasthaustradition zurückblicken kann und sich seit 1903 in Besitz der Familie Barthelmäs befindet. In einer urig-gemütlichen Gaststube pflegen Koch Günter Barthelmäs und seine Frau, die im Service tätig ist, eine empfehlenswerte, gutbürgerliche Küche. Spezialität des Hauses sind regionale Gerichte, vor allem der Schwäbische Rostbraten, der in vielerlei schmackhaften Variationen angeboten wird. Auch die für den Schwaben obligatorischen hausgemachten Suppen mit frischen Zutaten sind hervorragend. Im Sommer kann man außerdem bei einem Viertele von den umliegenden Weinbergen oder einem Herbsthäuser Weizen vom Faß im Freien die mittägliche Sonne und die lauen Abende genießen. *rs*

Speisen und Getränke

Leberspätzlesuppe, Brokkolirahmsüppchen mit Lachsstreifen und Sahnehäubchen (4,50-6,00)

Hasenkeule in Wacholderrahm, Lammkotelett mit frischen Kräutern und Knoblauch gebraten, Schwäbischer Rostbraten, Filetspitzen »Stroganoff« (19,00-25,50)

Eiskaffee, Vanilleeis mit Eierlikör und Sahne, Walnußeis mit Sahne und Blue Curaçao (5,70-9,00)

Bier: Im Sommer Herbsthäuser Hefeweizen vom Faß, sonst Flaschenbiere wie Dinkelacker Privat, Dinkelacker Pils, Herbsthäuser (0,3 l ab 3,20)

Wein: Regionale Weine, z.B. Niedernhaller Kocherberg, Niedernhaller Burgstall, Künzelsauer Kocherberg, Heilbronner Stiftsberg (0,25 l ab 4,60)

Besonderheiten

Seniorenteller, Kindergerichte, Kinderstühle, Bilder- und Malbücher, Spielplatz, Säfte aus Öko-Anbau

Sehenswürdigkeiten

Museum Hirschwirtsscheuer (Tel. 079 40/571 55), Museum Würth in Gaisbach (Tel. 079 40/15 22 00)

Anfahrt

A 6 Heilbronn-Nürnberg, Ausfahrt Kupferzell, dann Richtung Künzelsau

K

Gasthof Engel
Schnurgasse 5
74653 Künzelsau
Tel. 079 40/83 04

Fr-Mi 10.00-24.00
Do Ruhetag
Küche: 10.00-14.30
und 17.30-22.00

120 Plätze
2 Nebenräume
1 Tagungsraum
16 Plätze im Freien
Reservierung
erwünscht

4 EZ ab 50,00
4 DZ ab 90,00

Kreditkarten:
Eurocard

Kreuz-Stübl

Seit 1986 tummeln sich anspruchsvolle Leckermäuler im ländlich geprägten Oberndorf, denn die Kreativkost von Wolfgang Raub genießt in der Gourmetszene hohes Ansehen. Alte Rezepte neu zu interpretieren – das hat sich der vielfach ausgezeichnete Meisterkoch auf seine Fahne geschrieben. Im *Kreuz-Stübl* pflegt der Genüssebastler die badische Küchenkultur. Ernährungsbewußtes Kochen mit naturbelassenen Waren und eine saisonorientierte Küche, die je nach Jahreszeit die vorhandene Produktpalette nutzt, das ist dabei Raubs einzige Richtschnur. Die Gaumenfreuden produziert dasselbe Team, das auch den eleganteren, sternverzierten Feinschmeckertempel *Raub's Restaurant* in direkter Nachbarschaft bedient. Neben den zauberhaften Speisekreationen bestechen der freundliche Service, die voluminöse Weinkarte und das sensationelle Preis-Leistungs-Verhältnis. An sonnigen Tagen und lauen Abenden wird ein Aufenthalt in *Raub's Gartenwirtschaft* zu einem echten Vergnügen. Während die Kinder auf dem hauseigenen Spielplatz tollen, können sich die Erwachsenen ungestört der leichten, sommerlichen Küche und den Spezialitäten vom Lavasteingrill widmen. *er*

Speisen und Getränke
Badischer Fischkrautwickel in Weißburgundersauce, Bodenseefelchen mit gerösteten Pilzen (7,00-24,00)
Frischlingsragout mit Herbsttrompeten, Rinderbugblatt in Spätburgunder Weißherbst, Kalbsbriesschnitzel mit Parmaschinken, Lammnüßchen mit Artischocken (17,00-41,00)
Sorbet von Cranberries auf Ananassauce in der Hippentulpe, Arme Ritter mit zwei Saucen, Apfel-Halbgefrorenes mit Calvados-Sabayon (11,00-15,00)
Bier: Hatz und König-Pilsener vom Faß (0,3 l ab 4,00)
Weine: Riesige Auswahl an offenen und Flaschenweinen vorwiegend aus Baden und Frankreich (0,25 l ab 5,50)

Besonderheiten
Gartenwirtschaft mit Spezialitäten vom Lavasteingrill, saisontypische Menüs; Kinderstühle, Kinderkarte, Spielecke, Malbücher, Spielplatz

Sehenswürdigkeiten
Schloß Favorite in Niederbühl-Förch (Auskunft und Anmeldung Tel. 072 22/412 07)

Anfahrt
A 5, Ausfahrt Rastatt, dann Richtung Gaggenau auf der B 462, rechts nach Kuppenheim-Oberndorf abbiegen

K

Kreuz-Stübl
Hauptstraße 41
76456 Kuppenheim-Oberndorf
Tel. 072 25/756 23
Fax 072 25/793 78

Di-Sa 12.00-14.00
und 18.00-21.30
So, Mo Ruhetage
Küche: 12.00-14.00
und 18.00-21.30

36 Plätze
80 Plätze in der
Gartenwirtschaft
Reservierung
angeraten

Keine Kreditkarten

Hotel-Restaurant Schwedi

Wo im 30jährigen Krieg die Schweden lagerten und in der Besatzungszeit die Franzosen hausten, wird heute fein geschlemmt. Denn seit drei Generationen ist das *Schwedi* nun bereits im Besitz der Familie Göppinger, ebenso wie die familieneigene Fischerei. 60 % der gefangenen Fische werden gleich in der eigenen Küche zu wahren Delikatessen verarbeitet, wie zum Beispiel dem Bodensee-Kretzerfilet im Töpfchen oder den 16 verschiedenen Felchengerichten. Doch auch Liebhaber der regionalen Küche können sich mit schwäbischem Lendchenteller, Wildgerichten, Kräutermaultaschen und vielem mehr bestens verwöhnen lassen. Genießen kann man die Köstlichkeiten direkt am ruhigen, weiten Ufer des Sees, im Sommer auch unter den schattigen Platanen auf der Terrasse. Die Schweden und Franzosen hatten sich hier, westlich von Langenargen, einen wahrlich reizvollen Lagerplatz ausgesucht. Noch immer liegt das *Schwedi* malerisch und fern vom Rummel im stillen Naturschutzgebiet, nahe beim Eriskircher Ried, einem der größten Landschaftsschutzgebiete des Sees. *ssm*

Speisen und Getränke

Holzofengeräuchertes Felchenfilet, Mus vom geräucherten Felchen (8,50-15,50)
Gratin mit Filets von Zander, Forelle, Felchen und Kretzer, Entenbrüstchen in Orangensauce mit Mandelbällchen, Pfefferlendchen mit Butterreis (15,00-38,00)
Bayerische Vanille-Creme mit Früchten, »Nonnenfürzle« mit Vanillesauce und Quarkeis (6,50-12,50)
Bier: Schwabenbräu, Bitburger, im Sommer offenes Weißbier (0,25 l ab 2,30)
Wein: Meersburger, Hagnauer, Bermatinger, Kressbronner, auch französische und kalifornische Weine (0,25 l ab 5,50)

Besonderheiten

Frischer Fisch aus eigenem Familienbetrieb, einmalige Lage im Naturschutzgebiet, direkt am See; Kinderkarte, Kinderstühle, Spielplatz

Sehenswürdigkeiten

Schloß Montfort, Langenargener Museum, Münzhof, St. Martinskirche, historische Kabelhängebrücke über die Argen

Anfahrt

B 31, zwischen Lindau und Friedrichshafen abbiegen Richtung Langenargen; im Ort auf Beschilderung achten

L

Hotel-Restaurant
Schwedi
Schwedi 1
88085 Langenargen
Tel. 075 43/21 42
Fax 075 43/46 67

1.2. bis 6.11.
Mi-Mo 7.00-14.00
und 17.00-24.00
Di Ruhetag
Küche: 11.30-14.00
und 18.00-21.00

150 Plätze
2 Nebenräume:
Fischerstüble und
Schwedenstube
130 Plätze im Freien
Reservierung
angeraten

8 EZ ab 95,00
19 DZ ab 150,00

Kreditkarten:
Eurocard

Ratskeller

»Das hiesige Produkt modern und leicht zu kochen« ist das Motto von Werner Bachmann, Koch des *Ratskellers* in Lauda. Bereits seit 1928, als Großvater Oskar Bachmann das Lokal übernahm, ist der *Ratskeller* ein Familienbetrieb. Als solcher gibt er seinen Gästen das Gefühl, noch persönlich betreut zu werden. Auch Kinder sind hier jederzeit sehr willkommen. Bei Preisen, die für Tagesmenüs bei 12 Mark 50 beginnen, kann sich auch eine größere Familie einmal ein Mittagessen bei ihm leisten. Die Spezialitäten des Hauses sind Grünkern und Dinkel in allen Variationen. Vor allem das Grünkernrisotto ist ein kulinarisches Gedicht. Regionaler Herkunft sind auch Bachmanns Fleisch- und Fischgerichte. Nicht nur seine tauberfränkische Flugentenbrust wäre da zu empfehlen. Und beim Wein braucht man im Taubertal natürlich erst recht nicht in die Ferne zu schweifen. Die alte Rebensorte Tauberschwarz sollte jeder Weinliebhaber einmal verkostet haben. *dai*

Ratskeller
Josef-Schmidt-Straße 17
97922 Lauda-Königshofen
Tel. 093 43/620 70
Fax 093 43/28 20

Di-Sa 12.00-14.00
und 17.00-24.00
So ab 15.00
geschlossen
Mo Ruhetag
Küche: 12.00-14.00
und 17.00-22.00

95 Plätze
1 Nebenraum
70 Plätze im Freien
Reservierung
erwünscht

2 EZ ab 70,00
9 DZ ab 110,00

Kreditkarten:
American Express,
Eurocard

Speisen und Getränke

Fränkische Fleischklößchensuppe, Ackersalat in Walnußdressing, Flugentenbrust (6,20-17,80)
Rosmaringewürzte Rehkeule auf Preiselbeerpfeffersauce, kleines Rinderfilet im Speckmantel mit pikanter Pfefferkruste, gebratene Saiblingsfilets auf Pfifferling-Lauchsahne mit Gemüserisotto (11,80-33,90)
Tête de Moine mit Feigensenf, Vanilleeis mit Beeren aus fränkischen Wäldern (8,90-12,80)
Bier: Bitburger, Distelhäuser (0,3 l ab 3,80)
Wein: Auswahl regionaler Weine, besonders Taubertaler Weine (0,25 l ab 5,20)

Besonderheiten

Kindergerichte; Mo-Fr bekommt man Vorsuppe mit Hauptspeise schon ab 12,50

Sehenswürdigkeiten

Die dreischiffige Pfeilerbaukirche, die Hl. Kreuz-Kirche Gerlachsheim, mit ihrer barocken Innenausstattung ist täglich geöffnet und einen Besuch wert.

Anfahrt

A 81 Würzburg-Heilbronn, Abfahrt Tauberbischofsheim zur B 290

Weinstube Alt-Eltingen &
Restaurant Hirsch

Rechts und links der alten, gepflasterten Hauptstraße des Leonberger Stadtteiles Eltingen präsentieren sich typische schwäbische Fachwerkhäuser in Reih' und Glied. In einer der schönsten Dorfstraßen Württembergs steht hier, gleich neben dem Keplerbrunnen, ein 1601 erbautes Bauernhaus. In diesem betagten Gemäuer befindet sich die schnuckelige Weinstube *Alt-Eltingen*. Durch einen großen steinernen Torbogen gelangen die Gäste in den Innenhof, in dem vom Frühjahr bis zum Herbst unter freiem Himmel die Speisen frisch vom Grill verzehrt werden. Auch drinnen, im rustikalen Gastraum, wird's einem am Kachelofen nicht nur warm ums Herz. Urgemütlich ist auch der ehemalige Weinkeller - ein original Kellergewölbe, das zu einem nicht ganz alltäglichen Speiseraum mit Fußbodenheizung umgebaut wurde. Übrigens: Wer sich am Salatbuffet bedient, sollte wissen, daß es auf einem alten, echten Heuwagen steht. Und sollte es in der Weinstube kein Plätzchen mehr geben, so kann man die knapp 50 Meter zum Restaurant *Hirsch* leicht zu Fuß zurücklegen: Dort werden gleichfalls viele schwäbische Spezialitäten gereicht - beide Lokale gehören der Familie Eiss. *jük*

Speisen und Getränke
Feldsalat mit Speck und Brotcroûtons, hausgebeizter Lachs in Dillsenfsauce, Kraftbrühe mit Maultäschle (7,50-18,50) Linsen mit Spätzle und Saitenwurst, Entenbrust mit Ernußsauce, Seeteufel mit weißer Tomatensauce (14,40-36,80) Rote Grütze mit hausgemachtem Rahmeis, Honigparfait mit Mandarinensalat, französischer Rohmilchkäse (10,50-16,50) Bier: Dinkelacker und Veltins Pils (0,3 l ab 4,30) Wein: Vorrangig Weine aus Württemberg und Baden, aber auch einige Tropfen aus Frankreich und Italien (0,25 l ab 6,20)

Besonderheiten
Auf der Speisekarte gibt es 3 Überraschungsmenüs mit 3-5 Gängen. Außerdem liegen verschiedene Menüvorschläge für z. B. Banketts parat. Kinderstühle, Kindergerichte und -portionen, Malbücher

Sehenswürdigkeiten
Pommeranzengarten Leonberg, historische Altstadt Leonberg, Schloß Solitude

Anfahrt
A 81, Ausfahrt Leonberg, Richtung Leonberg immer geradeaus, Stadtteil Eltingen am Dorfbrunnen rechts

Weinstube
Alt-Eltingen &
Restaurant Hirsch
Hindenburggstr. 1
71229 Leonberg
Tel. 071 52/976 60
Fax 071 52/976 688

Mo-So 10.00-24.00
Küche: 11.30-14.00
und 18.00-21.30
150 Plätze im Hirsch
100 im Alt-Eltingen
5 Nebenräume
5 Tagungsräume
100 Plätze im Freien
Reservierung
angeraten

45 EZ ab120,00
15 DZ ab170,00

Kreditkarten: Diners,
American Express,
Visa, Eurocard

Regenbogen

Biegt man in die Wohnstraße (30 km-Zone) mit den typischen Siedlerhäusern der frühen 50er Jahre ein, fragt man sich erstaunt, wo sich denn dort ein Restaurant, dessen guter Ruf sich beständig weiter ausbreitet, befinden könnte. Da wir hier schon vorzügliche regionale (Vollwert-)Küche genossen haben, besuchen wir den *Regenbogen* wieder einmal. Rosemarie Kunkel hat zur Abwechslung »Arabische Wochen« in der Küche – wir lassen uns vertauensvoll in der gemütlichen Gaststube nieder und von Frau Kunkel verwöhnen. Wir wissen: Die frische Zubereitung der Speisen und die individuelle Beratung (und Abstimmung eventueller pikanter Würzung auf unsere Mägen) garantieren ein äußerst leckeres Mahl. Im Sommer kann man sich im Garten niederlassen und in lauer Allgäuer Luft biologisch an- und ausgebaute Weine oder das gute Leutkircher Bier z.B. zu Wirsingröllchen mit Gemüsefüllung oder gefüllten Steinchampignons auf Blattspinat mit provençalischer Lammschulter genießen. Und die delikaten Desserts sind eine eigene Reise wert! Anmeldung ist wichtig, da die Sitzgelegenheiten schnell vergeben sind. *pl*

Regenbogen
Nachtigallenweg 18
88299 Leutkirch
Tel. 075 61/78 47

Fr–Di 12.00–14.00
und ab 18.00
Mi, Do Ruhetage
Küche: wie
Öffnungszeiten

30 Plätze
12 Plätze
im Freien
Reservierung
unbedingt
erforderlich
(bis ca. 17.00)

Keine Kreditkarten

Speisen und Getränke
Hokkaido-Suppe mit Sahnehaube, Steinchampignon-Gratin (5,30–9,80)
Birnen-Kartoffel-Gratin, Walnuß-Tagliatelle mit Blattspinat, Bohnenkerntopf, gebratene Polenta-Schnitten (14,20–19,80)
Schoko-Mandel-Creme mit Amaretto, Zitronencreme mit Kiwi (5,40–6,50)
Bier: Leutkircher Bier der Brauerei Härle (0,3 l ab 4,00)
Wein: Französische Landweine (0,25 l ab 6,00)

Besonderheiten
Rauchfreies Restaurant; Fleischgerichte auf Anmeldung; Aktionswochen, z.B. arabische, indische oder mexikanische Gerichte; Kinderstühle, Kindergerichte, Kinderportionen, Bilder- und Malbücher

Sehenswürdigkeiten
Altstadt von Leutkirch, Schloß Zeil

Anfahrt
A 96, Abfahrten Leutkirch West (vom Norden) oder Leutkirch Sück (vom Süden); dem Wegweiser Richtung Krankenhaus folgen, vor dem Krankenhaus rechts ins Wohngebiet abbiegen

Forellenhof Rößle

Forellenkraftbrühe, Forellenklößchen, Forellenmaultaschen, Forellenfilet – im *Forellenhof Rößle* in Lichtenstein-Honau, Familienbetrieb seit 1792, dreht sich fast alles um den leckeren Fisch, der hier garantiert frisch auf den Tisch kommt: 300 Meter von der gemütlich-rustikalen Gaststube entfernt tummeln sich die Fische im Forellenweiher der Restaurantinhaber. Philipp Stoll hat die Forellenzucht und das Räuchern der Fische übernommen, während sich sein Schwager Gerhard Gumpper in der Restaurantküche um ihre schmackhafte Zubereitung mit frischen Zutaten kümmert. Vor allem die in Mandelbutter gebratene Forelle »Honauer Art« ist verdientermaßen der Favorit in der Gunst der Gäste. Neben den vielfältigen Forellenvariationen finden sich hauptsächlich schwäbische Gerichte auf der Speisekarte – fast schon Legende sind die Rahmkartoffeln. *gr*

Speisen und Getränke

Kraftbrühe, Honauer Forellenmaultäschle in Tomatensauce (5,00-18,00)
Lachsforellenmaultaschen in Käsesauce, Forelle »Honauer Art« und Rahmkartoffeln nach Art des Hauses, Schwäbischer Bauernspieß (14,80-39,00)
Vanilleeis mit heißen Himbeeren oder Sauerkirschen, Zimteisparfait mit warmer Zwetschgensauce (4,00-9,80)
Bier: Schwabenbräu, Kloster-Hefeweizen (0,3 l ab 3,00)
Wein: Vom schwäbischen Landwein aus dem Remstal bis hin zum Neipperberger Schloßberg Riesling – 24 offene Weine vorwiegend aus Württemberg (0,25 l ab 5,20)

Besonderheiten

Fischspezialitäten, breites Angebot für Kinder, Seniorenteller, vegetarische Gerichte, frische und geräucherte Forellen zum Mitnehmen, Kinderstühle, Kindergerichte, Bilder- und Malbücher, Spielplatz

Sehenswürdigkeiten

Schloß Lichtenstein, Bären- und Nebelhöhle, Ruine Greifenstein, Wilhelm-Hauff-Museum (Terminvereinbarung unter 071 29/42 77)

Anfahrt

A 8, Ausfahrt Stuttgart-Degerloch, weiter über B 27/B 464 bzw. B 312 bis Reutlingen, in Reutlingen Richtung Stadtzentrum rechts, Ausfahrt zur B 312 Richtung Reutlingen, in Reutlingen weiter durch Pfullingen, Lichtenstein, Unterhausen bis zum Ortseingang von Honau

L

Forellenhof Rößle
Heerstraße 20
72805 Lichtenstein-Honau
Tel. 071 29/929 70
Fax 071 29/929 750

Mo-Sa 7.00-23.00
So bis 22.00
Küche: 11.30-21.30
So bis 20.30
Nachmittags kleine Karte

280 Plätze
1 Nebenraum
1 Tagungsraum
28 Plätze im Freien
Reservierung erwünscht, Sonntag mittags keine Reservierung möglich

4 EZ ab 60,00
9 DZ ab 90,00

Keine Kreditkarten

Gasthof Adler

Wenn man hört, daß zu diesem Gasthof ein renommiertes Unternehmen aus der Region amerikanische Geschäftspartner einlädt, damit sie einmal so richtig oberschwäbische Gasthofatmosphäre erleben, könnte man Postkartengemütlichkeit à la Hofbräuhaus erwarten. Doch die allgemein nur als »Igel« – nach dem Namen der Eigentümer – bekannte Wirtschaft überrascht positiv durch ihre typisch ländliche Art ohne jeden Schnickschnack. Ohne Schnickschnack auch die Speisekarte – berühmt sind die Bratkartoffeln, die man auf Wunsch auch zu den Gerichten serviert bekommt, bei denen sie nicht auf der Karte stehen. Nicht auf der Karte steht auch die »Schlachtplatte« (hier nicht Blut- und Leberwürste, die gibt's als »Kaminfeger«), ein vielverlangter Nachtisch. Lassen Sie sich überraschen. Hier ist die Dorfkultur Oberschwabens mit dem Zentrum Dorfgasthof noch lebendig: Von Gemeindehonorationen über Feuerwehr und Vereine bis zur Dorfjugend trifft sich alles im *Adler*. Die Atmosphäre ist entsprechend familiär, und auch der Ortsfremde kommt an den gut besetzten Tischen schnell ins Gespräch. *pl*

Gasthof Adler
Liebenhofen 26
88287 Grünkraut/
Liebenhofen
Tel. 07 51/628 98

Mi-So 18.00-23.00
Mo, Di Ruhetage
Küche: 18.00-22.00

75 Plätze
Reservierung
angeraten

Keine Kreditkarten

Speisen und Getränke
Gulaschsuppe, Spiegeleier auf Bratkartoffeln, Fleischkäse mit Spiegeleiern, saure Nierle, Bauernfrühstück, schwäbischer Wurstsalat, saure Kutteln, Dreiteiler (4,00-7,50)
»Schlachtplatte«, »Feinkostplatte« (2,00)
Bier: Leibinger Weizen, Pils vom Faß (0,4 l ab 3,80)
Wein: Offene Weine aus Baden, Württemberg und Frankreich, z.B. Verrenberger Lindelberg, Haberschlachter Heuchelberg, Eichstetter Lechenberg (0,25 l ab 3,50)

Besonderheiten
Rustikalität vom Feinsten; die Desserts!

Sehenswürdigkeiten
Oberschwäbische Barockstraße

Anfahrt
Von Ravensburg Richtung Wangen B 32, zwei Kilometer nach Ravensburg rechts ab nach Grünkraut, durch den Ort, dann rechts nach Liebenhofen

Zum Kranz

Der *Kranz* und sein Chef Günter Rosskopf stehen seit über 30 Jahren für gutbürgerlich-regionale Küche auf hohem Niveau. Und Küchenmeister Rosskopf ist diesem seinem ureigenen Stil durch alle Kochmoden treu geblieben mit der Folge, daß das älteste in ununterbrochenem Pachtverhältnis betriebene Haus am Ort längst die »Nummer eins« in der 50 000-Seelen-Stadt direkt an der Grenze zur Schweiz ist. Alemannisch-gutbürgerlich ist nicht nur die Küche, die erfolgreiche Ausflüge in Gourmet-Regionen zu leisten vermag, sondern auch die Ausstattung der Gasträume. Patronin Antoinette Rosskopf und ihr eingespieltes Service-Team bleiben auch bei starkem Andrang freundlich-geduldig – und haben dazu sehr oft Gelegenheit. Der *Kranz* ist ein Anziehungspunkt auch mit grenzüberschreitendem Charakter. *rl*

Speisen und Getränke

Fischsüppchen »Kranz«, hausgemachte Hummersuppe, Entenlebermousse mit Portweingelee, Nüsslisalat mit gebratenem Kalbsbries, frische Austern, 4 Gambas al Italienne (6,50-22,50)
Salmschnitzel vom Grill mit Lemonenbutter, Filetgoulasch »Stroganoff« mit Gemüsereis, Kutteln und Kalbskopf in Rieslingsauce mit Gemüse, Schweinebraten in Kümmelrahmsauce mit Apfelrotkraut (18,80-38,50)
Apfelküchli mit Vanilleeis und Rahm, Weinbergpfirsich mit warmer Orangensauce und Walnußeis, Quarkmousse auf Himbeersauce mit vollreifen Mangos (8,80-12,50)
Bier: Lasser (0,25 l ab 3,20)
Wein: Vorrangig Weine aus Baden, aber auch viele italienische und französische Tropfen, und auch Wein vom Faß (0,25 l ab 5,50)

Besonderheiten
Kinderstühle, Kinderportionen, Bilder- und Malbücher

Sehenswürdigkeiten
Museum am Burghof Lörrach

Anfahrt
A 5 Ausfahrt Lörrach

L

Gasthaus zum Kranz
Basler Straße 90
79540 Lörrach
Tel. 076 21/890 83
Fax 076 21/148 43

Di-Sa 7.00-24.00
So, Mo Ruhetage
Küche: 11.30-14.00
und 17.30-22.00

150 Plätze
1 Nebenraum
1 Tagungsraum
40 Plätze im Freien
Reservierung
angeraten

1 EZ ab 80,00
8 DZ ab 140,00

Kreditkarten: Diners,
American Express,
Visa, Eurocard

Terrassen-Gasthof Hohly

Wer auf der Terrasse des *Gasthofes Hohly* sitzt, läßt den Blick über Wasser, Wald, Weinberge und Wiesen schweifen und genießt eine tolle Panoramasicht über das Weinsberger Tal. Hößlinsülz, Willsbach, Affaltrach und Eschenau liegen den Gästen zu Füßen. Bei guter Sicht taucht in der Ferne sogar der Katzenbuckel im Odenwald auf. An der Stelle des heutigen Rathauses eröffnete Adolf Hohly 1900 *Hohlys Saalbau*. Nach der Zerstörung im Zweiten Weltkrieg baute Erhard Hohly außerhalb der Mauer am östlichen Berghang einen Gasthof abseits vom Verkehr und mit weitem Blick ins Tal. Heute profitiert sein Sohn Frank, der 1992 das Geschäft übernommen hat, von dieser fantastischen Lage. Bei Hohly kehrt der Wanderer mit rotkariertem Hemd, Tirolerhut und Filzhose genauso ein wie der Sportwagenfahrer mit Schlips aus der Landeshauptstadt. Hier stimmt alles: Das Vesper stammt aus der eigenen Metzgerei, die Weine baut der Bruder des Wirtes an, und die servierten Forellen schwammen kurz vorher noch im eigenen Teich. Bei schönem Wetter sind die 65 Terrassenplätze schnell belegt. Innen im Gasthof erinnern zwei Mosaiksäulen, die Wandlampen und zahlreiche Bilder an den Löwensteiner Künstler und einen der letzten Expressionisten Süddeutschlands: Richard Hohly – einen Onkel des heutigen Chefs. *sh*

Terrassen-Gasthof
Hohly
Friedhofweg 5
74245 Löwenstein
Tel. 071 30/13 13
Fax 071 30/32 60

Mi-So 10.00-15.00
und 17.00-23.00
Mo 17.00-23.00
Di Ruhetag
Winter: 14.30-17.00
geschlossen
Sommer: ganztägig
geöffnet
Küche: 11.30-14.00
und 17.30-21.30

110 Plätze
2 Nebenräume
65 Plätze im Freien
Reservierung am
Wochenende
angeraten

3 EZ ab 35,00
3 DZ ab 70,00

Keine Kreditkarten

Speisen und Getränke

Maultaschensuppe, Tomatencremesuppe, hausgeräuchertes Forellenfilet, Krabbencocktail (5,00-14,80)
Schwäbische Maultaschen in der Brühe, Zwiebelrostbraten, Pfeffersteak »nach Art des Hauses«, Rehkeule mit Champignons, Regenbogenforelle im Mandelkleid (13,50-23,00)
Sektsorbet, rote Grütze mit Vanilleeis (6,50-8,00)
Bier: Pilsner Edeltyp v. Faß, Zwiefalter alkoholfrei (0,3 l ab 2,80)
Wein: Hohlys Haustrunk, Löwensteiner Wohlfahrtsberg (Gewürztraminer Kabinett), hauseigene Weine (0,25 l ab 4,50)

Besonderheiten

Große Vesperkarte, fangfrische Forellen, Teekarte; Kinderstühle, Kindergerichte, Kinderportionen, Bilder- und Malbücher

Sehenswürdigkeiten

Löwensteiner Berge, Breitenauer See, Stadt Löwenstein mit Mineralfreibad, Bleichsee u. andere Löwensteiner Naturseen

Anfahrt

B 39 Heilbronn Richtung Schwäbisch Hall: 17 km

Post Cantz

Das Herrschaftshaus, in der historischen Altstadt von Ludwigsburg gelegen, wurde 1724 von Oberst von Eichelberg erbaut. Der Adel und die Bauherren von Stand mußten an repräsentativen Straßen bauen, um der Stadt ein vornehmes Aussehen zu geben. So zogen in fast alle Häuser der »Beckengasse«, wie die Eberhardstraße bis 1825 hieß, Handwerker und Gewerbetreibende ein. Der Metzger, Wirt und Posthalter Friedrich Canz gab dem Gasthaus, vor dem früher die schwarzgelben Postkutschen standen, 1870 den Namen *Post Canz*. Otto Canz, der Sohn, übernahm 1900 die Wirtschaft und die Posthalterei. Warum er Cantz jetzt mit tz schrieb, bleibt bis heute ungeklärt. 1936 überhahm Otto Buhl das Anwesen, das seit 1959 von seinem Sohn Oskar Buhl geführt wird. Er machte die einfache Wirtschaft zu dem, was sie heute unter dem Enkelsohn Peter Buhl ist: ein gehobenes Gasthaus mit rustikaler und schwäbischer Gemütlichkeit rund um den Kachelofen, wo die Speisekarte den regionalen Spezialitäten eine ganze Seite widmet. Wein- und Dessertempfehlungen wechseln jede Woche. In der ehemaligen Garnisonsstadt Ludwigsburg hat die *Post Cantz* einen führenden Namen. *hr*

Speisen und Getränke

Neckarweihinger Ackersalat, Entenleberparfait mit Madeiragelee, hausgebeizter Lachs (6,80-18,80)
Lammnüßchen mit Kräuterkruste, Wildhasenrücken mit Waldpilzen, Pfeffertöpfle vom Jungschweinkarree, Piccata vom Seeteufel auf Tomaten-Kräuter-Sauce (13,90-37,80)
Amaretto-Mousse mit Mango und Waldbeeren (10,80)
Bier: Schwaben Bräu Urtyp vom Faß (0,3 l ab 3,70)
Wein: Einheimische Weine wie Trollinger, Lemberger oder Riesling als offene Weine; 33 regionale und französische Flaschenweine (0,25 l ab 6,00)

Besonderheiten

Einige sehr edle Weine, z.B. 1990 Chablis Grenouilles Grand Cru (0,75 l 82,00) oder Mersault-Genevrieres (0,75 l 99,00); selbstgemachte Maultaschen auch vakuumverpackt zum Mitnehmen, Kindermenüs, Fischgerichte ohne Gräten

Sehenswürdigkeiten

Blühendes Barock, Favoritenpark, Schloß Monrepos mit See, historischer Marktplatz, Venezianische Messe im Sept., Schloßfestspiel Mai-Okt.

Anfahrt

A 81 Ausfahrt Nord oder Süd bis zur Stadtmitte Ludwigsburg, erste Querstraße unterhalb des Marktplatzes

Post Cantz
Eberhardstraße 6
71634 Ludwigsburg
Tel. 071 41/92 35 63
Fax 071 41/92 35 63

Mo, Di, Fr-So
11.30-15.00
und 17.30-24.00
Mi, Do Ruhetage
Küche: 12.00-14.00
und 18.00-21.45

90 Plätze
1 Nebenraum
Reservierung
erwünscht

Kreditkarten: Diners,
American Express,
Visa, Eurocard

Landhaus Keller

Daß alemannische Lebensart einerseits bodenständig, andererseits im besten Sinne grenzüberschreitend und weltoffen ist, spürt jeder Gast im *Landhaus Keller*. Am Rande des Winzerdorfs Malterdingen gelegen, scheint das Haus in die Breisgauer Rebberge hineinzuwachsen. Ans Herz gewachsen sind Henriette und Jürgen Keller ihre zahlreichen Stammgäste: Sie lassen sich vom Charme der Hausherrin bezaubern und genießen in gepflegter Atmosphäre eine feine Küche mit Esprit. Das Restaurant besteht seit 1982. Zehn Jahre später wagten die Kellers den Sprung in die Hotellerie, ihr *Hotel de Charme* beeindruckt durch eine außergewöhnliche Innenarchitektur. Jedes Zimmer ist durch einen unverwechselbaren Stil geprägt. Gourmets und Geschäftsleute stellen die größte Klientel des Hauses, das auch Räume für Tagungen, Firmen- oder Familienfeiern bietet. Und welch ein Vergnügen, nach dem Genuß einer Spezialität des Hauses (Atlantikfische, Lamm-, Geflügelgerichte) in die Reben zu spazieren – vielleicht sogar bis zum Weingut Huber mit seinem berühmten Spätburgunder Rotwein – und sich beim Blick in den Breisgau und hinüber zum Kaiserstuhl äußerst behaglich zu fühlen. *kht*

M

Landhaus Keller –
Hotel de Charme
Gartenstraße 21
79364 Malterdingen
Tel. 076 44/13 88
und 41 30
Fax 076 44/41 46

Mo-Fr ganztags
geöffnet
Sa, So ab 18.00
Küche: 11.45-14.00
und 18.00-22.00

48 Plätze
1 Nebenraum
1 Tagungsraum
36 Plätze im Freien
Reservierung
erwünscht

14 EZ ab 110,00
14 DZ ab 165,00

Kreditkarten:
American Express,
Visa, Eurocard

Speisen und Getränke
Fischsüppchen nach Art der Bouillabaisse, gratiniertes Schneckenpfännchen (12,50-16,50)
Geschnetzelter Kalbsrücken »Badische Art«, pochierter Knurrhahn in Curry-Schalotten-Essenz, gefüllte Seezunge nach Art des Hauses (32,50-45,00)
Mousse vom Mascarpone, gefüllter Bratapfel mit Vanille-Eisparfait und Pistaziencreme (14,50)
Bier: Riegeler Felsenpils (0,3 l ab 4,00)
Wein: Badische und französische Weine, eigener Hauswein (0,25 l ab 6,50)

Besonderheiten
Kinderstühle, Kindergerichte und -portionen; Freisitz unter der begrünten Pergola; sehr guter Standort für Ausflüge am Oberrhein, ins Elsaß und in den Schwarzwald

Sehenswürdigkeiten
Altstädte von Kenzingen und Endingen, romantische Dorfbilder von Malterdingen und Riegel am Kaiserstuhl mit Mithräum und Michaelskapelle (Rundblick)

Anfahrt
A 4 Ausfahrt Riegel, von dort 3 km nach Malterdingen, über die B 3 in den Ort, gleich rechts abbiegen. Dort ist das Lokal ausgeschildert.

Gasthof zum Ochsen

Der älteste Gasthof Mannheims im Ortsteil Feudenheim besteht seit 1632. Hat sich äußerlich seither nicht viel verändert, so besticht die Ausstattung der Zimmer des kleinen Hotelbetriebs durch alle möglichen Annehmlichkeiten vom Haarfön bis zum ISDN-Anschluß. Etwas von der Straße zurückgesetzt, bleibt vor dem Haus Platz für eine kleine Gartenterrasse unter zwei dicken, alten Kastanien. Innen gibt sich das Gasthaus unverfälscht mit einer geräumigen Wirtsstube samt Kachelofen und Balkendecke sowie mehreren größeren und kleineren Nebenzimmern. Holger Polomski ist seit rund einem Jahrzehnt für das leibliche Wohl seiner Gäste zuständig. Der neuen badischen und französischen Küche hat er sich verschrieben: Frische und Leichtigkeit charakterisieren seine Kreationen. Auf den Tisch kommt, was die Saison und der Markt hergeben. Immer wieder ein Erlebnis ist das Fischmenü in vier Gängen, doch auch à la carte stellt sich Zufriedenheit ein. Unbedingt probieren: die Haselnuß-Mandelcreme! Das Publikum ist eine bunte Melange aus Geschäftsleuten aller Herren Länder und Mannheimer Urgesteinen jeglichen Alters. *jg*

Speisen und Getränke
Rinderkraftbrühe mit Pilzschöberl, gebratene Entenbruststreifen auf Wintersalaten (7,50-18,80)
Rahmsauerkraut und Schupfnudeln, gegrilltes Barschfilet, Lammrücken unter der Kräuterkruste (17,80-36,50)
Haselnuß-Mandelcreme auf Himbeersauce mit Früchten, Schokoladenparfait auf Vanillesauce (9,50-15,00)
Bier: Eichbaum, Hannen Alt (0,3 l ab 4,20)
Wein: Badische Weine (0,2 l ab 6,00)

Besonderheiten
Menü- und Buffetvorschläge für bis zu 90 Personen, Fischmenü in vier Gängen 58,00, Dreigänge-Menü 36,50, Fischgerichte auch als halbe Portionen

Sehenswürdigkeiten
Kurfürstliches Schloß, Jugendstilanlage Friedrichsplatz mit Wasserturm und Rosengarten (Festhalle), Kunsthalle (Gemälde und Plastiken des 20. Jahrhunderts), Moltkestraße 9 (Di-So 10.00-17.00, Do ab 12.00), Planetarium, Wilhelm-Varnholt-Allee 1 (Tel. 06 21/41 56 92)

Anfahrt
A 656 Ausfahrt MA-Neckarau/Feudenheim Richtung Feudenheim, an der 2. Ampel rechts in die Hauptstraße
Straßenbahn Linie 2: Haltestelle Feudenheim, Kirche

Gasthof zum Ochsen
Hauptstraße 70
68259 Mannheim-Feudenheim
Tel. 06 21/799 55-0
Fax 06 21/799 55 33

Mo-So 11.30-24.00
Küche: 11.30-14.00
und 18.00-23.00

100 Plätze
2 Nebenzimmer
1 Weinstube
80 Plätze auf der Terrasse
Reservierung angeraten

6 EZ ab 125,00
6 DZ ab 165,00

Kreditkarten:
American Express,
Eurocard, Visa,
Diners

Goldener Löwe

Als Schillers Vater, Johann Caspar Schiller, vor gut 250 Jahren im *Goldenen Löwen* einkehrte, stand ihm der Sinn nicht nur nach den Kochkünsten des Löwenwirts, sondern vielmehr nach dessen Töchterlein. So residiert heute Eberhard Hubrig an historischer Stätte: im Geburtshaus von Schillers Mutter. Und wie damals gibt es neben den kulinarischen Schöpfungen der Köche im *Goldenen Löwen* noch eine weitere Attraktion – nur ist es heute kein holdes Mägdelein, sondern der Wirt persönlich. Eberhard Hubrig führt den *Löwen* in unverwechselbarer Weise, ist Hansdampf an allen Tischen, immer zu launigen Sprüchen aufgelegt und allzeit für verblüffende Anmerkungen zu Kultur und Kochkunst bereit. Daß er sich zu besonderen Anlässen auch in historische oder fernöstliche Kostüme hüllt, macht zusammen mit den von Skurrilitäten ebenso wie mit wertvollen Antiquitäten vollgepfropften Räumen die besondere Note des *Löwen* aus. Dessen Küche ist so eigenwillig wie der Chef: Ob Ameisen, Emu- und Känguruhfleisch, Seidenraupen oder Jungbienen – es gibt nichts, was Eberhard Hubrig nicht schon durch die Pfanne gejagt hätte. Doch inzwischen hat er seine Experimente zurückgefahren und sich wieder mehr auf den konservativen Geschmack seiner schwäbischen Landsleute eingestellt, die er mit regionalen Spezialitäten verwöhnt. *gk*

M

Weinstube-
Restaurant
Goldener Löwe
Niklastorstraße 39
71672 Marbach
am Neckar
Tel. 071 44/66 63

Di-Sa 17.00-24.00
So 12.00-14.30
Mo Ruhetag
Küche:
Di-Sa 17.00-23.00
So 12.00-14.00

75 Plätze
2 Nebenräume
25 Plätze auf der
Terrasse
Reservierung
erforderlich

Keine Kreditkarten

Speisen und Getränke

Kresserahmsuppe, Tomatensuppe »Chantilly« (5,00-6,50)
Steak vom Vogel Strauß und Nasi-Goreng-Reis, Marbacher Gugelhupf aus feinem Kalbfleisch in Rieslingrahmsauce, Spanferkelkeule mit Pfifferlingen (18,00-34,50)
Eisterrine »Fritzele«, Mousse au chocolat, Eisbecher »Rigoletto« (8,50-12,00)
Bier: Schwabenbräu (0,3 l ab 2,80)
Wein: Überwiegend regionale Weine, Hauswein (0,25 l ab 4,90)

Besonderheiten

Von allen Gerichten gibt es auch Kinderportionen; Kinderstühle

Sehenswürdigkeiten

Schillerstadt Marbach mit Schillers Geburtshaus, Schillermuseum, Deutsches Literaturarchiv

Anfahrt

A 81 Ausfahrt Pleidelsheim, über Murr nach Marbach

Weinstube Schurk

In der *Weinstube Schurk* kann man im Sommer wie im Winter die Sonne genießen. Einen Platz sollte man allerdings reserviert haben, denn der Garten, über dem ein 70 Jahre alter Rebstock rankt, ist bei Fremden und Einheimischen gleichermaßen beliebt. Bei der Gestaltung des Wintergartens hat sich Gruber von Wiener Heurigen inspirieren lassen. Umgebaut wurde, nachdem Anfang der 70er Jahre die Scheune neben der alten Weinstube abbrannte. Diese wiederum entstand bereits 1878 unter Urgroßvater Schurk, der damals auch noch eine Bäckerei und eine Landwirtschaft betrieb. Bei den Speisen wird auf die Qualität der Rohstoffe großer Wert gelegt. Zu empfehlen sind der Schurkensalat mit frischen Steinpilz-Champignons und auch die verschiedenen Steaks vom Angusrind und natürlich der Wein, der schon seit Urgroßvater Schurks Zeiten aus eigenem Anbau stammt. *dai*

Speisen und Getränke
Gebackene frische Champignons, luftgetrockneter Landschinken mit Honigmelone, Räucherfisch-Teller, Scampi-Spießchen (7,50-16,80)
Tournedos Provençale von der Angus-Hüfte, Lammrückenfilet in Kräuterkruste, Schweineschnitzel in Mandelhülle mit Sauce Hollandaise (14,80-25,80)
Heiße Schattenmorellen mit Vanilleeis, Zwetschgen in Rotweinsauce mit Walnußeiscreme (3,50-9,80)
Bier: Herbsthäuser Pils, Distelhäuser Hefeweizen (0,3 l ab 3,20)
Wein: Rote und weiße Weine vom Weingut Pius Schurk Markelsheim, württembergische und fränkische Weine (0,25 l ab 4,60)

Besonderheiten
Von einigen angebotenen Weinen können jederzeit Weinproben durchgeführt werden (5 Weinsorten je 5 cl mit Brot für 10,50); Kinderstühle, Kindergerichte, Spielecke, Bilder- und Malbücher, Spielplatz

Sehenswürdigkeiten
Schloß Weikersheim (1. April bis 31. Okt. 9.00-18.00, 1. Nov. bis 31. März 10.00-12.00 und 13.30-16.00), Stuppacher Madonna, Deutschordensmuseum im Schloß Bad Mergentheim

Anfahrt
A 81 Ausfahrt Tauberbischofsheim oder Boxberg nach Bad Mergentheim, Richtung Weikersheim

Weinstube Schurk
Hauptstraße 57
97980 Markelsheim
Tel. 07 91/21 32

Do-Di 17.00-23.00
So und Feiertage
auch 11.30-15.00
Mi Ruhetag
Küche: wie
Öffnungszeiten

160 Plätze
1 Nebenraum
90 Plätze im Freien
Reservierung
angeraten

Kreditkarten: Visa,
Eurocard

Klosterkeller

Unterm Sonnenschirm sitzen, Maultaschen mit Seelachs-streifen essen, dazu einen kühlen trockenen Eilfinger Riesling trinken, wo das Auge auch hinschaut, es blickt auf Gemäuer, das von der Unesco zum Weltkulturerbe erhoben worden ist: Wer dieses erlebt, läßt es sich gerade in der Gartenwirtschaft des *Klosterkellers* in der Maulbronner Klosteranlage gutgehen. Sollte das Wetter nicht zu Hocketse im Freien einladen, setzt man sich in das Restaurant, dessen Mauersteine im Jahre 1201 aufeinandergeschichtet wurden. Das Gebäude diente als Klosterkeller und Kloster-schmiede und war Wirkungsstätte von Bruder Ulricus. Heute sind darin vier gemütliche Wirtsräume unterge-bracht: die Fauststube mit des Magiers Zeichen, die Klosterstube, der Schmiedesaal und die Ratsstube. In dieser Atmosphäre werden dem Genießer schwäbischer Küche Spätzle, Zwiebelrostbraten, Maultaschen oder Sauerkraut und Schupfnudeln – alles saisonal abgestimmt – serviert. Aber auch die internationale Küche kommt bei der traditionsreichen Wirtsfamilie Schempf nicht zu kurz. *grü*

M

Restaurant
Klosterkeller
Klosterhof 32
75433 Maulbronn
Tel. 070 43/400 00
Fax 070 43/400 62

Di–So 11.30–14.30
und 18.00–22.30
im Winter
Mo Ruhetag
Küche: 11.00–15.00
und 18.00–22.00
Im Sommer
durchgehend warme
Küche

180 Plätze
3 Nebenräume
1 Tagungsraum
100 Plätze im Freien
Reservierung
erwünscht

Im Hotel Birkenhof
(gleiche Leitung)
6 EZ ab 75,00
14 DZ ab 130,00
Kreditkarten: Visa,
Eurocard

Speisen und Getränke

Kresserahmsüppchen, lauwarm marinierter Lachs mit Ge-müsesalat (6,50-19,50)
Blumenkohl-Käse-Medaillon mit Lauchgemüse und Kartoffeln, Lachsmaultäschle mit Eilfinger Rieslingsauce (15,00-34,00)
Dessertteller Klosterkeller, Zimtparfait mit heißen Sauerkirschen (5,50-16,50)
Bier: Brauhaus Pils (0,3 l ab 4,50)
Wein: Maulbronner Eilfingerweine, Württemberger Viertele (0,25 l ab 6,00)

Besonderheiten

Kinderstühle, Kindergerichte, Bilder- und Malbücher, Spielplatz

Sehenswürdigkeiten

Weltkulturdenkmal Kloster Maulbronn

Anfahrt

B 35 Ausfahrt Knittlingen/Maulbronn, dort »Kloster«-Beschilderung folgen; das Restaurant befindet sich im Kloster

Winzerstube zum Becher

Verspielt leuchten die bunten Butzenfenster den Gästen entgegen, Efeu umrankt das Gemäuer. Aus dem Laub ragt ein kunstvoll geschnitztes Wirtshausschild. Gerne öffnet man die schwere Tür, um das köstliche Innenleben dieses verträumten Hauses mitten in der malerischen Altstadt kennenzulernen. Man betritt traditionsreichen Boden: Hier, in einem der ältesten Häuser Meersburgs, wurde 1884 der Winzerverein gegründet, der seither streng auf die Qualität des »Meersburgers« achtet. Zuerst diente die gemütliche, mit kunstvollen Schnitzereien verzierte Trinkstube von Karl Benz als Versammlungsort der Winzer. Doch schon bald öffnete er seine Türen auch den zahlreich nach Meersburg strömenden Gästen und bewirtete sie in der stilvollen Gaststube auf das beste. Vier Generationen haben diese Tradition inzwischen weiter verfeinert, wie ein Blick auf die Speisekarte zeigt. Leicht und phantasievoll veredelt Michael Benz die traditionelle badische Küche mit internationalen Spezialitäten. Zander, Hecht und Felchen kommen direkt aus den Netzen der Bodenseefischer, Salate und Gemüse sind sorgfältig ausgesucht. Abgerundet wird der Genuß durch einen edlen Tropfen aus dem erlesenen Weinkeller von Christel und Michael Benz. *ssm*

Speisen und Getränke

Lachsforellenterrine mit Felchenkaviar, Variation von Bodenseefischen, Avocado gefüllt mit Shrimps (7,50-24,80) Kretzerfilet in Lauchschaum, Barbarie Entenbrust mit Honig-Balsamico-Sauce, Kalbszüngle in Dillrahm, Lachsklößchen in Hummersahne (19,80-40,50)
Caramelschaum auf Walnußeis, Beeren in Cassis-Gelee (7,50-14,50)
Bier: Verschiedene Flaschenbiere, z. B. Ruppaner, Fürstenberg Pils, Rothaus Tannenzäpfle (0,3 l ab 4,50)
Wein: Große Auswahl an Bodenseeweinen, z.B. Meersburger, auch einige italienische und französische Flaschenweine, Wein vom eigenen Rebberg (0,25 l ab 7,50)

Besonderheiten

Eigener Wein, Kinderstühle, Kindergerichte und -portionen, Bilder- und Malbücher

Sehenswürdigkeiten

Historische Altstadt von Meersburg, Alte Burg, Schloß

Anfahrt

B 31 bis Meersburg, Auto im Parkhaus abstellen; der *Becher* befindet sich mitten in der Oberstadt

M

Winzerstube
zum Becher
Höllgasse 4
88709 Meersburg
Tel. 075 32/90 09
Fax 075 32/16 99

Mi-So 10.30-14.00
und 17.00-24.00
Di 17.00-24.00
Mo Ruhetag
Küche:12.00-14.00
und 18.00-22.00

90 Plätze
2 Nebenräume
16 Plätze im Freien
Reservierung
angeraten

Kreditkarten: Diners,
American Express,
Visa

Neuseeland

Café, Bar, Ausflugslokal und bald eine gute Restaurant-
adresse im Landkreis Sigmaringen: Unweit der alten Fuhr-
mannstadt Mengen steht dieser Steigerungsversuch im An-
fangsstadium. Bekanntlich braucht es Zeit, Stehvermögen
und finanzielle Absicherung, einer Schnitzel- und Spätzle-
Tradition entgegenzutreten. Direkt am Zielfinger Baggersee
(zwischen Mengen und Krauchenwies im Landkreis Sigmaringen) steht das außergewöhnliche Ausflugslokal *Neuseeland*, das diese Vorhaben Schritt für Schritt umsetzen möchte.
Aus der Reihe tanzt es bereits mit seiner imponierenden
Holzkonstruktion und einer Glasfront, die im Sommer geöffnet werden kann zum See hin, der ein Naherholungsziel für
viele Bade- und Surffreunde sogar aus dem Raum Balingen/
Hechingen/Tübingen ist. Bis 18.00 gibt es neben dem Ge-
samtangebot eines Cafés eine kleine Karte, mit Flammenkuchen wie im Elsaß, mit kleinen Snacks und Vesperangeboten.
Und danach wird die große Karte gereicht, die mit Fisch- und
Fleischgerichten zu günstigen Preisen imponiert. Und wer
mit großer Gesellschaft feiern möchte, für den hat der
Küchenchef auf fast 20 Seiten Menüvorschläge ausgebreitet,
wie es nur die ganz großen Häuser im »Wilden Süden«
können, allerdings nicht zu solch günstigen Preisen. *häm*

M

Neuseeland
Sigmaringendorfer
Straße 7
88512 Mengen-
Zielfingen
Tel. 075 76/23 81

Mo-Sa 12.00-1.00
So 10.00-1.00
Küche: bis 23.00
(im Winter bis 22.00)
große Karte,
danach kleine

90 Plätze
100 Plätze auf der
Terrasse
Reservierung
erwünscht

Keine Kreditkarten

Speisen und Getränke

Verschiedene Flammenkuchen-Spezialitäten, Gemüsesup-
pen (5,50-14,80)
Neuseeland-Filetsteak mit Pfeffersauce, Zwiebelrostbraten,
Norweger Lachs an Dillsauce mit Krabben, Schwabentöpfle
mit Champignonrahmsauce (23,80-31,80)
Bier: Zoller-Pils, Hefeweizen, Hannen Alt (0,3 l ab 3,50)
Wein: Stettener Heuchelberg, Auggener Schäf, Gutedel,
Portugieser u. a. (0,25 l ab 5,00)

Besonderheiten

Terrassenbetrieb mit Blick zum Privatsee Zielfinger Weiher;
sonntags Frühstücksbuffet; Kindergerichte

Sehenswürdigkeiten

Liebfrauenkirche am Mengener Kirchplatz; Saulgau:
Kreuzkapelle, Thermalbad; Haus am Markt (mit Städtischer
Galerie - Dauerausstellung: Kunst in Oberschwaben seit
1900); Heiligkreuztal: ehemaliges Zisterzienser-Kloster; im
Sommer: Naturtheaterbühne Sigmaringendorf

Anfahrt

Von Stuttgart auf der A 8, Ausfahrt Tuttlingen, auf der B 311
weiter durch Tuttlingen, Messkirch nach Mengen

Grüner Baum

Im *Grünen Baum* blühen vor allem die jüngeren bis mittelalten Feinschmecker auf, hoffnungsfrohe Akademiker, Künstler, Landwirte, eben ein bunt gemischtes Publikum. Ihnen werden von der kreativen Küchencrew auf zuweilen für den Preis ungewöhnliche Weise Tafelfreuden beschert, die von französischen, italienischen und selbstverständlich badischen Einflüssen bestimmt sind. Erfreulich, daß diese schmackhaften feinen Speisen nur aus frischen Produkten zubereitet werden, die Karte wechselt täglich. Der *Grüne Baum* ist eine Art Zwitter zwischen gemütlicher Wirtschaft und Gourmetlokal. Der naturholzbelassene Gastraum mit seinen blankgescheuerten Tischen schafft ein urgemütliches Ambiente, so daß sich einfach jeder wohlfühlen muß. Sogar eingefleischte Vegetarier finden auf der Karte eine interessante Auswahl, wie etwa Haselnuß- oder Mohnpfannkuchen. Man sollte im *Grünen Baum* reservieren, denn die Gäste bleiben meist nicht nur zum Essen. Allzuoft entbrennt nach einem köstlichen Mahl in geselliger Runde ein Gespräch, das bei süffigem Wein in aller Ruhe zu Ende diskutiert wird. *gas*

Speisen und Getränke
Feldsalat mit Mais und Nüssen, Salat mit Perlhuhnbrust, Maiscreme mit roten Linsen (6,50-21,50)
Kreolisches Geflügel-Ragout, Kalbssteak mit Trüffeln, Mohnpfannkuchen mit Lauch und Pilzen (18,00-40,00)
Mousse au chocolat, Sorbetteller (7,50-14,50)
Bier: Fürstenberg-Pils, Jever-Pils (0,3 l ab 3,50)
Wein: Vorwiegend regionale Weine, Faßwein (0,25 l ab 4,50)

Besonderheiten
Kinderstühle, Kinderportionen

Sehenswürdigkeiten
Freiburger Altstadt und dort z.B. das Münster

Anfahrt
A 5 Ausfahrt Freiburg Mitte, Zubringer in Richtung Innenstadt, Ausfahrt Merzhausen

M

Grüner Baum
Hexentalstraße 35
79249 Merzhausen
Tel. 07 61/45 94 00
Fax 07 61/45 94 025

Täglich ganztags
geöffnet
Küche: 12.00-14.00
und 18.00-22.00

70 Plätze
1 Nebenraum
35 Plätze im Freien
Reservierung 1 Tag
im voraus angeraten

2 EZ ab 55,00
4 DZ ab 130,00

Keine Kreditkarten

Lammstuben

Blick nach den Sternen – es ist unverkennbar: Im *Restaurant-Café Lammstuben* in Meßstetten-Hartheim wird auf äußerst hohem Niveau gekocht. Schon allein die Lehrbetriebe, wo Inhaber und Küchenchef Karl-Heinz Butz sein Handwerk von der Pike auf erlernte, lassen erahnen, welcher Maßstab in Sachen Raffinesse und Virtuosität in den *Lammstuben* angelegt wird: Sowohl im 2-Sterne-Haus *Bareiss* in Baiersbronn als auch im Sternelokal *Ritter* in Durbach stand Karl-Heinz Butz mit den besten Köchen und Köchinnen Baden-Württembergs am Herd. Hinzu gesellt sich seine Freundin Bianca Baumeister, gelernte Hotelfachfrau und Sommeliere, die sich im Service perfekt um das Wohl des Gastes kümmert. Auch sie bringt hervorragende Referenzen aus Stern-Häusern mit. Dabei war der älteste Gasthof Hartheims in früheren Tagen mehr eine einfache Vesper- und Schankwirtschaft. Es war 1898, als Wilhelm Butz den Gasthof mit Stallungen erwarb. 1925 bis auf die Grundmauern niedergebrannt, 1926 wiedereröffnet, diente er ab 1945 den französischen Besatzern als Offizierskasino. Seit 1990 hat schließlich Karl-Heinz Butz das Sagen. Vor fünf Jahren wurde das Lokal grundlegend umgestaltet. Heute hat der Gast die Wahl zwischen verschiedenen Räumen: Tiroler Stube, Lammstube und »Hartemer« Stube. Auf der eleganten Karte finden sich einfache Vesper ebenso wie Gourmetmenüs, die keine Wünsche offenlassen. *vb*

M

Restaurant-Café
Lammstuben
Römerstraße 2
72469 Meßstetten/
Hartheim
Tel. 075 79/621
Fax 075 79/24 60

Do-Mo 11.30-24.00
Mi 17.00-24.00
Di Ruhetag
Küche: 11.30-14.00
und 17.00-21.30

225 Plätze
3 Nebenräume
2 Tagungsräume
Reservierung
erwünscht

Kreditkarten:
Eurocard

Speisen und Getränke

Flädlesuppe, Linsenragout mit Scampi (6,00-16,00)
Lammtöpfchen, Schweinefilets auf Sahnespätzle, Entenbrust mit Gratin, Lammrücken (28,00-35,00)
Mousse, Babyananas mit Vanilleis (12,00)
Bier: Haigerlocher Schloßbräu, Diebels Alt (0,3 l ab 2,70)
Wein: Deutsche, italienische und französische Weine, auch Tropfen aus Kalifornien und Spanien (0,25 l ab 5,50)

Besonderheiten

Kinderstühle, Kindergerichte und -portionen, Bilder- und Malbücher

Sehenswürdigkeiten

Donautal, Museum für Volkskunst in Meßstetten, Schwäbisches Museum in Meßstetten/Hassingen

Anfahrt

Autobahn Stuttgart A 8, Ausfahrt Balingen, von Balingen weiter Richtung Albstadt, von Albstadt nach Meßstetten/Hartheim

Gasthaus zum Waldhorn

Idyllisch am Albtrauf liegt der Metzinger Stadtteil Glems und mitten in der kleinen Ortschaft das *Gasthaus zum Waldhorn* – ein Familienbetrieb durch und durch. Seit vier Generationen und damit rund hundert Jahren führt Familie Harter das Gasthaus. Heute steht Otto Harter am Herd, seine Mutter hilft in der Küche, seine Frau leitet den Service, und sein Vater sorgt für eine Spezialität des Harterschen Familienbetriebs: selbstgebrannte Schnäpse. Zwar finden sich auf der Karte vor allem regionale Gerichte, doch neben hausgemachten Maultaschen, Spätzle und Schwäbischem Zwiebelrostbraten gibt es auch Platz für die eine oder andere internationale Spezialität. Die Speisen werden frisch zubereitet, einige Zutaten wie Kartoffeln und Kräuter liefert der heimische Garten. Zweimal pro Woche wechselt die Karte mit regionalen und saisonalen Spezialitäten. Während wochentags Stammgäste aus der Umgebung die gemütliche Gaststube bevölkern, ist sie am Wochenende immer fest in der Hand von Ausflüglern. *gr*

Speisen und Getränke
Grünkernsüpple mit Selleriestreifen, Morchel-Wildmaultäschle mit feiner Sauce, Räucherlachsflädle mit Kräuter-Sauerrahm (5,00-17,50)
Zwiebelrostbraten mit Bratkartoffeln, Filet von Zander und Rauchforelle in Kräutersauce, Variation von Hase und Hirsch in feinwürziger Sauce (12,50-37,00)
Eisteller mit verschiedenen hausgemachten Eisspezialitäten, Limonensorbet mit Sekt aufgefüllt (5,50-13,00)
Bier: Schwabenbräu vom Faß (0,3 l ab 2,90)
Wein: Metzinger, württembergische, französische und italienische Weine (0,25 l ab 5,50)

Besonderheiten
Kinderstühle, Kinder- und Seniorenteller, saisonale Spezialkarten (Spargel, Wild, Fisch), hausgebrannte Schnäpse

Sehenswürdigkeiten
Glemser Stausee, Metzinger Altstadt, Uracher Wasserfall, Ruine Hohenurach

Anfahrt
A 8, Ausfahrt Stuttgart-Degerloch, weiter über B 27/B 464 bzw. B 312 Richtung Reutlingen, bis zur Ausfahrt Metzingen, nach Metzingen weiter Richtung Bad Urach, rechts abbiegen Richtung Glems, weiter ins Ortszentrum

Gasthaus zum
Waldhorn
Neuhauser Str. 32
72555 Metzingen-
Glems
Tel. 071 23/963 50
Fax 071 23/963 511

Mi-Mo 11.00-23.00
Di Ruhetag
Küche: 11.45-14.00
und 17.30-21.30

150 Plätze
2 Nebenräume
25 Pätze im Freien
Reservierung vor
allem am
Wochenende
empfohlen

2 EZ ab 80,00
8 DZ ab 140,00

Keine Kreditkarten

Zum Ochsen

Der Besuch in dem seit 103 Jahren bestehenden Landgasthof *Zum Ochsen* im Mosbacher Stadtteil Nüstenbach wird zu einer Genußreise für Auge und Magen, die auch den Geldbeutel nicht überfordert. Die rustikale und mit viel Liebe zum Detail arrangierte Einrichtung schafft eine Atmosphäre, die zum Verweilen einlädt. Daß Inhaber und Chefkoch Achim Münch aber nicht nur ein feines Händchen für Silberantiquitäten – die der Gast übrigens käuflich erwerben kann – beweist, sondern auch beim Servieren viel Kreativität walten läßt, zeigt sich spätestens beim ersten Gang. Denn die verschiedenen Salate vereinen sich auf dem Teller zu einem kleinen farbenprächtigen Kunstwerk. Hier ißt das Auge gerne mit. Aber auch der Magen wird keineswegs enttäuscht. Die reiche Palette an frisch zubereiteten Fleisch-, Fisch- oder vegetarischen Gerichten, die stark auf heimische Erzeugnisse setzt, bietet für jeden Geschmack etwas. Besonders zu empfehlen: pürierte Linsensuppe mit gebratenen Riesengarnelen und das dreigängige vegetarische Menü. *joc*

M

Zum Ochsen
Im Weiler 6
74821 Mosbach-
Nüstenbach
Tel. 062 61/154 28
Fax 062 61/154 28

Mo, Do, Fr, So
12.00–14.00
und 18.00–24.00
Mi, Sa ab 18.00
Di Ruhetag
Küche: 12.00–14.00
und 18.00–22.00

60 Plätze
ein Nebenraum
Gartenrestaurant mit
50 Plätzen
Reservierung
erwünscht

Keine Kreditkarten

Speisen und Getränke
Pilz-Kalbfleisch-Maultäschle in Salbeibutter, Feldsalat und warmer Linsensalat mit Speckwürfeln, Safranrisotto mit Meeresfrüchteragout, Schwarzwurzelcremesuppe mit gebratenen Gambas (6,50–19,00)
Kräuter-Champignons auf Blattspinat mit Mozzarella überbacken, geschnetzelte Schweinsnierle mit Basalmico-Senfsauce, gebackener Kabeljau in Senf-Dill-Sauce, Lammrükken in der Ochsenmark-Kräuter-Kruste (21,00–37,00)
Obstsalat mit Ahornrahm, Käseplatte (8,00–6,00)
Bier: Bitburger vom Faß (0,3 l ab 4,00)
Wein: Über 100 Sorten vorwiegend aus Baden (0,2 l ab 5,50)

Besonderheiten
Ständig wechselnde Spezialitäten, Fischangebot, gut sortierter Weinkeller, Spirituosen-Spezialitäten, Kinderstühle, Kindergerichte, Spielecke, Spielplatz in unmittelbarer Nähe

Sehenswürdigkeiten
Unberührte Natur nur wenige Gehminuten vom Gasthof entfernt. Fachwerkstadt Mosbach (1997 Landesgartenschau) mit Postkartenidylle, Palmsches Haus

Anfahrt
B 27/B 292: von Mosbach in den drei Kilometer in nördlicher Richtung gelegenen Stadtteil Nüstenbach

Jagstmühle

Jahrhundertelang trugen die Bauern aus der Umgebung ihr Korn zum Mahlen in die Jagstmühle. Auch heute noch beliefern sie den gleichnamigen Landgasthof mit ihren Produkten, die von Küchenchef Schwab zu abwechslungsreichen und schmackhaften Speisen verarbeitet werden. Hier zeigt sich: Die Pflege einer einfachen und bodenständigen regionalen Küche muß keinen Verlust an kulinarischer Raffinesse bedeuten. Doch ebenso wichtig wie ein Könner hinterm Herd sind die verwendeten Produkte selbst. Und wer könnte eine bessere Qualität der Zutaten garantieren als die benachbarten Landwirtschaften im Jagsttal. So kann man versichert sein, beim Mühlenvesper nur die beste Blut-, Brat- und Leberwurst vom Hausmetzger serviert zu bekommen. Für Familienfeste oder Tagungen mit bis zu 100 Personen öffnet die historische Mühlenscheune aus dem 17. Jahrhundert ihre Tore. Noch größere Gesellschaften bevorzugen die Jagstinsel, wo man auf 3000 qm Wiese und unter freiem Himmel nach Herzenslust feiern und schlemmen kann. Besonders lobenswert außerdem: der wirklich freundliche und zuvorkommende Service. *rs*

Speisen und Getränke
Maultaschensuppe mit Schnittlauch, Steinpilzrahmsuppe (5,80-6,80)
Linsen mit Spätzle, Saitenwürstle und Rauchfleisch, Hohenloher Mistkratzerle aus dem Ofen, Forelle blau aus dem Wurzelsud (13,60-19,80)
Apfelstrudel mit Schlagsahne, Apfelküchle mit Zimtzucker und Vanillesauce, Rumfrüchte mit Vanilleeis (4,60-7,60)
Bier: Distelhäuser Pils und Export vom Faß (0,3 l ab 3,00)
Wein: Hausschoppen weiß und rot, vorrangig regionale offene Weine und internationale und regionale Flaschenweine (0,25 l ab 4,80)

Besonderheiten
Lokal liegt direkt an der Jagst, leckere Vespergerichte, Säfte aus Öko-Anbau, Kinderstühle, Kinderportionen, Bilder- und Malbücher

Sehenswürdigkeiten
Wasserschloß und Stadtkirche in Schrozberg, Militärmuseum in Bartenstein (geöffnet Sa, So und an Feiertagen von April bis Okt.)

Anfahrt
A 6, Abfahrt Kupferzell, B 19 Richtung Würzburg, dann Abzweigung Richtung Mulfingen

Jagstmühle
Mühlenweg 10
74673 Mulfingen-
Heimhausen
Tel. 079 38/90 30-0
Fax 079 38/75 69

Mo-Fr 17.00-23.00
Sa, So, feiertags
11.00-23.00
Küche:
Mo-Fr 17.30-21.00
Sa, So, feiertags
12.00-14.00 und
17.30-21.00

40 Plätze
2 Nebenräume
2 Tagungsräume
75 Plätze im Freien
Reservierung
erwünscht

21 DZ ab 138,00
als EZ ab 118,00

Kreditkarten: Diners,
American Express,
Visa, Eurocard

Alte Post

Geschichte und Geschichten kann die *Alte Post* in ihrer fast 300jährigen Geschichte (1997 ist es soweit) aufweisen. Mit dem Ehepaar Anja (27) und Markus (25) weht aber seit August 1995 ein junger Wind durch das alte Gebälk, unter dem schon Kaiser Napoleon tafelte. Wer die Treppen hinaufgeht, den empfängt eine Atmosphäre, wie sie nur ein so altes Haus ausstrahlen kann. Eleganz vereint sich harmonisch mit den Deckenmalereien und Holzvertäfelungen. Wer es etwas »bürgerlicher« mag, der sitzt an blankgescheuerten Tischen und am Kachelofen in der Kutscherstube genau richtig. Hier tischt das Team um Markus Ginster regionale Küche auf. Nach seinen Wanderjahren durch die Haute cuisine kehrte dieser zurück zu den Wurzeln: in seinen Geburtsort Nagold. Mit im Gepäck hatte er bei seiner Existenzgründung das Wissen und Können der besten Köche Deutschlands. Aus all dem komponiert er eine französisch-mediterrane Küche. Wem's beliebt, der kann auch bei einem fünf- oder sechsgängigen Menü schlemmen. Täglich wechselnd steht ein dreigängiges Mittagsmenü (inklusive Wein und Kaffee) auf der Karte. Durch das Werk von Markus Ginster führt seine charmante Frau Anja, die sich auch um den Bestand und die Pflege des Weinkellers kümmert. *vs*

N

Restaurant Alte Post
mit Kutscherstube
Bahnhofstraße 2
72022 Nagold
Tel. 074 52/84 50-0
Fax 074 52/84 50 50

Fr-Di 12.00-14.00
und 18.00-24.00
Mi 12.00-14.00
Do Ruhetag
Küche: 12.00-14.00
und 18.00-22.00

130 Plätze
3 Nebenräume
2 Tagungsräume
25 Plätze im Bistro
Reservierung
erwünscht

Kreditkarten: Diners,
Visa, Eurocard

Speisen und Getränke

Entenconsommé Chinoise, geräuchertes Forellenfilet, Salatbukett mit glacierter Entenbrust (6,50-31,00)
Duo von Ente und Taube mit Selleriepüree, Steinbuttfilet mit Hummercarpaccio, Zanderfilet im Kartoffelmantel (18,50-49,00)
Datteln auf Moccasauce mit Zimtrahmeis, Sorbetteller mit marinierten exotischen Früchten (13,50-18,00)
Bier: Hochdorfer Pils vom Faß, Hochdorfer Weizenbier, Hochdorfer alkoholfrei (0,2 l ab 3,20)
Wein: Umfangreiche Karte; offene Weine vorrangig aus Baden und Württemberg, aber auch viele Flaschenweine aus Italien und Frankreich (0,25 l ab 7,00)

Besonderheiten

Degustationsmenü, Mittagsmenü, Kinderportionen

Sehenswürdigkeiten

Burgruine Hohennagold, Museum in Steinhaus, historische Altstadt

Anfahrt

Autobahn A 81, Abfahrt Rottenburg/Tübingen Richtung Nagold

Die Rainbach

Direkt am Ufer des Neckars, im Schatten einer Pappelallee, liegt eines der beliebtesten Ausflugsrestaurants der Städter aus Heidelberg und Mannheim. *Die Rainbach* ist bei den Erholungssuchenden seit Urzeiten ein stehender Begriff, und schon Henry Ford und Mark Twain waren von der zauberhaften Lage des romantischen Anwesens hingerissen. Erstgenannter soll bei seinem Anblick spontan »wonderful Gemütlichkeit« geseufzt haben, und der Europabummler Twain nahm das Gasthaus gar zum willkommenen Anlaß, seine Neckarfloßfahrt zu unterbrechen. Die heutigen Gäste, darunter auch viele Einheimische, erwarten indessen gepflegte Räumlichkeiten, allen voran die gemütliche, alte Wirtsstube und ein herrlicher, großzügiger Biergarten mit altem Baumbestand und Neckarblick. Darüber hinaus lädt an lauen Sommerabenden eine Hochterrasse zum Verweilen und Genießen. Seit einigen Jahren bewirtschaftet die Familie Stalinger das großzügige Gebäudeensemble. Die Karte hält größere und kleinere Leckereien für jeden Geldbeutel bereit, das Angebot reicht über internationale Gerichte bis zu feinen Wildspezialitäten. Der Renner ist hier außer Frage die halbe gefüllte Ente mit obligater Kruste, Rotkraut und Knödeln. *jg*

N

Speisen und Getränke
Grünkernsuppe mit Markklößchen, Blattsalate mit gegrillten Gambas in Tomaten-Zwiebelsauce (8,50-24,50)
Kräuterpfannkuchen mit Blattspinat, Odenwälder Hirschkalbsbraten, Zanderfilets auf Hummersaucenspiegel mit Basmatireis (23,80-33,50)
Apfelstrudel in Vanillesauce mit Vanilleeis (9,50-15,00)
Bier: Licher Pils und Export, Franziskaner (0,3 l ab 3,90)
Wein: Vorwiegend badische Weine (0,25 l ab 5,50)

Besonderheiten
Kinderspielplatz im Garten, regionales Dreigänge-Menü für 38,50; im Biergarten kleinere preiswerte Gerichte

Sehenswürdigkeiten
Kurzer Spaziergang am Neckar entlang nach Neckarsteinach mit Vier-Burgen-Blick (ca. 45 min); Dorf und Feste Dilsberg; historisches Stadtzentrum von Neckargemünd mit Befestigungsanlagen

Anfahrt
A 656 bis Heidelberg, dann B 37 bis Neckargemünd, dort Beschilderung Dilsberg folgen; Bahnbus ab Neckargemünd (Richtung Dilsberg)

Landgasthof
Die Rainbach
Ortstraße 9
69151 Neckargemünd-Rainbach
Tel. 062 23/24 55
Fax 062 23/714 91

Di-So 11.00-24.00
Mo Ruhetag
Küche: 11.00-15.00
und 17.30-22.30
Sa und So
durchgehend

200 Plätze
45 Plätze auf der Terrasse
180 Plätze im Biergarten
Reservierung angeraten

Kreditkarten:
Eurocard

Zur alten Mühle

Von A wie Aal bis Z wie Zander: Dem Fischfeinschmecker eröffnen sich in der *Alten Mühle* im Eyachtal/Neunbürg neue Gourmetdimensionen. Fangfrisch aus den eigenen Zuchtbecken werden die Fischspezialitäten dem Genießer serviert. Nur wer schon häufiger in der *Alten Mühle* war, wird sein Essen noch warm genießen, denn wer zum ersten Mal das romantische Hotel und Restaurant aufsucht, vergißt vor lauter Staunen das Speisen: Das traditionelle Lokal besticht durch sein sagenhaftes Interieur, die kunstvolle Verarbeitung des Holzausbaus, und während der Gast sich zum Schauen den Hals verrenkt, dreht sich vor seinem Fenster munter das alte restaurierte Mühlrad. Aber nicht nur die Gestaltung des Lokals hat Klasse, sondern auch die Küche. Sie bietet Schlemmern kulinarische Hochgenüsse zu einem angemessenen Preis. Während die Kinder auf dem eigens eingerichteten Spielplatz toben können, vergessen sich Eltern bei Vollkornspaghetti mit feiner Rahmsauce oder Zander. Ein Ausflugsziel, das nicht nur im Sommer zu genießen ist. *sk*

N

Zur alten Mühle
Im Gänzbrunnen
75305 Neuenbürg
Tel. 070 82/92 40-0
Fax 070 82/92 40 99

Di-So 10.30-24.00
Mo Ruhetag
Küche durchgehend
geöffnet

340 Plätze
1 Nebenraum
1 Tagungsraum
80 Plätze im Freien
Reservierung
erforderlich

3 EZ ab 93,00
23 DZ (davon 5 auch
als Familienzimmer
nutzbar) ab 68,00

Alle Kreditkarten

Speisen und Getränke
Schwäbische Flädlesuppe, Gratin von Riesengarnelen mit Steinchampignons und Morcheln (6,50-23,50)
Kalbsmedaillon an Steinpilzsauce, Gratin von Zander und Bachforelle, geschnetzelte Putenbrust (22,50-84,00)
Mohn- und Zimteis mit Ahornsirup und exotischen Früchten, Dessertteller »Alte Mühle« (6,50-14,50)
Bier: Fürstenberger, Brauhaus (0,3 l ab 3,60)
Wein: Vorwiegend aus Baden, z. B. Lauffener Latzenbeißer, Elsässer Riesling (0,25 l ab 6,20)

Besonderheiten
Räucherfisch aus eigener Herstellung zum Mitnehmen, Schnaps aus eigener Brennerei, Kinderspielplatz, Schwimmen, Sportangeln, Tennis

Sehenswürdigkeiten
Die Kurorte Bad Herrenalb, Bad Liebenzell und Bad Wildbad befinden sich ganz in der Nähe. Außerdem das Naturschutzgebiet Eyachtal, das Bergwerk in Neuenbürg, und auch Baden-Baden ist nur einige Autominuten entfernt.

Anfahrt
Von Pforzheim über die B 294 Richtung Bad Wildbad, vor Höfen die Abzweigung rechts nach Baden-Baden/Dobel (»Eyachbrücke«), vor dem Bahnübergang gleich rechts liegt die *Alte Mühle.*

Krone

Die *Krone* besteht schon seit dem 15. Jahrhundert. Der damalige Wirt der Schloßschenke rettete seinerzeit den Sohn des Grafen, als dieser in einen Brunnen gefallen war. Zum Dank erhielt er die Schenke. Im Besitz der Familie Marquardt ist die *Krone* bereits seit 1868. Inzwischen ist Reinhold Dirk Marquardt der Küchenchef. Auf seiner »Walz« in Durbach, Bissenhofen, Bad Mergentheim und München hat er das Kochen gelernt. Früher hatte er auch schon mal Exotisches wie Bärenbraten auf der Speisekarte. Mittlerweile kocht er nur noch mit Produkten, die aus der Umgebung stammen. Eine besondere Vorliebe entwickelte er für das Schwäbisch-Hällische Schwein, einer alten, einheimischen Rasse, für die er sogar ein eigenes Kochbuch herausgebracht hat. Besonders hervorzuheben sind seine monatlichen Arrangements, bei denen er sportliche oder kulturelle Ereignisse mit Kulinarischem verbindet. Informieren Sie sich doch einfach einmal. Es lohnt sich. *dai*

Speisen und Getränke

Gebratene Geflügelleber auf Sojakeimen und Portweinsauce, St. Pierrefilet gebraten auf Blattspinat und roten Nudeln, Rinderkraftbrühe mit Flädle (5,50-24,50)
Aal aus der Tauber in frischem Salbei gebraten mit Salzkartoffeln, Hasenkeule an Wacholderrahmsauce, Ragout von frischen Pilzen, Rückensteak vom Schwäbisch-Hällischen Schwein (13,50-42,00)
Apfelpfannkuchen mit Vanilleeis, verschiedene Eisspezialitäten (6,00-13,50)
Bier: Distelhäuser (0,3 l ab 3,70)
Wein: Gute Auswahl regionaler Weine (0,25 l ab 4,50)

Besonderheiten

Monatliche Sonderprogramme bestehend aus kulturellen oder sportlichen Ereignissen und kulinarischen Spezialitäten der Saison; Kindergerichte, Kinderportionen

Sehenswürdigkeiten

Rothenburg ob der Tauber liegt nur 26 Kilometer entfernt.

Anfahrt

A 81 bis Abfahrt Boxberg/Bad Mergentheim, auf B 290 bis Ausfahrt Niederstetten

N

Hotel-Gasthof Krone
Marktplatz 3
97996 Niederstetten
Tel. 079 32/899-0
Fax 079 32/899-60

Mo-So ganztags
geöffnet
Küche: 11.30-14.00
und 18.00-22.00

250 Plätze
4 Nebenräume
2 Tagungsräume
100 Plätze im Freien
Reservierung nicht
erforderlich

3 EZ ab 70,00
29 DZ ab 110,00

Kreditkarten: Diners,
American Express,
Visa, Eurocard

123

Zum Schwanen

Wenn der Wirt des Gasthofes *Zum Schwanen* zum Backofenfest lädt, sollten Vegetarier den gemütlichen Räumen des rustikalen Landgasthofs möglichst fernbleiben. Enten, Spanferkel, Roastbeef, Kalbshaxen, Lammkeulen und glaciertes Kaßler – all diese fleischlichen Genüsse fördert Herbert Merkle vor den Augen der Gäste aus seinem fahrbaren Backofen zutage. Dazu gibt's ein reichhaltiges Salatbuffet. Und weil die Köche nachlegen, so lange noch etwas zwischen Bauch und Gürtel paßt, wird das Backofenfest zum Abend für nimmersatte Schlemmer. Doch auch wer's weniger rustikal mag, findet auf der Karte des *Schwanen* Feines: etwa Fischoder gelegentlich auch Hummerspezialitäten, bei denen Herbert Merkle penibel auf Herkunft und Frische achtet. Wenn einem der Sinn nach Schwäbisch-Deftigem steht, man aber auf der regelmäßig wechselnden Karte nichts findet, sollte man beim freundlichen Service nachfragen. Oft hat Herbert Merkle, dessen Familie den *Schwanen* bereits in der dritten Generation betreibt, noch etwas in der Hinterhand. Und wer nach dem Besuch gar nicht genug kriegen kann, kann sich von den Süpplen, Ragouts und Saucen auch in Dosen etwas mit nach Hause nehmen. *gk*

O

Landgasthof
Zum Schwanen
Dorfstr. 47
74343 Sachsenheim/Ochsenbach
Tel. 070 46/21 35
Fax 070 46/27 29

Mi-So 11.30-24.00
Mo, Di Ruhetage
Öffnung für
Gesellschaften nach
Absprache möglich
Küche 11.45-14.00
und 17.30-20.15

120 Plätze
2 Nebenräume
(Gewölbestübchen
und Pavillon)
50 Plätze im
Biergarten
Reservierung
erwünscht

Keine Kreditkarten

Speisen und Getränke
Chefs Kuttelsuppe, Rehpastete mit Wildpreiselbeeren, Parfait von der Entenleber (6,80-17,70)
Filets vom Schottischen Wildlachs und Loup de mer in Rieslingrahmsauce, Jagdgericht »Nimrod« mit Hirschkalbskeule und Hasenrücken vom Rost (23,80-32,80)
Schwäbischer Ofenschlupfer, Eisgugelhupf mit frischen Früchten und Beeren (9,00-12,00)
Bier: Dinkelacker-Pils (0,3 l ab 4,20)
Wein: Überwiegend aus örtlichem Anbau, schön ausgebaute trockene Rot- und Weißweine, Hauswein (0,25 l ab 5,80)

Besonderheiten
Backofenfest mit fahrbarem Backofen zu bestimmten Terminen für alle Gäste, auf private Vorbestellung für Gruppen ab ca. 18 Personen; *Schwanen*-Spezialitäten kann man per Bestellzettel bestellen und in Dosen kaufen und mitnehmen.

Sehenswürdigkeiten
Kleine schwäbische Ortschaft; Weinberge der Umgebung laden zu ausgedehnten Spaziergängen ein.

Anfahrt
Von Ludwigsburg über die B 27 nach Bietigheim-Bissingen, weiter über Sachsenheim nach Ochsenbach

Krone

Wer ganz edel essen möchte, dem sei die *Krone* in Ofterdingen empfohlen. Der Inhaber und Koch Joachim A. Göhner war von 1990-94 Mitglied der deutschen Köchenationalmannschaft, und selbst seine Gesellen heimsen immer wieder Preise ein. Die phantasievollen Gerichte ragen denn auch weit über das Übliche hinaus. Das fachwerkgeschmückte Gasthaus gibt es seit über 200 Jahren; den dörflichen Charakter hat es bewahrt. Die Räume sind stilvoll und gemütlich eingerichtet. Zehn Jäger schießen Wild aus der Region für die *Krone*, und vom Wirt beauftragte Fischer fangen die Fische aus dem Bodensee. Gemüse und Kalbfleisch werden von Landwirtschaften aus der Region bezogen. Auf der alle paar Wochen wechselnden Karte finden sich neben Gourmet-Gerichten auch regionale Spezialitäten wie Maultaschen oder Ofterdinger Zwiebelrostbraten. *sl*

Speisen und Getränke

Schwäbisches Hirnsüpple mit Leberwurststückle, Scheiben von der Rehterrine, mariniertes Salatarrangement mit Gänseleber und Kaninchenrücken (8,00-25,00)
Kronenteller, Schweinelendchen mit Champignons, Ofterdinger Zwiebelrostbraten, feines Edelfischgratin, Fächer der Barberie Entenbrust an Cassis-Sauce (23,00-40,00)
Schwäbischer Sauerkirschbecher mit Ofterdinger Kirschwasser, Champagner-Mousse mit Zitronensorbet und Mangosauce, Pfefferminz-Eisparfait mit eingelegten Früchten (7,00-15,00)
Bier: Fürstenberg Pils, Zoller Export (0,3 l ab 3,00)
Wein: Schoppenweine, z.B. Neuweierer Mauerberg Riesling, Hex von Dasenstein (0,25 l ab 7,00); sehr große Auswahl regionaler und internationaler Flaschenweine, auch aus Neuseeland, Südafrika, Australien

Besonderheiten

Terrasse, Kinderstühle, individuelle Kindergerichte, eigene Schnapsbrennerei, Außer-Haus-Feinschmeckerservice, Weinproben, hausgemachter Holundersaft

Sehenswürdigkeiten

Rammert, Wandergegend

Anfahrt

B 27 zwischen Tübingen und Hechingen. Die Straße ist die Durchfahrtsstraße durch den Ort. Die *Krone* liegt an der B 27.

O

Gasthof Krone
Tübinger Straße 10
72131 Ofterdingen
Tel. 074 73/63 91
Fax 074 73/255 96

Fr-Mi 7.00-14.00
und 18.00-24.00
Do Ruhetag
Küche: 12.00-14.00
und 18.00-21.30

170 Plätze
3 Nebenräume
140 Plätze im Freien
Reservierung
erwünscht

3 EZ ab 80,00
7 DZ ab 160,00

Kreditkarten:
Eurocard, Mastercard

Edy's Restaurant

Es gibt viele Probleme in der Gastronomie unserer Tage. Rezession, Preise und Personal machen den Wirten das Leben nicht eben leicht. Es gibt aber auch glückliche Zufälle – für den Gast wie für den Wirt. Zu diesen zählt sicherlich der Umstand, daß die Wirtin des Restaurants *Glattfelder* in Ortenberg genau dann einen Nachfolger suchte, als der Ortenauer Spitzenkoch Edy Ledig seinen *Canard* in Offenburg geschlossen hatte. Ledig, der in einem Atemzug mit den großen Badenern wie Wehlauer, Lumpp oder Wohlfahrt genannt werden muß, konnte in dem alteingesessenen Familienbetrieb vor den Toren Offenburgs seinen Traum verwirklichen: ein nicht zu großes Restaurant mit Freiluftterrasse sowie ein kleines angeschlossenes Hotel. Badische, alemannische Küche ist dem gebürtigen Elsässer geläufig. Der Zander unter der Kartoffelkruste überzeugt ebenso wie die schon legendäre Challans-Ente, in zwei Gängen serviert. Die Desserts zeugen von der Vorliebe des Kochs für Süßes. Eine Sonderkarte mit badischen und Elsässer Gerichten erlaubt auch regionale Genüsse in der ehemaligen Bahnhofswirtschaft. Daß dafür die Preise etwas gehoben sind, entspricht lediglich der Leistung. So gesehen speist man hier ausgesprochen preiswert. *ros*

O

Edy's Restaurant
Kinzigtalstraße 20
77799 Ortenberg
Tel. 07 81/934 90
Fax 07 81/93 49 29

Di-So 12.00-15.00
und ab 18.00
Mo Ruhetag
Küche: 12.00-14.00
und 18.00-21.30

70 Plätze
2 Nebenräume
50 Plätze im Freien
Reservierung
erwünscht

8 EZ ab 58,00
5 DZ ab 98,00

Kreditkarten: Visa

Speisen und Getränke

Gefüllte Gambas im Salatkranz, gebackenes Kalbsbries auf Artischockensalat, Carpaccio von der Kalbslende mit Trüffelvinaigrette (12,50-32,50)
Atlantik-Steinbutt auf Oliven-Kartoffelpüree, Kalbsniere in Rotweinsauce, Seeteufel in der Artischockenkruste, Taube und Gänseleber in Blätterteig, große Roulade vom Rinderfilet in Bordeaux pochiert (25,50-41,50)
Grießknödel mit glacierten Cassispflaumen, gebrannte Vanillecreme mit Mangosalat und Vanilleeis (12,50-16,50)
Bier: Wagner Pils und Hefeweizen vom Faß (0,3 l ab 3,80)
Wein: Schwerpunkt Italien, Baden, Frankreich; regionale Tropfen nur von besten badischen Weingütern (0,25 l ab 5,20)

Besonderheiten
Originelle Nachspeisen

Sehenswürdigkeiten
Reblandschaft, Schloß Ortenberg, Ausflugsziel Hohes Horn mit Aussichtsturm

Anfahrt
BAB Offenburg Mitte, Richtung Villingen B 33, Ausfahrt Ortenberg

Zur Traube

Wer ein gestyltes Ambiente sucht, ist fehl am Platz in der *Traube* von Ottersweier-Haft. Doch Nase und Gaumen kommen voll auf ihre Kosten. Dafür sorgt Küchenmeister Rudolf Wanner, der das 1906 erbaute Gasthaus in dritter Generation führt. Solide badische Küche mit feinen Rahmsaucen, frischen Gemüsen, Salaten und einem Viertele badischen Wein bestimmt die Speise- und Getränkekarte, die auch anspruchsvolle Gäste nicht enttäuscht. Und auf Bestellung zaubert Rudolf Wanner die tollsten Kreationen. Besonders zu empfehlen sind hier Wildgerichte sowie Selbstgemachtes und Selbstgeschlachtetes. Schwarzwälder Vesperspezialitäten, Rahmkäse oder auch Most und Schnäpse stammen nämlich aus eigener Produktion. Spätburgunder aus eigener Herstellung heißt das nächste Projekt Rudolf Wanners. Ein großer Abenteuerspielplatz mit Rutschbahn, ein Kleintiergehege mit Vögeln, Ziegen, Hühnern und Enten sowie eine überdachte Freiterrasse lassen die *Traube* zu einer besonders familienfreundlichen Adresse werden. *er*

Speisen und Getränke
Rahmkäse mit Zwiebeln und Bauernbrot, Schwarzwälder Schinken mit Rahmkäse (4,00-10,50)
Lachsschnitzel in Schnittlauchsauce und Brokkoliterrine, Hirschrückensteak mit Pfifferlingen, Filetsteak mit Pfefferrahmsauce (14,00-27,50)
Schwarzwälder Eistorte, Zimtparfait mit Zwetschgensauce (3,50-9,50)
Bier: Ulmer und Jehle vom Faß (0,25 l ab 2,20)
Wein: Vorwiegend badische Weine, z.B. Sasbachwaldner, Waldlumer, auch französische Rotweine (0,25 l ab 4,50)

Besonderheiten
Eigene Schlachtung, eigene Herstellung von Rahmkäse, Most und Schnaps, überdachte Freiterrasse, Abenteuerspielplatz und Tiergehege; Kinderstühle, Kindergerichte, Spielzeug in Kisten auf Rädern

Sehenswürdigkeiten
Wallfahrtskirche »Maria Linden«

Anfahrt
A 5, Ausfahrt Bühl Richtung Bühler Innenstadt, nach der Ortsdurchfahrt links Richtung Lauf abbiegen

O

Zur Traube
77833 Ottersweier-Haft 18
Tel. 072 23/242 32
Fax 072 23/16 79

Mi-So 11.00-14.30
und 17.00-22.00
Di nur 17.00-22.00
Mo Ruhetag
Küche: 11.00-14.30
und 17.00-22.00

85 Plätze
1 Nebenraum
26 Plätze auf überdachter Freiterrasse
Reservierung erwünscht

Keine Kreditkarten

Zehners Stube

In ihrer rund 400jährigen Geschichte hat die *Stube* viele Höhen und Tiefen erlebt, hat fröhliche und traurige Menschen hinter ihren dicken Mauern gesehen. Bis zum Jahre 1921 durften nach einer Bestimmung der Gemeinde in der *Stube* nur Bürgerversammlungen, Hochzeiten, Tanz und Fastnachtsveranstaltungen abgehalten werden. Als 1988 Margret und Fritz Zehner die neuerworbene *Stube* nach monatelanger Renovierung eröffneten, zog Pfaffenweiler das große Los: Ein kulinarisches Highlight erhellt das Dorf. Wie eine Festung erscheint das 1575 errichtete Staffelgiebelhaus von außen. Der Eingangsbereich, von der Hausherrin mit Oleander oder Clematis verschönert, erinnert hingegen ein wenig an italienische Cafés. Im Restaurant erfüllen sich Feinschmeckers schönste Hoffnungen. Mit seiner Neugier auf alte Rezepte und neue Weine verwöhnt Zehner seine Gäste auf besondere Weise. Wer den Kochkünstler schon länger kennt und auf seine Phantasie vertraut, studiert nicht erst lange die Karte, sondern bestellt einfach drei oder fünf Überraschungsgänge. Unten im »Stubenkeller« mit seinen urigen Gewölben gibt's badische Vespergerichte und süffige Viertele. Oben Haute Cuisine, unten im Keller Badisch-Deftiges. *gas*

P

Zehners Stube
Weinstraße 39
79292 Pfaffenweiler
Tel. 076 64/62 25
Fax 076 64/616 24

Di-Sa 12.00-14.00
und 18.00-23.00
So, Mo Ruhetage
Küche: 12.00-14.00
und 18.00-22.00

80 Plätze
1 Nebenraum:
Stubenkeller
20 Plätze im Freien
Reservierung
erwünscht

Kreditkarten: Visa,
Eurocard

Speisen und Getränke
Hummerkrusteln, Lasagne von Sellerie, Trüffel und Langostinos (29,00-39,00)
Taube auf Trüffeljus, Lammrücken an Gemüsepotpourri, Steinbutt im Kartoffelmantel auf Olivenpesto (42,00-49,00)
Ricotta-Schokoladenravioli, Rhabarberkompott auf Vanillesauce, Topfengratin mit Weineis (16,50-21,50)
Bier: Holsten (0,3 l ab 3,40)
Wein: International sortiertes Weinangebot mit Weinen aus Israel, Kalifornien, Italien und Frankreich, natürlich auch viele deutsche Weine (0,25 l ab 4,50)

Besonderheiten
Fantasievolle Küche, nach einem Aufenthalt in Hongkong und Peking auch exotisch angehaucht. Kinderstühle, Kindergerichte und -portionen

Sehenswürdigkeiten
Rebenwanderung durchs Schneckental, Besichtigung von Staufen. Die Altstadt von Freiburg ist etwa 8 km enfernt.

Anfahrt
A 5, Ausfahrt Freiburg Süd Richtung Bad Krotzingen – Pfaffenweiler

Waldsägmühle

Dort, wo der Schwarzwald am tiefsten ist, liegt in einem offenen Tal in der Gemeinde Pfalzgrafenweiler die *Waldsägmühle* von Kälberbronn, ein seit Jahren geschätztes Feriendomizil und Hotel, in das sich schon viele prominente Gesprächsrunden zur Klausur zurückgezogen haben. Die Restaurants atmen Schwarzwaldstil mit handfest-gediegener Einrichtung, wo aufmerksames Personal regionale Spezialitäten serviert. Schweinebäckle, zum Beispiel, in Lauch-Meerrettich-Sauce und mit Bratkartoffeln verraten die vielseitige Kunst von Küchenchef Wolfgang Ankele. Die *Waldsägmühle* wird seit Mitte der 60er Jahre von Marta und Hans Ziegler geleitet, Sohn Martin bereitet sich nach Lehr- und Wanderjahren in erstklassigen Häusern auf die Übernahme vor. Dann geht die *Waldsägmühle* in die dritte Generation. Großvater Johannes Ziegler hatte in der ehemaligen Sägemühle mit großem Wasserrad im »kühlen Grund« die Gastwirtstradition begonnen, mit einem Kneiple über der Sägemühle, in der die vier Schanktische noch im Takt der Holzsägen vibrierten. 1962 wurden Mühle und Gastwirtschaft getrennt, das einladende Hotel wurde neu gebaut. *hk*

P

Speisen und Getränke
Sauerampfersüppchen mit Hechtklößen, Salat von der Wachtel mit Gänseleber, Salat der Jahreszeit mit gebratenem Lachs und Seeteufel (7,50-29,00)
Pilzragout mit grünen Nudeln, Zanderfilet mit Rahmsauerkraut, Rehgeschnetzeltes, Wildhasenrückenfilet mit Pfifferlingen (17,00-30,00)
Weißkäse mit Früchten und Vanillesauce, Hausdessert, Sorbet von Früchten der Saison (7,00-13,00)
Bier: Alpirsbacher Klosterbräu, Sanwald Weizen (0,3 l ab 3,50)
Wein: Weine aus Baden-Württemberg, Frankreich, Italien (0,25 l ab 6,80)

Besonderheiten
Musik zur Kaffeestunde; Hauptgerichte auch in kleinen Portionen mit Preisnachlaß; Kinderstühle, Kindergerichte, Kinderportionen, Spielplatz; im Hotel Schwimmbad, Sauna/Solarien, Liegewiese

Sehenswürdigkeiten
Wanderwege zum Stausee Erzgrube (6 km), zu den großen Tannen (6 km), zur Ruine Mandelberg (3 km)

Anfahrt
B 28 Altensteig-Freudenstadt, bei Pfalzgrafenweiler der Ortsbeschilderung »Kälberbronn« folgen

Waldsägmühle
Waldsägmühle 1
72285 Pfalzgrafen-
weiler-Kälberbronn
Tel. 074 45/851 50
Fax 074 45/67 50

Di-Sa ganztägig
geöffnet
So ab 14.00
geschlossen
Mo Ruhetag
Küche: 11.30-14.00
und 18.00-21.00

200 Sitzplätze
2 Nebenräume
2 Tagungsräume
35 Plätze auf der
Terrasse
Reservierung
erwünscht

8 EZ ab 75,00
30 DZ 135,00

Kreditkarten: Diners,
Visa, Eurocard

Sigi's Restaurant

Inmitten der Altstadt von Rastatt liegt das *Ringhotel Schwert* mit seinem Restaurant. Erbaut wurde das inzwischen grundlegend renovierte Haus um die Jahrhundertwende. In *Sigi's Restaurant* treten Saltimbocca vom Lamm, Zander im Speckmantel und Lasagne mit Lachs und Riesengarnelen neben anderen Spezialitäten den Beweis dafür an, daß der international erfahrene Küchenchef des Hauses weiß, was er dem Ruf Badens als kulinarischem Kleinod Deutschlands schuldig ist. Neben einer kulinarischen Vielfalt für den à-la-carte-Gast bietet das Restaurant Räumlichkeiten für jeden Anlaß. Es präsentiert sich in modischelegantem Dekor und erscheint durch die teilweise verspiegelte Decke noch großzügiger. Im historischen Gewölbekeller mit seiner Bier- und Weinstube kann der Abend in gemütlicher Runde bei einem Glas badischem Wein aus dem reichhaltigen Sortiment ausklingen. *er*

R

Sigi's Restaurant
im Ringhotel
Schwert
Herrenstraße 3 a
76437 Rastatt
Tel. 072 22/76 80
Fax 072 22/76 81 20

Mo-Sa 12.00-14.30
und 18.00-24.00
So Ruhetag
Küche: 12.00-14.00
und 18.00-22.00

130 Plätze
2 Neben- bzw.
Tagungsräume
20 Plätze auf der
Terrasse
Reservierung
erwünscht

7 EZ ab 140,00
43 DZ ab 175,00
auf Anfrage
Wochenendpreise

Kreditkarten: Diners,
American Express,
Visa, Eurocard

Speisen und Getränke

Chicorée-Linsensalat mit gebratener Wachtel, Mousse von Avocado und Geflügelleber (18,00-23,50)

Zander im Speckmantel auf Linsensauce, Lasagne von Lachs und Riesengarnelen auf Rieslingsauce, Sauté von Kalbsnieren und Bries auf Balsamico-Rahmlinsen mit Kartoffelschnee (27,50-37,50)

Weißes Kaffeeparfait mit Mandelsauce, Cassis-Feige mit Mohnparfait, Mokka-Mascarponetörtchen (9,50-13,00)

Bier: Hatz vom Faß (0,3 l ab 4,50)

Weine: 16 offene Schoppenweine (Weingartener Grauer Burgunder, Affentaler Spätburgunder, ab 8,00) sowie vorwiegend badische Flaschenweine

Besonderheiten

Gewölbekeller mit Bier- und Weinstube im Haus; Kinderstühle, Kindergerichte, Bilder- und Malbücher

Sehenswürdigkeiten

Barockresidenz Schloß Rastatt (Auskunft und Anmeldung Tel. 072 22/97 83 85), Städtische Galerie mit Sammlung »Kunst in Baden nach 1945« oder Wechselausstellungen (Di-So 10.00-17.00, Führungen nach Vereinbarung, Tel. 072 22/97 24 41)

Anfahrt

A 5, Ausfahrt Rastatt Richtung Innenstadt, an der Badner Halle rechts in die Herrenstraße abbiegen

Adler

Daß nicht nur gegen jede Krankheit, sondern auch für jede Speise das passende Kraut gewachsen ist, ist eines der kleinen Geheimnisse von Klaus Sauters Küche. Mit frischen und selbstgesammelten Zutaten aus Wald und Wiese und natürlich der richtigen Komposition verleiht der junge Koch seinen Gerichten das gewisse Etwas, das Gäste aus nah und fern nach Ratshausen lockt. Seit 1864 ist der *Adler* im Besitz der Familie Sauter. Der hungrige Wandersmann, der wöchentliche Stammtischbruder, aber auch der anspruchsvolle Genießer fühlt sich dort gleichermaßen zu Hause. In der Küche ist Junior Klaus der Chef. Er war während seiner Lehrjahre lange in Frankreich, wo er so renommierten »Haute-Cuisine«-Köchen wie Rollinger und Haeberlin über die Schulter schauen durfte. Ob mit den bekannt gutbürgerlichen Rezepten, seinen ideenreich verzauberten Gerichten oder innovativen Feinschmecker-Menüs – im *Adler* bleiben keine Wünsche offen. Und sei es ein Schlehenschnäpsle oder ein »Plettenberggeist« – der Digestif nach Art des Hauses Sauter ist nach einem gelungenen Essen für den wahren Genießer ein absolutes Muß. *vb*

Speisen und Getränke

Bubenspitzle mit Räucherfischen, Weinbergschnecken, kleine Kräuterschlemmereien (6,50-21,50)

Hausgemachte saure Kutteln, Rinderrücken mit frischen Pilzen, Turm von der Ochsenrippe mit gefülltem Ochsenschwanz »nach einem Rezept von 1868« (18,50-36,50)

Schokoladenkroketten auf Minzsirup, Karottengewürzschaum, Sorbet von eingemachten Zwergorangen (12,50)

Bier: Fürstenberg Export, Rothaus Pils, Huber Weißes vom Faß (0,3 l ab 2,50)

Wein: Hauptsächlich deutsche Weine aus allen Anbaugebieten, auch Spitzenweine aus Frankreich (0,25 l ab 5,50)

Besonderheiten

Edle Schnapsbrände aus eigener Herstellung
Kinderstühle, Kindergerichte, Bilder- und Malbücher

Sehenswürdigkeiten

Zementwerk Dotternhausen mit Fossilienmuseum und gigantischem Steinbruch Plettenberg, Stausee in Schömberg mit Bademöglichkeit; ausgedehntes Wanderwegnetz

Anfahrt

Auf der B 27 oder der B 463 in Richtung Balingen, weiter über Schömberg und von dort direkt nach Ratshausen, der Gasthof liegt direkt an der Hauptstraße

---

R

Gasthof Adler
Hohnerstraße 3
72365 Ratshausen
Tel. 074 27/22 60
Fax 074 27/22 60

Mo, Do-So
10.00-23.00
Mi 17.00-23.00
Di Ruhetag
Küche: 12.00-14.00
und 17.00-21.30

88 Plätze
1 Nebenraum
20 Plätze im Freien
Reservierung
erwünscht

Keine Kreditkarten

Das Rebleutehaus

Nur um die Ecke von einem der berühmtesten Restaurants der Region – dem *Waldhorn* der Familie Bouley-Dressel – gelegen und unter selber Leitung, liegt im Zentrum Ravensburgs das *Rebleutehaus*. Diese ehemalige Zunft- und Trinkstube der Rebleute und Barbiere von 1469 mit ihrer altgotischen Tonnendecke ist schon für sich sehenswert. Doch auch fürs Essen lohnt sich natürlich der Besuch. Dem Gast wird eine angenehme Mischung von Gediegenheit einerseits und rustikaler Gemütlichkeit andererseits geboten. Neben der normalen Speisekarte gibt es eine Tageskarte, nach Bistro-Art auf einer Tafel angeschrieben. Regionaltypische Gerichte kommen in italienisch oder französisch beeinflußter (verfeinerter?) Form auf den Tisch. Am Besuchstag gab es z.B. auf der Tageskarte eine hausgemachte Felchensülze mit Kräutercreme und Rinderzünglein mit Bavettini-Nudeln. Der Service ist aufmerksam – wenn auch etwas distanziert – und durchaus dem teurer Restaurants entsprechend; man merkt eben die »Verwandtschaft« mit dem *Waldhorn*. Für den, der nicht ganz so viel wie dort ausgeben und dennoch gut essen will, sicher eine lohnende Alternative. *pl*

R

Das Rebleutehaus
Schulgasse 15
88214 Ravensburg
Tel. 07 51/153 00

Mo-So 17.00-23.30
Küche: 17.00-23.30

75 Plätze
Reservierung
angeraten

Alle Kreditkarten

Speisen und Getränke

Brätklößchensuppe mit Backerbsen, Eichblattsalat mit gebratenem Lammfilet und Melonenperlen, gebeizte Bodensee-Lachsforelle mit Meerrettich-Pastis-Sahne (9,80-19,50)
Bunter Fischer-Topf in Safranschaum, gespickte Wildhasenkeule mit Wacholder geschmort, Ente aus dem Ofen mit Sahnepüree und Speckstreifen (24,50-34,80)
Cassisparfait mit Orangensalat, geflämmte Crème Caramel, Mousse au chocolat auf Früchte-Ratatouille (14,50-16,80)
Bier: Leibinger Biere (0,4 l ab 4,00)
Wein: Ansprechende Weine aus Baden, Württemberg, Franken, Frankreich und Italien, auch gute Schoppenweine (0,25 l ab 7,50)

Besonderheiten

Zeugnis spätgotischer Innenarchitektur

Sehenswürdigkeiten

Altstadt von Ravensburg

Anfahrt

Das Restaurant liegt im Ravensburger Zentrum; Parkmöglichkeiten in der Tiefgarage P 1 unterm Marienplatz

Weinstube Traube

Nicht nur den Weinkennern, auch den Wanderfreunden dürfte das Remstal ein Begriff sein. Und weil Bewegung den Appetit anregt, lassen sich hier viele Gaststätten und Weinschänken finden. Ein Kleinod unter den Weinstuben ist die *Traube* in Remshalden-Grunbach. Nahe der Kirche, inmitten des alten, mit Fachwerkhäusern reich geschmückten Ortskerns gelegen, vermittelt die *Traube* Gemütlichkeit und urschwäbische Gastlichkeit. Die Frische der Speisezutaten steht bei Chefkoch Gunther Arbogast über allem. In der Weinstube werden scheinbare Gegensätze elegant überbrückt: So findet zweimal im Jahr ein Schlachtfest statt, an dem u. a. die Leber- und Griebenwürste hoch im Kurs stehen. Andererseits bieten die Wirtsleute einmal im Quartal ein Sieben-Gänge-Menü an, das die Wünsche und Ansprüche eines jeden Gourmets erfüllt. Die umfangreiche Weinkarte hat sich – selbstverständlich – auf die regionalen Remstal-Weine spezialisiert. Für 4 Mark 80 gibt's sogar ein Viertele Trollinger vom Faß. *jük*

Speisen und Getränke

Salatbouquet mit gebratenem Scampispieß, Feldsalat an feinem Balsamessig, Maultaschensuppe (4,50-17,50)
Schwäbischer Rostbraten, saure Kutteln, gebratener Spanferkelrücken in Altbiersauce mit Blaukraut (15,50-31,00)
Rhabarbergratin mit hausgemachtem Erdbeersorbet, Quarkmousse an Brombeermarksauce (4,80-12,50)
Bier: Nur Flaschenbiere wie Dinkelacker, Erdinger, Clausthaler (0,33 l ab 3,80)
Wein: Weine aus dem Remstal, andere Württemberger, Trollinger vom Faß (0,25 l ab 4,80)

Besonderheiten

Schlachtfest zweimal im Jahr; alle 3 Monate 7-Gänge-Menü; Kinderstühle, Kindergerichte und -portionen, Malbücher, ein Spielplatz ist 100 Meter entfernt.

Sehenswürdigkeiten

Gottlieb-Daimler-Geburtshaus in Schorndorf, Weinmuseum in Hebsack, Wander- und Radwege durchs Weinbaugebiet von Schorndorf bis Fellbach; am 1. Wochenende im September findet ein großes Weinfest statt.

Anfahrt

B 29 Waiblingen-Schorndorf, Ausfahrt Grunbach, Richtung Grunbach-Nord, im Ort immer auf der Hauptstraße bleiben, Abzweigung links Richtung Rathaus (Olgastraße) bis zum Kirchplatz, dann links in die Schillerstraße

R

Weinstube Traube
Schillerstraße 27
73630 Remshalden
Tel. 071 51/799 01
Fax 071 51/799 01

Mi-Sa 11.30-14.00
und 17.00-24.00
So durchgehend
geöffnet
Mo, Di Ruhetage
Küche: 11.30-14.00
und 17.00-21.30
So bis 21.00

80 Plätze
2 Nebenräume
Reservierung 1 Tag
im voraus angeraten

Keine Kreditkarten

Bauhöfers Braustübl

Im Frühjahr ist das vordere Renchtal ein einziges Blüten-meer. Der Obstgarten der Ortenau zwischen Oberkirch und Renchen lockt zahllose Radfahrer auf die Nebenstraßen. Auffällig viele streben dem kleinen Dorf Ulm zu. Daß dieses in der Region mindestens ebenso bekannt ist wie die große Schwester an der Donau, liegt an der Brauerei *Bauhöfer*, genauer am Brauereiausschank. Wer als Biertrinker in Mittelbaden etwas auf sich hält, macht wenigstens einmal im Jahr einen Besuch in diesem Lokal und nimmt den obligatorischen Maibock zu sich. Den gibt's zu allen Zeiten, und er schmeckt am besten unter den Kastanien im Biergar-ten. Wer in der Gegend *Bauhöfer* sagt, meint Biergarten, Grillhaxe und Renchtaler Rahmkäse, die kulinarischen Hauptattraktionen von Meister Edmund Baier. In einer der schönsten Wirtschaften mit herrlich geschnitzter Täfelung und stimmungsvollem Licht hinter Bleiglasfenstern beweist Patron Baier seine große Kunst mit badischer Küche. Wer den köperlichen Segen der Radtour durch ausgiebiges Ta-feln nicht gleich wieder zunichte machen will, lädt sich seinen Teller am Salatbuffet voll. Ob im Garten oder im Restaurant, spielt dabei keine Rolle. Wenigstens ein Halber Maibock sollte aber in jedem Falle dabeisein. *ros*

R

Bauhöfers Braustübl
Ullenburgstraße 16
77871 Renchen/Ulm
Tel. 078 43/695
Fax 078 43/970 17

Fr-Mi 10.00-24.00
Do Ruhetag
Küche: 11.30-14.00
und 17.30-22.00

120 Plätze
1 Nebenraum
150 Plätze im Freien
Reservierung
angeraten

6 DZ ab 120,00

Keine Kreditkarten

Speisen und Getränke
Eingelegter Schafskäse mit Provencekräutern, Matjesfilet in Apfel-Zwiebelsauerrahm, Badische Schneckenrahmsuppe (5,90-14,00)
Schweinerückensteak, Wanzenauer Mistkrätzerle, Haus-macher Schwartenmagen, Gemüse-Kartoffelpuffer, ge-kochte Wädele auf Sauerkraut (11,90-31,90)
Bier: Export, Pils, Kellertrübes Pils, Maibock (0,3 l ab 3,40)
Wein: Klingelberger Oberkirch, Neuweirer Altenberg, Wald-lumer Spätburgunder (0,25 l ab 3,00)

Besonderheiten
Kinderstühle, Kindergerichte, Bilder- und Malbücher, Spiel-platz

Sehenswürdigkeiten
Liegt inmitten des Obstanbaugebiets Mittelbaden; ausge-wiesenes Netz von Rad- und Wanderwegen, Schloß Schau-enburg und Grimmelshausen

Anfahrt
Ausfahrt Autobahn Offenburg Nord/Appenweier. In Ap-penweier – Ortsmitte Richtung Oberkirch/Ulm (ca. 6 km von der BAB-Abfahrt)

Ratskeller

Als vor 30 Jahren das Reutlinger Rathaus neu erbaut wurde, entstand direkt unter den Räumen der Stadtverwaltung auch das Restaurant *Ratskeller*. Auf die Pfefferlendchen auf Specklinsen aus der Pfanne von Küchenchef Ralf Mädler schwören aber nicht nur die Bürgermeister und Gemeinderäte. Vor allem am Wochenende wird es in dem großzügig eingerichteten Restaurant mit 360 Sitzplätzen ziemlich voll. Da wird den Gästen aber auch etwas ganz besonderes geboten: Am Samstag gibt es zwischen 11.30 und 15.00 für 19 Mark das »Marktbuffet«: Selbstbedienung bei zahlreichen Vorspeisen, über 30 verschiedenen Salaten, vier verschiedenen Hauptgängen (einmal Fisch) und einer ziemlich großen Dessertauswahl. Am Sonntag lockt dann das etwas exklusivere »Ratsherrenbuffet« für 28 Mark. An beiden Tagen bekommen Kinder Ermäßigungen. Aber auch wochentags bietet Ralf Mädler Leckereien, wie sie echte Schwaben mögen: Das Sauerkraut ist sämig, die Linsen sind weichgekocht und die Spätzle richtig goldgelb. *gr*

Speisen und Getränke
Kräuterpfannküchle gefüllt mit Lauch- und Tomatenstreifen, Maultäschle in der Brühe, Schiffchen von der Honigmelone mit Schwarzwälder Schinken (4,50-20,00)
Rinderfilet in Morchelrahmsauce, Pfefferlendchen vom Rind auf Specklinsen, rosa gebratene Barbarie-Entenbrust in Orangen-Pfeffersauce mit Brokkoli (12,50-30,00)
Schwäbisches Apfelküchle mit Vanilleeis, Mousse von weißer Schokolade mit Fruchtfilets (5,00-11,00)
Bier: Zwiefalter, Rothaus Tannenzäpfle und Jever vom Faß (0,3 l ab 3,20)
Wein: Gute Auswahl offener Weine vorwiegend aus Württemberg und Baden (0,25 l ab 5,80)

Besonderheiten
Saisonale Karten (Fisch, Spargel, Pilze), Buffet am Samstag und Sonntag, Kinderstühle, Kinderportionen, Bilder-, Malbücher und Spielzeug für Kinder

Sehenswürdigkeiten
Marienkirche, Garten, Tübinger Tor, Städtisches Kunstmuseum Spendhaus Reutlingen

Anfahrt
A8, Ausfahrt Stuttgart-Degerloch, weiter über B 27/B 464 bzw. B 312 bis Reutlingen, in Reutlingen Richtung Stadtzentrum rechts, Parkhaus Marktplatz

R

Restaurant Ratskeller
Marktplatz
72764 Reutlingen
Tel. 071 21/33 84 90
Fax 071 21/33 93 75

Di-So 11.30-24.00
Mo Ruhetag
Küche: 11.30-14.00
und 18.00-22.00

360 Sitzplätze
Reservierung nicht
erforderlich

Kredikarten: Diners,
American Express,
Visa, Eurocard

Restaurant Stadt Reutlingen

Das *Restaurant Stadt Reutlingen* hat einiges mehr zu bieten, als die eher unscheinbare Fassade vermuten läßt. Im gedämpft beleuchteten, gemütlichen Innenraum, der Platz für vierzig Gäste bietet, erwartet den Gast eine regional geprägte Küche, die hohen Ansprüchen genügt. Die Preise dagegen sind angesichts der Qualität eher bodenständig. Das Ehepaar Arus hat vor dreizehn Jahren die Traditionsgaststätte in der Echazstadt übernommen und diese in ein Restaurant verwandelt, das schwäbisch-deftiges und raffiniert-exotisches Essen unter einem Dach vereint. Die Speisekarte reicht vom Zwiebelrostbraten über zahlreiche Wild- und Geflügelspezialitäten bis zu vielfältigen Fischgerichten. Einheimische Rezepte verwandelt Eva Arus mit marktfrischen Zutaten und pfiffigen Ideen in wahre Leckerbissen, die immer wieder Gourmets aus der Region nach Reutlingen locken. Und auch für den edlen Tropfen zum lukullischen Mahl ist gesorgt: Das Restaurant hat ein hervorragendes Sortiment roter und weißer Weine zu bieten. *gr*

R

Restaurant Stadt
Reutlingen
Karlstraße 55
72764 Reutlingen
Tel. 071 21/49 23 91

So-Fr 11.30-14.30
und 18.00-24.00
Sa Ruhetag
Küche: 11.30-14.30
und 18.00-22.00

40 Plätze
Reservierung
erwünscht

Kreditkarten: Diners,
American Express,
Visa, Eurocard

Speisen und Getränke

Fischsüppchen mit Lachsravioli und Shrimps, Schneckenpfännle in Basilikumbutter (8,50-26,50)
Rumpsteak »Bistro« mit Zwiebel-Senfkruste und Trollingersauce, Kalbszüngle in Schnittlauchrahm, Kräuterflädle und Karottengemüse, Wildhasenrückenfilet »Schwarzwälder Art« mit Sauerkirschen und Rotkraut (26,80-39,80)
Parfaitvariation mit heißen Sauerkirschen, rote Grütze mit Vanillesauce (8,50-14,80)
Bier: Plochinger Waldhörnle und Bitburger vom Faß (0,3 l ab 4,80)
Wein: Kleine, aber interessante Auswahl von Weinen aus Baden-Württemberg, Italien und Frankreich (0,25 l ab 8,50)

Besonderheiten

Kindergerichte auf Anfrage, Fischgerichte, Grillspezialitäten

Sehenswürdigkeiten

Marienkirche, Gartentor, Tübinger Tor, Städtisches Kunstmuseum Spendhaus

Anfahrt

A 8, Ausfahrt Stuttgart-Degerloch, weiter über B 27/B 464 bzw. B 312 bis Reutlingen, in Reutlingen Richtung Stadtzentrum rechts abbiegen

Gasthof Lamm

Was die reizvolle Außenbeleuchtung verspricht, hält auch das Innere des Lokals: In einer urgemütlichen Gaststube und von einer guten Küche verwöhnt, fühlt sich der Besucher des Gasthofs *Lamm* schon bald »wie bei Muttern«. So verwundert es nicht, daß auch die Einheimischen sich hier gern zueinander gesellen, um einen abendlichen Plausch zu halten. Diese lokale Prägung setzt sich bei einem Blick auf die Speisekarte fort, denn eine Stärke des Küchenchefs ist die regionale Küche. Vom Filet an Zwiebelkümmelsauce über die Zunge in Madeirasauce bis zur Roulade nach »Hausfrauen Art« – das Fleisch des Hohenloher Rinds wird im *Lamm* auf vielerlei geschmackvolle Arten zubereitet. Der Vegetarier – und nicht nur er – kann sich außerdem über ein reichhaltiges und phantasievolles Angebot an Salaten freuen, die stets frisch und knackig auf den Tisch kommen. Ein weiteres Extra in der warmen Jahreszeit ist der Grillgarten. Er bietet etwa 50 Personen Platz und bereitet, wie der Name schon besagt, vor allem den Liebhabern von Grillspezialitäten besonderen Genuß. *rs*

Speisen und Getränke
Hausgemachte Kartoffelsuppe, Reibekuchen mit Apfelmus, geräuchertes Forellenfilet (3,50-12,50)
Blumenkohlkäsemedaillon mit Rahmchampignons, Hirschgulasch mit Pilzen, Truthahnsteak »Gourmet« überbacken mit Meerettichhollandaise, Schwäbisches Filetpfännle mit Champignons (11,50-28,50)
Hausgemachter Rahmkuchen, hausgemachte Orangennudeln mit Heidelbeersauce und Vanilleeis (3,50-8,00)
Bier: Bit, Wacker Export, Haller Hefeweizen (0,5 l ab 3,50)
Wein: Württemberger Weine (0,25 l ab 5,00)

Besonderheiten
Kinderstühle, Grillgarten, große Auswahl schmackhafter Salate

Sehenswürdigkeiten
Muswiese, bedeutendstes bäuerliches Volksfest Hohenlohes (im Oktober), Sankt Martinskirche in Buch, Gartenzwergmuseum in Rot am See (Tel. 079 55/242 30)

Anfahrt
A 6, Ausfahrt Kirchberg an der Jagst; in Kirchberg Richtung Rot am See

R

Gasthof Lamm
Kirchgasse 18
74585 Rot am See
Tel. 079 55/23 44
Fax 079 55/23 84

Fr-Mi 7.00-24.00
Do Ruhetag
Küche: 11.30-14.30
und 17.30-22.00

100 Plätze
1 Nebenraum
50 Plätze im Freien
Reservierung
erwünscht

3 EZ ab 50,00
10 DZ ab 90,00

Kreditkarten: Diners,
Visa, Eurocard

Hirsch

Den Gasthof *Hirsch* in Rottenburg gibt es schon seit über 200 Jahren. Früher war dort eine der zahlreichen Brauereien untergebracht. Davon übriggeblieben ist noch zweierlei: Ein eigens für den Hirsch gebrautes dunkles Bier und der kupferne Braukessel im Sudhaus, der heutigen Bar. Im ehemaligen Weinkeller, einem schönen, verzweigten Gewölbekeller, ist ein weiterer Raum zum gemütlichen Sitzen oder Feiern eingerichtet. Den jetzigen Restaurantbetrieb, der sich auf regionale Gerichte spezialisiert hat, gibt es seit 1990. Angebaut wurde damals auch eine überdachte, rustikale Terrasse, auf der man in der wärmeren Jahreszeit an Biertischen Speis und Trank genießen kann. *sl*

Speisen und Getränke
Salatbuffet, Maultaschensuppe mit Butterzwiebeln, Scampi-Spieß, 1/2 Dutzend Schnecken im Pfännchen mit Kräuterbutter überbacken (4,50-14,50)
1/4 Meter Bratwurst mit Sauce und Brot, Urschwäbischer Rostbraten mit Röstzwiebeln und einem Maultäschle, Käsespätzle und Salat, Schwäbischer Sauerbraten, Zanderfilet in Mandelbutter, Putensteak in Rieslingsauce (10,50-29,00)
Apfelküchle mit Vanillesauce, Eis, wechselnde Nachspeisen je nach Saison (5,50-9,00)
Bier: »Typisch Hirsch«, Kronen (0,3 l ab 3,00)
Wein: Vorwiegend offene Württemberger Weine; Flaschenweine auch aus Italien und Frankreich (0,25 l ab 4,80)

Besonderheiten
Salatbuffet, Terrasse, Kinderstühle und -gerichte

Sehenswürdigkeiten
Rottenburger Altstadt, Morizkirche, Dom, Römisches Museum im Stadtgraben, Weggental mit barocker Wallfahrtskirche

Anfahrt
Vom Bahnhof aus (Zug aus Horb oder Tübingen) ca. 200 Meter links
A 81 Singen-Stuttgart, Ausfahrt Rottenburg, dort geradeaus über die Neckarbrücke, dann rechts und Richtung Bahnhof

R

Gasthof Hirsch
Ehinger Platz 17
72108 Rottenburg
Tel. 074 72/424 15

Täglich ganztags
geöffnet
Küche:
Mo-Fr 11.30-14.00
und 17.00-23.00
Sa, So 11.30-14.00
und 17.00-22.00

150 Plätze
2 Nebenräume
1 Tagungsraum
(Kellerraum)
100 Plätze im Freien
Reservierung für
größere Gruppen
erwünscht

Keine Kreditkarten

Haus zum Sternen

Das mächtige Patrizierhaus im historischen Stadtkern Rottweils wurde 1278 erbaut und war seit 1623 Wirtshaus. Im *Haus zum Sternen* wird Kultur groß geschrieben: Essen soll ein sinnliches Erlebnis sein, nicht nur Nahrungsaufnahme. Angefangen von den kunstvoll drapierten Tischen bis zur Art und Weise, wie der Küchenchef die Mahlzeit anrichtet, dient alles diesem Zweck. Neben betont schwäbischer Küche werden auch andere Spezialitäten angeboten. Die gediegene Atmosphäre in dem mit viel Holz gestalteten historischen Gemäuer trägt dazu bei, Wärme und Gemütlichkeit zu vermitteln. Im Sommer lädt eine hoch über dem Neckartal gelegene Außenterrasse zum Verweilen ein. Wer sich dafür interessiert, sollte einen Blick in eines der 12 mit Antiquitäten eingerichteten Hotelzimmer des »Romantik-Hotels« werfen. Dann kann's leicht passieren, daß derjenige gleich über Nacht bleibt. *du*

Speisen und Getränke

Rinderkraftbrühe mit gefülltem Flädle und Markklößchen, Tomatenessenz mit Basilikum- und Geflügelklößchen, gebratene Poulardenbrust im Nußmantel, Carpaccio vom Kalbsrücken (9,00-21,00)
Pochierte Lachsschnitte mit gebratenem Scampi in Basilikumrahm mit schwarzen Nudeln, gebratene Hechtschnitte auf Sauerkraut, Entenbrust auf Mango-Pfeffer-Chutney, Schwäbischer Zwiebelrostbraten (16,00-38,00)
Parfait mit weißer Schokolade auf Zimtsahne, mit heißen Kirschen, dreierlei Sorbets im Champagnerbad, Dessertteller »Haus zum Sternen« (9,50-17,00)
Bier: Fürstenberg aus der Flasche (0,3 l ab 4,20)
Wein: Badische u. württembergische Weine (0,25 l ab 7,00)

Besonderheiten

Gartenterrasse hoch über dem Neckar, antik eingerichtete Gästezimmer im hauseigenen »Romantik-Hotel«, auf Wunsch vegetarische Gerichte, Menüs, Kinderstühle

Sehenswürdigkeiten

Dominikanermuseum, Freilichtmuseum Römerbad (alte Ausgrabungsstätte), historische Altstadt von Rottweil

Anfahrt

Autobahn Singen (A 81), Abfahrt Rottweil, dann Rottweil-Mitte, im Stadtkern durch das »Schwarze Tor« über die Hauptkreuzung

R

Romantik-Hotel
Haus zum Sternen
Hauptstraße 60
78628 Rottweil
Tel. 07 41/53 30-0
Fax 07 41/53 30-0

Täglich ganztags geöffnet
Küche: 12.00-14.00 und 18.30-21.30

50 Plätze
1 Nebenraum
3 Tagungsräume
20 Plätze im Freien
Reservierung am Wochenende 2 Tage im voraus angeraten

5 EZ ab 98,00
7 DZ ab 185,00

Kreditkarten:
American Express, Visa, Eurocard

Sonne

Das wuchtige, alte Gebäude inmitten der Kandertalgemeinde Rümmingen beherbergt seit fast 200 Jahren eine Gaststätte. Einst als Postkutschen-Station betrieben, war der Landgasthof *Sonne* sowohl in baulich-gestalterischer Hinsicht als auch bezüglich des gastronomischen Rufes ziemlich abgewirtschaftet, als ihn Ingrid Güthlin Ende 1990 übernahm. Die Gastro-Autodidaktin aus dem Dorf gestaltete die beiden Gasträume und das Äußere der Liegenschaft mit viel Ideenreichtum aus, verpflichtete junge, in besten Häusern des Dreiländerecks ausgebildete Köche und stand mit diesen auch die Durststrecke der ersten ein bis zwei Jahre durch. Heute ist die *Sonne* ein ansprechendes Restaurant, in dem regional-markgräfler Küche mit kreativ-orginellen Variationen zubereitet wird. Im *Sonnenstüble*, der typischen Dorfbeiz nebenan, bekommt der Gast aus derselben Küche und mit Produkten derselben Markgräfler Lieferanten dann ganz Traditionelles vom Schinkenspeck über den Wurstsalat bis zum Suppenfleisch. *rl*

R

Landgasthof Sonne
Wittlingerstraße 3
79595 Rümmingen
Tel. 076 21/32 70
Fax 076 21/31 60

Mo-So 12.00-14.00
und 18.00-23.00
Sonnenstüble:
Mo-So 17.00-24.00
Küche: 12.00-14.00
und 18.00-21.30
Sonnenstüble:
18.00-22.30

100 Plätze
1 Nebenraum
50 Plätze im Freien
Reservierung
erwünscht

Kreditkarten: Diners,
American Express,
Visa, Eurocard

Speisen und Getränke
Kartoffel-Lauch-Süppchen, Feldsalat »Badische Art«, Variationen vom Räucherlachs (7,90-18,90)
Gemüse-Gnocchi mit Käsesauce, Kalbsrahmschnitzel mit hausgemachten Spätzle, Suppenfleisch mit Meerrettichsauce und Kartoffeln, Rehschnitzel mit Wacholderrahmsauce und Rotkraut, Lammrücken mit glasiertem Knoblauch (23,90-38,90)
Karamelköpfchen, Lebkuchenparfait (8,90-12,90)
Bier: Lasser (0,25 l ab 3,00)
Wein: Öko-Weine mehrerer regionaler und französischer Weingüter, Faßwein, Offenausschank hochwertiger Weine (0,25 l ab 5,00)

Besonderheiten
Kinderstühle, Kinderportionen, Bilder- und Malbücher

Sehenswürdigkeiten
Golfplatz in Kandern, Burgruine Rötteln, Sausenburg, Schloß Bürgeln, Basel liegt nur 10 km enfernt

Anfahrt
A 5 Ausfahrt Rümmingen

Donaublick

Schön gelegen an der Donau, ist das urgemütlich eingerichtete *Hotel-Restaurant Donaublick* in Scheer eine ausgezeichnete Adresse im Landkreis Sigmaringen. Das einst über 100 Jahre lang als Bahnhofsrestaurant bekannte Lokal ist seit 65 Jahren im Besitz der Familie Will und heißt seit 1973 *Donaublick*. Vor zwei Jahren hat der Sohn Thomas zusammen mit Erika Schedel den elterlichen Gastro-Betrieb übernommen. Offeriert werden bekannte schwäbische Gerichte, aber auch ausgewählte Schlemmer-Spezialitäten – Steaks vom Grill etwa in reicher Auswahl; Kenner loben besonders die Steaks vom Angusrind sowie die ständig wechselnden Fischgerichte (Seeteufel beispielsweise). Zur Abrundung des breiten gastronomischen Angebots im Restaurant, auf der Gartenterrasse oder im pflanzenbelebten Wintergarten bei offenem Kamin mit Lavagrill gehört seit Mitte '93 auch eine heimelige Weinstube. Wer im Haus übernachten möchte, darf dies seit acht Jahren im früheren Empfangsgebäude des einstigen »Scheerer Bahnhofs« tun, das mit modernen Fremdenzimmern ausgestattet ist. Im Hotel/Gästehaus, mit ausreichenden Parkmöglichkeiten für die ganze Anlage, wird ein reichhaltiges Frühstücksbuffet offeriert. *häm*

S

Speisen und Getränke

Spargelsalat, Carpaccio von Seefischen (5,50-20,00)
Rahmbraten, Lammrücken mit Speckbohnen, Schweinelende, Maultaschengerichte (13,50-36,00)
Himbeerparfait, rote Grütze, Apfelküchle (5,00-15,00)
Bier: Einheimisches Zoller Pils, Paulaner Hefeweizen, Meckatzer Export vom Faß (0,3 l ab 2,60)
Wein: Vorrangig Weine aus Baden und Württemberg (0,25 l ab 6,20)

Besonderheiten

Gutscheine über ein Überraschungsmenü für 2 Personen bzw. ein Fleischfondue in der Bacchusstube; Kindergerichte; Fahrradverleih bei Vorbestellung möglich. Auf Wunsch werden Gruppenkanufahrten im Naturpark »Obere Donau« vom Hotel organisiert.

Sehenswürdigkeiten

Schloß Sigmaringen, Keltenmuseum in Hundersingen und Erzabtei Beuron im Donautal

Anfahrt

A 81 Stuttgart – Westlicher Bodensee, Abfahrt Rottweil, Weiterfahrt nach Sigmaringen

---

Hotel-Restaurant
Donaublick
Bahnhofstraße 21-28
72516 Scheer
Tel. 075 72/76 38 50
Fax 075 72/76 38 66

So-Mi ganztags
geöffnet
Do bis 14.00
Sa ab 14.00
Fr Ruhetag
Küche: 12.00-14.00
und 17.00-21.30

100 Plätze
1 Nebenraum:
Wintergarten mit
Kamin
60 Plätze auf der
Terrasse
Reservierung
erwünscht

3 EZ ab 60,00
10 DZ ab 60,00

Kreditkarten: Diners,
American Express,
Visa, Eurocard

141

Krone Schlier

Auf die Frage, ob wir eher Fisch oder Fleisch zum Hauptgang bevorzugen, antworten wir mit »Fisch« – und erleben neue Geschmacksdimensionen! Frisch muß der Fisch sein, das wußten wir schon. Und daß er manchmal auch abgelagert sein muß, damit er beim Braten nichts krumm nimmt, daß war uns auch klar. Aber Hechtklößchen in solcher Qualität, soufflierter Saibling, gebratener Zander, Petersfisch unter der Kräuterkruste – die Gaumenfreuden wollen schier keine Ende nehmen. Das Geheimnis: Patron Georg Müller nennt ein von eigener Quelle gespeistes Aquarium sein eigen. In diesem leben die Süßwasserfische, bis der Gast nach ihnen verlangt. Auch die Fleischgerichte regen die Phantasie an: Tafelspitz mit Bouillon-Kartoffeln oder Lammrückenfilet unter der Kräuterkruste. Und als Vorspeise gibt es echte schwäbische Spezialitäten: Maultaschen und Kässpätzle mit Kartoffelsalat. Bleibt nur noch die Selbstverständlichkeit zu ergänzen, daß natürlich auch die Desserts ein Traum sind und Restaurantchef Norbert Krämer zur Käseplatte exakt den richtigen Wein empfiehlt. Ein Haus, dem man nur weiterhin viele (Stamm-)Gäste wünschen kann. *pl*

S

Krone Schlier
Eibeschstraße 2
88281 Schlier
Tel. 075 29/12 92
Fax 075 29/31 13

Do-Mo 11.30-14.00
und 18.00-22.00
Di, Mi Ruhetage
Küche: wie
Öffnungszeiten

130 Plätze
1 Nebenraum
1 Tagungsraum
40 Plätze im Freien
Reservierung
erwünscht

Kreditkarten: Diners,
American Express,
Visa, Eurocard

Speisen und Getränke
Carpaccio vom Rinderfilet, Tafelspitzsülze, gebratene Wachtel (18,00-32,00)
Lasagne von Saibling und Lachsforelle, Ochsenschwanzragout mit Champignons, Filetsteak, Fischgrillteller (37,00-49,00)
Eis vom Chianti-Wein, Gewürzküchle mit Orangenragout (10,00-17,00)
Bier: Leibinger Pils vom Faß (0,3 l ab 4,00)
Wein: Italienische Weine (0,25 l ab 7,00)

Besonderheiten
Kinderstühle

Sehenswürdigkeiten
Schloß Waldburg, Bauern- und Automuseum Wolfegg

Anfahrt
B 32 bis zur Ausfahrt Richtung Schlier

Pfefferburg

Wie lange in der *Pfefferburg* schon Speis und Trank ausgeschenkt werden, weiß niemand so genau. Sicher ist nur, daß hier vor über 100 Jahren in einem großen Gewölbekeller Bierfässer einer Böblinger Brauerei gelagert wurde. Und weil die Bierfahrer hin und wieder Hunger hatten, entstand zuerst eine Vesperbude, dann ein Wirtshaus – und schließlich ist ein etabliertes Restaurant daraus geworden. Aus dem Bierkeller wurde das *Burggrill-Stüble* – ein Plätzchen, das urgemütliche Atmosphäre besitzt. Die Speisekarte im *Stüble* ist nicht ganz so umfangreich, doch wer aus einem größeren Angebot auswählen will, der braucht nur ein paar Stufen hinaufzusteigen und schon ist er im Restaurant. Dort kann er dann bei Zwiebelrostbraten mit Bratkartoffeln, Maultaschen oder geschabten Spätzle nach Belieben das gesamte Schlemmerland Schwaben kulinarisch erkunden. Und wer in der *Pfefferburg*, so zwischen Hauptspeise und Dessert, Geist und Seele baumeln lassen will, der hat beste Voraussetzungen: Durch die große Fensterfront bietet sich ein imposanter Blick über Schönaich bis tief hinein in die wunderbare Landschaft des Naturschutzgebietes Schönbuch. *jük*

Speisen und Getränke

Kartoffelrahmsuppe mit Wildschweinschinken, Räucherfischteller mit Sahnemeerrettich (6,00-17,00)
Zwiebelrostbraten, Filetspitzen mit Pfifferlingen in Armagnacsahne, Zanderfilet in brauner Butter (19,50-34,50)
Warme Kirschen mit Walnußeis und Sahne, Mango, Kiwi, Erdbeeren mit Mandarineneis (7,00-9,50)
Bier: Dinkelacker (Pils, Export), Keller-Pils (0,3 l ab 3,00)
Wein: Württemberger Weine (0,25 l ab 6,20)

Besonderheiten

Saisonale Karte – es wird nur Saisonware zubereitet; für Kinder: Kinderstühle, Kindergerichte, Malbücher

Sehenswürdigkeiten

Betriebsbesichtigungen bei Ritter Sport (Waldenbuch) und Daimler-Benz (Sindelfingen), Anmeldung erforderlich; Wandern im Schönbuch (großes Naturschutzgebiet)

Anfahrt

A 81 bis Böblingen, dann Richtung Schönaich-Nörtingen L 1185, direkt an der Landstraße nach dem Ortsausgang Böblingen am Hang gelegen, bzw. von Schönaich kommend Richtung Böblingen: Ist von weitem zu sehen, da am Hang gelegen

Restaurant
Pfefferburg mit
Burggrill-Stüble
In den Weinbergen
71101 Schönaich
Tel. 070 31/630 10
Fax 070 31/63 01 60

Di-So 12.00-14.00
und 18.00-22.00
Mo Ruhetag
Burggrill-Stüble
kein Ruhetag
Küche: 12.00-14.00
und 18.00-22.00

100 Plätze
1 Nebenraum
1 Tagungsraum
100 Plätze im Freien
Reservierung 2 Tage
im voraus

22 EZ ab 100,00
6 DZ ab 140,00

Kreditkarten: Diners,
American Express,
Visa, Eurocard

Gasthof Rößle

Inmitten des beschaulichen Schwarzwaldtals Weißenbach, umgeben von herrlichen Wanderwegen und kilometerlangen Loipen, liegt der einladende Landgasthof *Rößle*. Seit Generationen verwöhnen Mitglieder der Familie Walter ihre Gäste mit zuvorkommender Bedienung und köstlichen Gerichten aus der Region. Für die Qualität von Fleisch und Milch können sie garantieren – schließlich stammen diese Produkte zum größten Teil vom eigenen Vieh. Für den ländlichen Charme im Innern des Gasthauses sorgt auch ein alter Kachelofen. Bilder aus früheren Zeiten erinnern an die 100jährige Geschichte des Restaurants. Zu den besonderen Spezialitäten des Hauses, die man sich keinesfalls entgehen lassen sollte, zählen die typischen Schwarzwälder Schäufele sowie das hervorragende Rehgulasch mit hausgemachten Spätzle. *das*

Speisen und Getränke

Kraftbrühe mit Flädle, geräuchertes Forellenfilet mit Sahnemeerrettich, Feldsalat mit Speck und Kracherle, dazu gebratenes Lachssteak (4,50-13,00)
Frische Schwarzwaldforelle mit Salzkartoffeln, gekochtes Rindfleisch (Tafelspitz) mit Meerrettichsauce, Putenschnitzel mit gebackener Banane und Curryrahmsauce, Lachssteak mit Rieslingsauce und Shrimps (13,00-33,00)
Mousse au chocolat, Sorbetteller, Kaiserschmarren mit Kompott (4,50-10,00)
Bier: Fürstenberg Pils (0,3 l ab 3,80)
Wein: Gengenbacher Riesling trocken, Sasbachwalder Spätburgunder (0,25 l ab 5,00)

Besonderheiten

Großer Kinderspielplatz; alle Gerichte auch als kleine Portion erhältlich; jeden Freitag frische Forelle

Sehenswürdigkeiten

Schwarzwaldmuseum Triberg (Tel. 077 22/44 34), Triberger Wasserfälle, Uhrenmuseum Furtwangen (Tel. 077 23/920-117), Blindensee Schonach, Brend Furtwangen, Brendturm (Auskunft: Berggasthof zum Brendturm, Tel. 077 23/73 85)

Anfahrt

B 500 Triberg Richtung Schönwald, bei Stausee erste Abfahrt rechts (nach Hotel *Inselklause*), ca. 2 Kilometer ins Weißenbachtal

S

Gasthof Rößle
Weißenbach 6b
78141 Schönwald
Tel. 077 22/48 48
Fax 077 22/48 48

Mi-So 11.30-22.00
Mo 11.30-14.00
Di Ruhetag
Küche: 11.30-20.30

64 Plätze
Reservierung für
abends erwünscht
32 Plätze im Freien

Keine Kreditkarten

Parkhotel

Schramberg ist die Heimatstadt der weltberühmten Junghans-Uhren. Der damalige Firmenchef ließ 1885/86 in zentraler, aber ruhiger Parklage der Fünftälerstadt eine Villa erbauen, die heute das *Parkhotel* beherbergt. Ein gewundener Weg führt durch die großzügige Parkanlage hinauf zum stolzen Anwesen. Gastlichkeit ist das Motto, dem sich das Wirteehepaar verpflichtet fühlt. Etwas Geduld muß der Besucher freilich mitbringen. »Gut Ding will Weile haben«, sagt der Koch und verweist darauf, daß fast alles im Hause hergestellt wird und man redlich bemüht ist, alles frisch zuzubereiten. Bodenständiges aus einheimischer Küche wie zum Beispiel hausgemachte Maultaschen mit Käse überbacken gehören ebenso zum Repertoire des Küchenchefs wie gekonnte Interpretationen von Fleischgerichten. Seine Stärken sieht der Koch aber vor allem bei den leckeren Fischgerichten. Wer mag, bekommt aber auch Vegetarisches serviert. Und wer nur einen kleinen Appetit verspürt, kann einfach eine halbe Portion bestellen. *du*

Speisen und Getränke
Klare Ochsenschwanzsuppe mit Sherry, französische Galiamelone mit Schwarzwälder Schinken, Atlantik-Tiefsee-Garnelen-Ragout in der Muschel überbacken (4,20-16,80)
Island-Lachsfilet »Tessiner Art« mit Blattspinat überbacken, Lammkotelettes mit Kräuterbutter überbacken, zartes Kalbsgeschnetzeltes »Schweizer Art«, zarter Rehkeulenbraten mit gefülltem Bratapfel (14,90-32,90)
Hausgemachter Eisgugelhupf mit Himbeersauce, Bourbon-Vanilleeis mit heißen Himbeeren (7,60-8,90)
Bier: Pils, Export (0,4 l ab 4,50)
Wein: Vorrangig aus Baden und Württemberg, z. B. Heilbronner Staufenberg, Heilbronner Stiftberg, Kiechlingsberger, Durbacher Kochberg; auch französischer Landwein (0,25 l ab 5,20)

Besonderheiten
Von jedem Gericht gibt es auch halbe Portionen.

Sehenswürdigkeiten
Uhrenmuseum im Schloß in Schramberg (074 22/292 68), Schwarzwälder Freilichtmuseum Vogtsbauernhof in Gutach (078 31/230), drei Burgruinen, Römerkastell

Anfahrt
Über die A 5 bis Offenburg, dann der B 33 und der B 462 folgend über Schramberg oder über die A 81 bis Rottweil, dann in Richtung Schramberg

S

Parkhotel
Im Stadtpark
78713 Schramberg
Tel. 074 22/208 18
Fax 074 22/211 91

Di-Sa 11.30-24.00
So 11.30-15.00
Mo Ruhetag
Küche: 12.00-14.00
und 18.00-21.30

150 Plätze
3 Nebenräume
2 Tagungsräume
50 Plätze im Freien
Reservierung
erwünscht

2 EZ ab 69,00
10 DZ ab 125,00

Kreditkarten: Diners,
American Express,
Visa, Eurocard

Eisenbahn

Seit inzwischen drei Generationen wird die Hessentaler *Eisenbahn* von der Familie Wolf geführt. Unmittelbar an der Bahnstation gelegen, erinnern Gemälde im gemütlichen Gastraum an die Pionierzeit der Eisenbahngeschichte. Diesem verbindenden Moment entspricht auch die exzellente Küche. Aus täglich frischen Zutaten bereitet Koch Josef Wolf sowohl schwäbische Spezialitäten als auch internationale Gerichte. Vom marinierten Kalbskopf bis zum Seezungenschleifchen mit Hummer in Champagnerschaum: Der Liebhaber von herzhaft Deftigem aus der Region kommt hier ebenso auf seine Kosten wie der Gourmet, der die französische Küche schätzt. Stets sind die Gerichte phantasievoll kreiert und mit Liebe für geschmackliche Details zubereitet. Auch wer Speisen der unteren Preiskategorie auswählt, muß in der *Eisenbahn* nicht auf kulinarischen Genuß verzichten. Besonders für den Weinkenner eröffnet sich eine reichhaltige Auswahl an Spitzenweinen aus Deutschland, Frankreich, Italien, Australien oder der Schweiz. *rs*

S

Eisenbahn
Karl-Kurz Straße 2
74523 Schwäbisch
Hall-Hessental
Tel. 07 91/21 12
Fax 07 91/422 36

Di-So 11.00-23.00
Mo Ruhetag
Küche: 11.30-14.00
und 18.00-21.30

200 Plätze
2 Nebenräume
2 Tagungsräume
Reservierung
erwünscht

12 EZ ab 95,00
15 DZ ab 145,00

Kreditkarten: Diners,
American Express,
Visa, Eurocard

Speisen und Getränke

Schwarzwurzelcreme mit marinierten Lachsscheiben, Hummerrahmsuppe mit Hummerravioli, Sellerie-Canneloni mit Kalbsbriesragout (11,50-32,00)
Hausgemachte Spinatmaultäschle, gekochter Tafelspitz mit feinem Gemüse, ganzer kanadischer Hummer mit grünem Spargel und Trüffelnudeln, Lammedaillons mit herbstlichen Gemüsen in Thymianjus (14,50-48,00)
Mohnauflauf mit glacierten Birnen, warmer und kalter Apfel in Calvadosbutter, Grappa-Krokantparfait auf Zwergorangenragout (2,50-15,50)
Bier: Löwenbräu vom Faß (0,3 l ab 3,50)
Wein: Offene Weine aus Baden und Württemberg, französische und italienische Weine (0,25 l ab 6,50)

Besonderheiten

Spielplatz, Kindergerichte

Sehenswürdigkeiten

Benediktinerkloster Comburg im Ortsteil Steinbach, Hällisch-Fränkisches Museum in Schwäbisch Hall (Tel. 07 91/ 75 13 60)

Anfahrt

A 6 Heilbronn-Nürnberg, Abfahrt Kupferzell, B 19 Richtung Schwäbisch Hall; Bahnstation Schwäbisch Hall-Hessental 200 m

Zum Alten Rentamt

»Dem *Alten Rentamt* in Schwaigern kann man sich nicht verweigern«, reimte ein Gast, der die Leidenschaft kennegelernt hat, mit der Heidi Schmeling seit 20 Jahren hier die Richtung bestimmt. Daß die Ostfriesin im Spätzleland heimisch werden könnte, mochte sogar die Gräflich Neippergsche Familie als Besitzer dieses wunderschönen Restaurants mit Hotel zuerst nicht glauben. Die Gastronomin kreiert seit der Wiedereröffnung im Juli 1975 leckere Sternzeichen- und Historische Menüs. Mit Bertrand Kuhm holte sie sich einen Küchenchef ins Haus, der ihre herbe Mentalität und Kreativität versteht. Das Ergebnis gibt beiden Seiten recht. Als ausgebildete Sommeliere verbreitet die originelle Ostfriesin außerdem ihre besonderen Weinkenntnisse. Mit ihrer ursprünglichen Gemütlichkeit ergänzen die Gaststuben, was Küche und Keller zu bieten haben. Die Liste prominenter Gäste ist lang: Bundeskanzler Kurt Georg Kiesinger, Schauspieler Joachim Fuchsberger und Politiker aller Coleur waren schon hier. Sehenswert: Der (Wein-)Garten des *Alten Rentamts*. Hier blieb die Zeit stehen. Hier wurde ein Kleinod bewahrt. *sh*

Speisen und Getränke
Altdeutscher Wildpunsch, Löwenzahn-Salat mit gebeiztem Lachs, hausgemachte Terrine von Entenleber (8,00-28,50) Schwartenmagen, Schwaigener Pfannbrätle (Schweinelendchen mit Käse überbacken und Waldpilzsauce), Steinbutt gebraten und gedämpft (16,50-44,00)
Rosa Ballon (»Eine eisige Köstlichkeit«), gebratene Früchte im Knusperblatt, Schokoladen-Mille-Feuilles (10,00-16,00) Bier: Palmbräu Spezial Pils »Anno 1835« (0,3 l ab 4,90) Wein: Sehr umfangreiche Weinkarte, vorrangig Neipperger Schloßberg, Schwaigerner Ruhte, einige französische Flaschenweine (0,25 l ab 5,00)

Besonderheiten
0,1 l Wein »für Autofahrer und Genießer«; Sternzeichen-, Allergiker-, Diabetikermenüs und »Menü während der Fastenzeit«; Kindergerichte, Malbücher

Sehenswürdigkeiten
Naturpark Stromberg-Heuchelberg, Tierpark Leintal Schwaigern (Tel. 071 38/52 25), täglich 10.00-17.00, im Sommer bis 18.00; Erlebnispark Tripsdrill Cleebronn (Tel. 071 35/40 81),in den Sommermonaten täglich 9.00-18.00

Anfahrt
B 293 Heilbronn-Karlsruhe, 15 km von Heilbronn entfernt

S

Zum Alten Rentamt
Schloßstraße 6-8
74193 Schwaigern
Tel. 071 38/52 58
Fax 071 38/13 25

Mo-So 12.00-14.00
und 18.00-23.00
Küche: 12.00-13.30
und 18.00-22.00
Sonntag abend bis
Dienstag mittag
reduzierte Tageskarte

60 Plätze
1 Nebenraum
1 Tagungsraum
40 Plätze im Freien
Reservierung
erforderlich

14 EZ ab 95,00
14 DZ ab 150,00

Keine Kreditkarten

Amadeus M

Seit dem vergangenen Frühjahr ist die badische Spargelstadt um eine Attraktion reicher. In das Romantikhotel *Löwe* hielt ein kleines, feines Restaurant Einzug, das allein schon wegen seines ambitionierten Intérieurs einen Besuch wert ist. Benannt nach einem in kurfürstlicher Zeit in Schwetzingen gern gesehenen Gast, einem später weltbekannten Musicus aus Salzburg, treffen sich im Inneren gleich mehrere Jahrhunderte. Star der ausgefallenen Einrichtung ist die alte Jugendstildecke aus einer ehemaligen Bäckerei, die zusammen mit der Wandverkleidung, die aus einem ehemaligen Hotel importiert wurde, den würdigen Rahmen für einige Schlemmereien bietet. Neben der indirekt beleuchteten Glasdecke sind dicke Kerzen die einzigen Beleuchtungskörper des Raumes. Die Karte bietet neben unverbindlichen, leichten Leckereien auch regional Angehauchtes, wie Tafelspitz mit Meerrettichsauce, Flammkuchen in vier verschiedenen Ausführungen (das nahe Elsaß läßt grüßen) oder frische Pilze in Rahm mit Semmelauflauf. Und zum Käse wird gar hausgebackenes Sauerteigbrot aufgetischt. Wer auf rustikale Trinkgebräuche steht, ist mit dem Liter Dunkles im Steinkrug bestens bedient. *jg*

S

Amadeus M
im Ringhotel Löwe
Schloßstr. 4-6
68723 Schwetzingen
Tel. 062 02/280 90
Fax 062 02/107 26

Mo-So 10.00-1.00
Küche: 10.00-1.00

50 Plätze
30 Plätze im Garten
Reservierung
angeraten

3 EZ ab 125,00
17 DZ ab 185,00

Kreditkarten:
American Express,
Eurocard, Visa,
Diners

Speisen und Getränke
Leberknödelsuppe, Feldsalat mit Speck (7,00-16,80)
Flammkuchen mit Spinat und Käse, Schweinemedaillons im Pfännle mit Sauce Béarnaise, Tafelspitz mit Meerrettichsauce, Sülze mit Kräutersauce (13,00-34,00)
Omas Grütze mit Vanilleeis und Sahne, Birnentarte mit Walnußeis (8,50-11,50)
Bier: Schwetzinger Weldebräu vom Faß (0,3 l ab 3,90)
Wein: Vorwiegend badische Tröpfchen (0,2 l ab 6,20)

Besonderheiten
Kleine Gerichte, Baguettes, Kuchen der Saison, Frühstückskarte

Sehenswürdigkeiten
Kurfürstliches Schloß mit Schloßpark (Badehaus, Moschee, Aquädukt, Pantempel, Dionysostempel, chinesische Brücke, Volieren, Perspektiv), Schloßmuseum (April-Sept.: Di-Fr 10.00-16.00, Sa, So, Feiertage 10.00-17.00, Okt.: Di-So 10.00-16.00, Nov.-März nur feste Führungen)

Anfahrt
A 5 oder A 6, jeweils Abfahrt Schwetzingen, dann Richtung Zentrum/Schloß; Bahnbushaltestelle am Schloß

Landgasthof Krone

»Gefüllt die Röhren und Kanäle unseres Bluts mit Wein und Nahrung, macht die Seele geschmeidiger als priesterliches Fasten.« Was schon Shakespeare in seinem Coriolanus schrieb, gerät in der seit 45 Jahren bestehenden Sindringer *Krone* zur Selbstverständlichkeit. Der mehrfach ausgezeichnete Hohenloher Landgasthof offeriert alles, was ein verwöhnter Gaumen begehrt. Vom Stuttgarter Lendchentopf über das Pariser Pfeffersteak bis zum Norwegischen Fjordlachs – der Chef hinterm Herd zeigt sich nicht nur in der regionalen Küche bewandert. Die besonderen Stärken des Hauses sind die Fischvariationen (sie füllen eine ganze Seite der Speisekarte) sowie die exzellenten Desserts. Für Feiern im Familienkreis bestens geeignet sind die behaglich-rustikalen »Stuben« der *Krone*, benannt nach klangvollen Dichternamen wie Hölderlin und Mörike. Nicht zuletzt das idyllische Kochertal, vor allem am Oberlauf reich an Schlössern und Burgen, gibt auswärtigen Besuchern Gelegenheit, die Anfahrt nach Sindringen mit einem sonntäglichen Familienausflug zu verbinden. *rs*

Speisen und Getränke

Rinderkraftbrühe »Vermicelli«, Rote-Bete-Rahmsuppe, Schottische Lachssuppe (4,50-6,00)
Pikantes Wildragout, gefüllte Kaninchenkeule in Calvados, Wildschweinbraten mit gemischten Pilzen und gefülltem Apfel, gefülltes Schollenfilet in Weißweinsauce mit Naturreis (18,00-22,00)
Beerenpastete mit Kirschsauce, Blutorangen-Campari-Sorbet, Cappuccino-Parfait mit gelierten Kirschen und Joghurtcreme (5,00-8,00)
Bier: Haller Löwenbräu sowie Weihenstephaner vom Faß (0,4 l ab 3,60)
Wein: Württemberger Weine (0,25 l ab 4,50)

Besonderheiten

Große Auswahl an Fischgerichten, Seniorenteller, Kinderstühle, Kindergerichte, Bilder- und Malbücher

Sehenswürdigkeiten

Rotes Schloß in Jagsthausen, historische Burg in Möckmühl (Götz von Berlichingen)

Anfahrt

A 6 Ausfahrt Kupferzell, dann Richtung Würzburg; nach Künzelsau Abzweigung Richtung Forchtenberg

S

Landgasthof Krone
Untere Straße
74670 Forchtenberg/
Sindringen

Tel. 079 48/910 00
Fax 079 48/24 92

Mi-Mo 10.00-24.00
Di Ruhetag
Küche: 11.30-14.00
und 17.00-21.30

200 Plätze
3 Nebenräume
1 Tagungsraum
40 Plätze im Freien
Reservierung
angeraten

7 EZ ab 70,00
20 DZ ab 110,00

Kreditkarten:
Eurocard

Zum Löwen

Unweit der Landeshauptstadt Stuttgart, zwischen Echterdingen (Flughafen) und Waldenbuch (Schokoladenfabrik Ritter Sport), liegt der kleine Ort Steinenbronn. Hier spürt man nichts mehr von der hektischen Großstadt. Steinenbronn ist ein weitgehend ländlich gebliebener Ort, in dem sich die Menschen noch Zeit lassen. Direkt im wunderbar restaurierten Ortskern befindet sich der *Löwen*. Seit über 30 Jahren erfreut Erich Weinholzner seine Gäste mit seiner schwäbischen Küche. Und da ist wirklich für jeden Geschmack und Geldbeutel etwas dabei: Wer's nicht ganz so kostspielig wünscht, der wird sich an der Flädlessuppe und einem Sauerrahmbraten genauso genüßlich satt essen können wie am »Stoanabronner Leibgericht«, ein buntes Allerlei der regionale Küche. Der *Löwen* ist auch bei größeren Familienfeiern sehr beliebt: Der große Saal, der über eine Bühne verfügt, bietet Platz für 180 Personen. Wer's heimelig mag und nur mit kleinem Gefolge reist, der ist in dem gemütlichen, im »Tiroler Stil« eingerichteten Restaurant bestens aufgehoben. *jük*

S

Zum Löwen
Stuttgarter Str. 1–3
71144 Steinenbronn
Tel. 071 57/524 40
Fax 071 57/203 95

Do-Di 11.00-15.00
und 17.00-24.00
Mi Ruhetag
Küche: 12.00-14.30
und 18.00-21.30

225 Plätze
1 Nebenraum
1 Tagungsraum
Reservierung 1 Tag
im voraus
erwünscht

20 EZ ab 85,00
10 DZ ab 105,00

Kreditkarten: Diners,
American Express,
Visa, Eurocard

Speisen und Getränke
Rinderkraftbrühe mit Ei, Geflügelsalat mit Toast, Feldsalat mit Sauce Vinaigrette und Knoblauchcroûtons (3,50-19,50)
Stoanabronner Leibgericht: drei Filets, Schupfnudeln, geschmälzte Maultäschle, Spätzle und Salatbüffet, Rostbraten, Lachsmaultäschle in Kräuterrrahm (14,50-33,50)
Pflaumen in Armagnac, Dessertteller: Walnußeis mit Himbeermark und Früchten, Rumtopfeis mit marinierten Früchten und Sahne (7,50-11,00)
Bier: Schwabenbräu, Kloster Weizen (0,3 l ab 3,20)
Wein: Württemberger Weine, auch französische und ein Kalifornier (0,25 l ab 6,20)

Besonderheiten
Kinderstühle, Kindergerichte, Kinderportionen

Sehenswürdigkeiten
Siebenmühlental: idyllische Landschaft mit sieben alten Mühlen für Wanderfreunde. Einkehrmöglichkeiten in manchen Mühlen; Waldenbuch: Schlößchen

Anfahrt
Alte (!) B 27 Stuttgart-Tübingen (durch Echterdingen Richtung Tübingen), in Steinenbronn nicht die Umgehungsstraße, sondern geradeaus in den Ort fahren (Anlieger frei!), nach ca. 300 Metern rechts an der Kreuzung Richtung Schönaich ist der *Löwen* ein Eckhaus.

Zum Kreuz

Das *Kreuz* in Steinheim kann auf eine rund 300jährige Geschichte zurückblicken. Seit Küchenmeister Hans Henner und seine Familie das Haus 1982 übernahmen, wurde großzügig um- und ausgebaut, und auch die Küche des Hauses hat seither einiges zu bieten. Nicht nur die zahlreichen Tagungsgäste, sondern auch die vielen Einheimischen und Urlauber schätzen die schwäbisch-deftigen Gerichte des Hauses. Wer hier einkehrt, sollte sich beispielsweise mit Zwiebelrostbraten, Krautschupfnudeln und Maultäschle verwöhnen lassen oder die handgeschabten Spätzle mit Linsen und Rauchfleisch probieren. Wer's nicht so schwäbisch mag, für den hat die Küche noch viele andere, regionale Köstlichkeiten zu bieten. Eine Besonderheit darf nicht vergessen werden: Im *Kreuz* gibt's einen eigenen Hauswein, der die schwäbische Kost harmonisch ergänzt. Das Hotel-Restaurant befindet sich in einer landschaftlich schönen Umgebung, bietet den Gästen attraktive Übernachtungs- und Tagungsmöglichkeiten und ist auch bestens für Betriebs- und Familienfeste geeignet. *npf*

Speisen und Getränke

Pfefferfilet von Wildhasen mit Champignons, 1/2 Dutzend Schnecken überbacken, Vorspeisenteller mit Spezialitäten, gartenfrische Salate (6,80-22,50)
Schwäbisches Linsengericht mit Wienerle, Rauchfleisch, Zwiebelrostbraten mit Krautschupfnudeln (16,80-43,00)
Apfelküchle mit Vanilleis, Englische Creme, flambierte Früchte »Orientalische Art« mit Vanilleis (6,00-18,80)
Bier: Königsbräu Pils, trübes Kellerbier (0,3 l ab 3,50)
Wein: Flaschenweine aus Württemberg, Franken, Italien, Frankreich; Offene Weine aus Württemberg, Italien und Frankreich (0,25 l ab 7,80); Hauswein wird speziell für das *Kreuz* gekeltert

Besonderheiten

Kinderstühle, Kindergerichte und -portionen, Spielecke, Bilder- und Malbücher

Sehenswürdigkeiten

Meteorkrater-Museum (geöffnet täglich außer Mo 9.00-12.00 und 14.00-17.00), Schloß Hellenstein in Heidenheim mit Kutschen-Museum

Anfahrt

A 7 Würzburg-Kempten: Ausfahrt Heidenheim-Steinheim
A 8 Stuttgart-München: Kreuz Ulm/Elchingen A 7 Richtung Würzburg

S

Hotel Restaurant
Zum Kreuz
Hauptstraße 26
89555 Steinheim
Tel. 073 29/60 07
Fax 073 29/12 53

Mo-So 11.30-24.00
im Sommer:
So Ruhetag
Küche: 11.30-14.00
und 18.00-21.30

230 Plätze
3 Nebenräume
4 Tagungsräume
30 Plätze im Freien
Reservierung
erwünscht

18 EZ ab 89,00
12 DZ ab 132,00

Kreditkarten: Diners,
Visa, Eurocard

Sontheimer Wirtshäusle

Was auf den Tisch kommt, ist grundsätzlich frisch und stammt überwiegend aus der heimischen Produktion. Darauf legt Küchenmeister Manfred Schwarz-Bosch vom *Sontheimer Wirtshäusle* besonderen Wert. Das Lokal, seit 1837 im Familienbesitz, wandelte sich in den letzten Jahren vom ländlichen Gasthof zu einer der feinsten Adressen für Gourmets aus der ganzen Region und darüber hinaus. Und dies liegt nicht zuletzt daran, daß es Küchenmeister Schwarz-Bosch gelungen ist, die moderne Küche mit traditionell-schwäbischen Elementen zu verbinden. Dabei gehört er durchaus zu den regionalen Trendsettern. So betreibt er eine eigene Schaf- und Schweinezucht, um für die Frische seines Angebots jederzeit garantieren zu können. Kräuter und Gemüse kommen aus dem eigenen Garten. Die raffiniert zubereiteten Speisen sind nicht nur eine Gaumen-, sondern auch eine Augenfreude. Dabei beweist der Küchenchef immer wieder seine Kreativität. Besonders empfehlenswert: die Lamm- und Fischgerichte. Das *Sontheimer Wirtshäusle* bietet den Besuchern eine vornehm-gediegene Atmosphäre, wobei die Familie Bosch auch besonderen Wert auf Familienfreundlichkeit legt. Als Ausflugsziel ist das *Sontheimer Wirtshäusle* außerdem wegen der vielen Sehenswürdigkeiten in der Umgebung und der schönen, waldreichen Landschaft bestens geeignet. *npf*

S

Hotel Restaurant
Sontheimer
Wirtshäusle
An der B 466
89555 Steinheim-
Sontheim
Tel. 073 29/50 41
Fax 073 29/17 70

So-Fr 11.00-14.00
und 17.00-23.00
Sa Ruhetag
Küche: 11.30-14.00
und 18.00-21.00

100 Plätze
1 Nebenraum
12 Plätze im Freien
Reservierung
erwünscht

5 EZ ab 60,00
12 DZ ab 100,00

Kreditkarten: Visa,
Eurocard

Speisen und Getränke
Salate mit gebratenem Rehfilet, Kürbiscreme mit Thymian-Croûtons, Schwäbische Hochzeitssuppe (6,50-18,00)
Wildgerichte, Lammgerichte aus eigener Schafzucht, Kalbsgerichte vom Biolandhof Preiß in Sontheim (20,00-45,00)
Walnuß-Nougat-Eisparfait mit Rumtopf, Dessert-Überraschung »Nach Laune des Küchenchefs« (10,00-16,50)
Bier: Brauerei Uhland, Warsteiner, Bucher (0,3 l ab 3,00)
Wein: 9 offene Württemberger Weine, Bardolino, Bordeaux, Südtiroler (0,25 l ab 6,50)

Besonderheiten
Kinderstühle, Kindergerichte und -portionen; wöchentlich gibt es zwei besondere Weine der Woche

Sehenswürdigkeiten
Meteorkrater-Museum (geöffnet täglich außer Mo 9.00-12.00 und 14.00-17.00)

Anfahrt
Das *Sontheimer Wirtshäusle* liegt direkt an der B 466 Steinheim-Sontheim.

Hirschen

Auf der Höhe eines breiten, von Tannenhochwald umgebenen Bergrückens, frei und von weitem sichtbar liegt der Luftkurort St. Märgen. Wahrzeichen ist die zweitürmige Barockkirche, eine auch heute vielbesuchte Wallfahrtsstätte. Viel- und vor allem gern besucht ist auch der traditionsreiche *Hirschen*, ein im Ortskern gelegenes Gasthaus. Wanderer erholen sich auf der sonnigen Terrasse, Langläufer finden hier direkt neben der Loipe einen reich gedeckten Tisch, Kunstfreunde erfreuen sich an den Originalstichen und Gemälden, die Hausherr Hättich seinen Gästen so nebenbei präsentiert. Dem Ansturm der vielen Wanderer und Ausflügler, die sommers wie winters St. Märgen besuchen, ist das *Hirschen*-Team durchaus gewachsen. Entsprechend vielseitig ist auch die Speisekarte. Die Küche, wie vielerorts im Schwarzwald, gibt sich traditionell nach Schwarzwälder Art. Besonders beliebt aus der *Hirschen*-Küche ist z. B. Schäufele aus dem Tannenrauch mit Weinsauerkraut und Schupfnudeln. Der Keller ist gut sortiert, vornehmlich mit badischen Kreszenzen, doch sind auch Burgunder und Bordeaux gut repräsentiert. *gas*

Speisen und Getränke
Schwarzwälder Vesperschinken, Spargelsalat mit Avocado (6,00-13,00)
Schäufele aus dem Tannenrauch, Pfefferrumpsteak in pikanter Sauce, badischer Fischteller mit Hechtklößchen und Forellenfilet in Rieslingsauce (23,00-45,00)
Kirschwasserbömble, Dessertteller mit Grand-Marnier-Parfait, Sorbet mit Früchten (5,00-11,00)
Bier: Ganter-Bier, Fürstenberg, Weizenbier (0,3 l ab 3,30)
Wein: Sortentypische badische Weine aus den Gebieten Markgräflerland, Kaiserstuhl und der Ortenau; französische Rotweine aus Burgund und Bordeaux (0,25 l ab 5,20)

Besonderheiten
Kinderstühle, Kindergerichte und -portionen, Bilder- und Malbücher

Sehenswürdigkeiten
Barockkirche St. Märgen (Führungen dienstags vormittags), Heimatmuseum in St. Märgen, Klosterkirche und Bibliothek St. Peter, Triberger Wasserfälle, Freilichtmuseum Vogtsbauernhöfe in Gutach

Anfahrt
A 5, Ausfahrt Freiburg Nord – Glottertal – St. Märgen;
A 81, Ausfahrt Donaueschingen – Hinterzarten – St. Märgen

S

Hirschen
Feldbergstraße 9
79274 St. Märgen
Tel. 076 69/787
Fax 076 69/13 03

Do-Di 12.00-14.00
und 18.00-24.00
Mi Ruhetag, außer in
der Hauptsaison
(15.07.-15.10.)
Küche: 12.00-14.00
und 18.00-21.00

150 Plätze
2 Nebenräume
3 Tagungsräume
48 Plätze im Freien
Reservierung
erwünscht

7 EZ ab 70,00
38 DZ ab 132,00

Kreditkarten: Diners,
American Express,
Visa, Eurocard

Höhengaststätte Stumpenhof

Der *Stumpenhof* im Plochinger Ortsteil Stumpenhof an der Stumpenhofstraße ist ein renommiertes und altehrwürdiges Haus. Die Familie Wägerle wird demnächst bereits in vierter Generation die kulinarischen Geschicke dieses schwäbischen Restaurants leiten. Die 120 Gäste, die hier Platz haben, können sich in drei Räumen an großzügig verteilten Tischen zu einem Mahl niederlassen, das zwar der gehobenen Preisklasse entspricht, jedoch durchaus jede Mark wert ist. Weit über 30 großformatige Urkunden, Ehrenauszeichnungen und Gratifikationen zeugen von den Koch- und Servierkünsten des Küchenmeisters und seines Personals. Nett dabei ist, daß diese eingerahmten Auszeichnungen nicht prahlerisch in den Gasträumen hängen, sondern fast verschämt an die Wand beim Kellerabgang zu den Toiletten plaziert wurden. Verstecken muß man hier jedoch nichts. *pm*

S

Höhengaststätte
Stumpenhof
Stumpenhof 1
73207 Plochingen,
Ortsteil Stumpenhof
Tel. 071 53/224 25
Fax 071 53/763 75

Mi-So 11.00-15.00
und 17.30-24.00
Mo, Di Ruhetage
Küche: 11.30-14.30
und 18.00-21.30

120 Plätze
3 Nebenräume
Reservierung
erwünscht, am
Wochenende
erforderlich

Keine Kreditkarten

Speisen und Getränke
Kartoffelrahmsuppe mit Lauchstreifchen, geräucherter Rehrücken (5,80-18,50)
Gebratene Edelfischstücke, Kalbsbries, Kalbszüngle, Remstaler Schneckensteak vom Schweinerücken mit Weinbergschnecken (15,00-35,00)
Moccaparfait im Schokoladenmantel, Joghurtcreme auf Rhabarberschaum mit Champagner-Trüffeleis
Bier: Dinkelacker, Sanwald und Kumpf Kellerpils (0,3 l ab 3,20)
Wein: Ausgesuchte Württemberger Weiß- und Rotweine, vorwiegend von Weingütern (0,25 l ab 6,70)

Besonderheiten
Kunden- und kinderfreundliches Personal, das teilweise seit 23 Jahren (Frau Eleonore Kutscher!) ununterbrochen und mit unerschöpflichem Elan aufmerksam bedient.

Sehenswürdigkeiten
Das Plochinger Hundertwasser-Haus, Anfang der 90er Jahre von dem österreichischen Künstler erbaut, steht mit seinen 4 goldenen Kuppeln direkt in der Stadtmitte. Außerdem der Jubiläumsturm, ein Aussichtsturm mit einmalig schöner Rundumsicht auf das Neckar- und (bei gutem Wetter) Remstal. Falls geschlossen, können Sie sich den Schlüssel gegenüber im *Café Morlok* (Am Teckplatz) geben lassen.

Anfahrt
A 8, Ausfahrt Plochingen/Göppingen, dann weiter auf der B 10

Bäcka-Metzger

Ob Interieur, Küche oder Klientel, der *Bäcka-Metzger* im Stuttgarter »Daimler«-Vorort Cannstatt ist ein Stück Schwabenland pur, und das seit weit über 100 Jahren. Dichtgedrängt sitzt man auf den harten Holzbänken, ißt Schwäbisch-Deftiges, trinkt Wein aus dem Viertele-Glas – am besten den von den nahen Cannstatter Weinbergen – und diskutiert sich in den Abend hinein. Daß und wie man am Gewohnt-Bodenständigen festhält, zeigt sich schon an der Einrichtung. Paßt auch nicht alles zusammen, so ist es doch auf geheimnisvolle Weise saugemütlich – für alle Nichtschwaben: »sau« ist die Steigerungsform von »sehr«. Saugut ist das, was im *Bäcka-Metzger* auf den Tisch kommt, vorausgesetzt man mag's unverfälscht schwäbisch. Da wählt man zwischen Kuttel- und Flädlesuppe, Rostbraten, sauren Nierle, Ochsenbrust, Kässpätzle oder Maultaschen. Danach schafft einer der selbstgebrannten Obstschnäpse Platz für die Flädle mit Zwetschgenmus, und zu alledem gehört – natürlich, vor allem! – Wein. Schwäbischer, und nur schwäbischer; schon badischer ist hier verboten. Wenn es mal ein Viertele zuviel werden sollte, ist der nächste Morgen trotzdem nicht verloren. Denn der Wein ist vollends durchgegoren, sauber und ehrlich. So wie der *Bäcka-Metzger* halt. *shrimps*

S

Speisen und Getränke
Maultaschensuppe, Kuttelsuppe, Gaisburger Marsch (5,50-9,50)
Geröstete Spätzle mit Schinkenwurst und Ei, Kässpätzle, Veschperbrett, Zwiebelrostbraten, Tafelspitz, Schweinesteak (14,50-23,50)
Eismeringe, Eis mit heißen Sauerkirschen, Flädle mit Pflaumen- oder Quittenmus mit Vanilleeis (7,50-9,50)
Bier: Fürstenberg Pilsener (0,4 l ab 5,00)
Wein: Württemberger aus der unmittelbaren Nachbarschaft, aber auch aus Großbottwar oder Brachenheim (0,25 l ab 6,50)

Besonderheiten
Das Lokal besteht seit 1876 – da weiß man, was man der Tradition schuldig ist.

Sehenswürdigkeiten
Schloß, Staatsgalerie, Musikhochschule

Anfahrt
U 13 oder U 14 bis Rosensteinbrücke; Parken in der Umgebung durchaus möglich

Bäcka-Metzger
Aachener Straße 20
70376 Stuttgart
Tel. 07 11/54 41 08

Di-So 17.00-24.00
Mo Ruhetag
Küche: 17.00-22.00

58 Plätze
1 Nebenraum
Reservierung für
größere Gruppen
angeraten

Keine Kreditkarten

Ochsen

Nur zwei Sträßchen verbinden und trennen gleichzeitig Uhlbach, offiziell ein Teil Stuttgarts, mit und von den akustischen und atmosphärischen Ausdünstungen der großen, ungeliebten Mutter. Doch ganz oben, am Uhlbacher Platz, tut sich eine eigene Welt auf, eine Wein- und Wanderwelt. Wer sie erschließen will, nimmt sich ein sonniges Wochenende, verständige, angenehme Begleitung sowie etwas Bargeld. Die Speisekarte im *Ochsen, der* Uhlbacher Wirtschaft schlechthin, führt in eine längst entschwunden geglaubte Welt voller Schlachtplatten, Schweinebraten, Würste und anderer nahrhafter Hausmannskost. Die Weinkarte deutet indes darauf hin, daß wir uns in den Neunzigern des 20. Jahrhunderts befinden, denn sie lockt auch mit neueren Züchtungen, z.B. mit dem fruchtigen, trocken ausgebauten Schillerwein, der vor allem bei den Wochenend-Yuppies Anklang findet, die sich hier samt ihren farblich auf die Kleidung abgestimmten (in der Regel schwarzen) Hunden versammeln. Eigentlich müßte es richtig heißen: In Uhlbach tun sich mehrere Welten auf. Wochentags haben die Viertelesschlotzer den *Ochsen* fest am Nasenring, am Wochenende eben »die Schtuagarter« (Original-Ton der Uhlbacher Bevölkerung). Und siehe da: Dem Rindvieh gefällt's. *pm/shrimps*

S

Ochsen
Markgräflerstraße 6
70329 Stuttgart
Tel. 07 11/32 29 03

Mi-So 11.30-24.00
Mo, Di Ruhetag
Küche: 12.00-14.00
und 17.00-21.00,
danach Vesperkarte

150 Plätze
2 Nebenräume
80 Plätze im Freien
Reservierung
höchstens am
Wochenende
erforderlich

Keine Kreditkarten

Speisen und Getränke

Ripple, Ochsenmaulsalat, Bauernbratwürstle, Griebenwurst, Flädle- und Maultaschensuppe (2,50-11,50)
Hirschragout, Rinderzunge, Tafelspitz, Schlachtplatte mit Kraut oder ohne, Kalbsnacken, Sauerbraten (8,80-29,80)
Uhlbacher Kirschbecher, Walnußeis, Traubeneis mit Traubenlikör, Apfelstrudel mit Vanilleeis (4,20-12,80)
Bier: Oifacheres Dinkelacker und erlauchtes Fürstenberg (0,3 l ab 3,80)
Wein: Natürlich große Auswahl an Uhlbacher, auch direkt vom Hausberg, dem Götzenberg, hauptsächlich von der WZG, aber auch Erzeugerabfüllungen (0,25 l ab 5,00)

Besonderheiten
Seit 1883 in Familienbesitz

Sehenswürdigkeiten
Grabkapelle Württemberg im benachbarten Rothenberg

Anfahrt
Übliche Parkplatzsuche in der Umgebung, ansonsten Bus 62

Peter und Paul'e

Er hätte nie gedacht, sagt Peter Reiner, daß er jemals ein Schwäbisches Restaurant aufmachen würde. Aber es kam anders: Im Oktober 1993 übernahm er die bereits 1898 gegründete Obertürkheimer *Weinstube Paule* und benannte sie in *Peter und Paul'e* um, befragte Verwandte, las Kochbücher und entschied sich letztendlich für die ursprüngliche schwäbische Küche, wie sie vor allem die Großmütter noch kannten. Selbstgewickelte Rindsrouladen gibt es deshalb bei Peter Reiner, die wie Weihnachtspakete mit so dicken Bindfäden verschnürt sind, daß sie vorausschauend mit Steakmessern serviert werden. Eingerichtet ist die fünf Minuten von der S-Bahn-Haltestelle Obertürkheim entfernte Weinstube angenehm schlicht. Holztische, papierne Untersetzer, viel Holz an den Wänden, heimeliges Licht, Kerzen auf den Tischen reichen völlig aus, um eine angenehme Atmosphäre zu schaffen. Entsprechend bodenständig und lokal geprägt ist auch die Weinkarte. Vor allem Tropfen aus allernächster Umgebung findet man hier. Der Faßwein stammt von den Obertürkheimer Winzern Konrad und Albert Zaiss, und die übrigen Viertele kommen fast ausschließlich aus Obertürkheim, Hedelfingen und vom Rotenberg. Also, Schwaben, nichts wie hin. *shrimps*

Speisen und Getränke

Flädlesuppe, Kartoffelsuppe (6,50-7,00)
Fleischküchle mit Bratkartoffeln, Kutteln in Trollinger-Tomatensauce, eingemachtes Kalbfleisch nach Omas Rezept, Filetspitzen in Chilirahm mit Rösti (17,50-34,50)
Rote Grütze, Joghurt-Beeren-Parfait in Gugelhupfform, Ziegenkäse (10,50-14,50)
Bier: Dillinger Kellerpils naturtrüb, Warsteiner, Weizen (ab 4,50)
Wein: Faßwein rot/weiß, Obertürkheimer Kirchberg Riesling Kabinett, Pinot Grigio (ab 6,20)

Besonderheiten

Von April bis September Gartenbetrieb

Sehenswürdigkeiten

»Der blaue Weg« entlang Stuttgarts Höhenlage: schön zum Spazierengehen

Anfahrt

S 1 oder Bus 61, 62, 65 und 101 Bahnhof Obertürkheim; am Lokal auch Parkplätze

Peter und Paul'e
Augsburger Str. 643
70329 Stuttgart
Tel. 07 11/326 03 30

So-Mi, Fr 12.00-
14.00 und 18.00-
23.00
Do Ruhetag
Küche: So-Mi, Fr bis
22.00, Sa bis 23.00

70 Plätze
1 Nebenraum
Reservierung
angeraten

Keine Kreditkarten

Schellenturm

Neulich besuchte Hotte mich mal wieder. Hotte aus Berlin. Hotte ist eine Ein-Mann-Invasion: Er meldet sich nicht an, redet viel und ist der Meinung, die Welt außerhalb Berlins befände sich gerade im Übergang von der Bronzezeit zur Bandkeramik. Hotte hatte wie immer Hunger mitgebracht. Seine anfängliche Skepsis, »Watt? Weinstube? Willste mir verjiften?«, wich rasch seiner angeborenen Neugierde, die ihn dann in's 400jährige Gemäuer trieb, wo er die hölzernen Wendeltreppen bis in den zweiten Stock hinaufschoß und jedem fröhlich »Hallo, Tach« entgegenrief. Da in der zweiten Etage wie immer alles reserviert und in der ersten die Luft wie immer etwas dick war, überredet ich Hotte in den fast völlig zugewachsenen Garten. Dabei blieb's. Zu Maultaschen konnte ich ihn auch diesmal nicht bewegen, »Ihr mit euerm Nudelquatsch«, er entschied sich stattdessen für Räucherlachs, Kalbsrückensteak mit Bohnen und »Kartoffelgrataäng«, das er mit großem Vergnügen verzehrte. Sein Kommentar: »Nicht übel, Alter, wa?« Und das habe ich nun davon. Hotte kommt jetzt öfter. *pm/shrimps*

S

Weinstube
Schellenturm
Weberstraße 72
70182 Stuttgart
Tel. 07 11/236 48 88

Mo-Fr 17.00 -24.00
und Sa 18.00-24.00;
im Garten bis 23.00
So Ruhetag
Küche: bis 22.00

85 Plätze auf
2 Etagen
110 Plätze im
Garten
Reservierung
dringend empfohlen

Kreditkarten:
American Express

Speisen und Getränke

Wechselnde Lachsvariationen, Shrimps, Gemüsesuppe (6,50-16,80)
Maultaschen, saure Leber, Kutteln, Zwiebelrostbraten, Lammrücken oder Kalbsrückensteak mit Kartoffelgratin, zusätzlich saisonale Spezialitäten wie Spargel, Matjes, Gans (15,70-29,80)
Rote Grütze, Zitronensorbet, Rhabarberkompott (9,80-10,80)
Bier: Nur Flaschenbiere der Marke Dinkelacker (0,3 l für 4,80)
Wein: Viele Württemberger und ein paar vereinzelte Badener, sehr gepflegte Auswahl, darunter bspw. Franz Kellers Oberbergener Baßgeige (0,25 l ab 6,80)

Besonderheiten

Das historische Ambiente macht den feinen Unterschied.

Sehenswürdigkeiten

Für alle Nicht-Stuttgarter noch interessant: Die »Kulturmeile«, beginnend ab Charlottenplatz in Richtung Neckarstraße (Staatsgalerie, Musikhochschule etc.)

Anfahrt

Gängigste Wegbeschreibung: »Beim Parkhaus Breuninger«

Schwabkeller

Grüß Gott Elke, hallo Lotte. Wie geht's so? Wetter halt.
Wohockamerna, wo sollen wir uns hinsetzen? Am Kachelofa,
au ja, des kammer braucha. Grüß Gott, isch da no frei? Danke.
Ja, da isch eigentlich meischdens voll. Da henda hocket die
Schachspieler ond schpielet Blitzschach mit ihre Stoppuhra,
des knallt emmer so. Die Skatspieler machet net so'n Lärm.
Bloß bei am verlorena Nullouvert. Noi, ohne Geld. Em
Näbazemmer isch wahrscheinlich wieder dr Volkshochschul.
Ond die Koreaner am langa Disch, die g'heret au dazu. Gell,
des schdert di net, wenn da scho wieder Fußball em Fernsäh
lauft. Oisnull für Deutschland. Klinsmann. Also, was willsch
trenka? Hofbrei? Noi, koin Brei! Bräu, Gebräu, Bier, heiland-
sack. Zwoi Halbe, Elke. On die Speisekart. Die kenn i zwar
auswendig, aber i guck gern emmer mal wieder nei. »s gibt
Leit, die ässat ällweil an Zwiebelroschdbroda. Mit Schbätzla.
Oder Kuddla. Mit Bratkartoffla. Oder des Ochsakottlett, was
da auf der Dafel aufm Kachelofa schdeht. 600 Gramm
schwär. Älles guat. Aber eigentlich gibt«s bloß ois. I sag bloß
oi Wort: Goulasch. Metzger-Goulasch. Ha, scharf halt. Sau-
mäßig scharf. Des musch obedengt ässa. Also, no hemmer's,
Elke. Zwoi Goulasch oimol mit Bratkartoffla, oimol mit
Schbätzla, oder willsch an Kneedl? Semmelkneedl. Gibt's au.
Oder bloß mit Brot. Oder au mit ällem. *pm/shrimps*

Speisen und Getränke
Butterbrot mit Lachs, Maultaschen in Bouillon (4,00-16,50)
Inzwischen schon legendäres »Metzger-Goulasch« sowie
sämtliche schwäbischen Klassiker (9,00-26,00)
Kuchen, Früchtecocktail (3,50-6,00)
Bier: Stuttgarter Hofbräu, Dillinger Kellerbier (0,3 l ab 4,30)
Wein: Haberschlachter Trollinger, Verrenberger, Lehren-
steinsfelder Riesling (0,25 l ab 3,50)

Besonderheiten
In Speiseangebot, Einrichtung und Atmosphäre niemals
auch nur annähernd erreichbar.
Kein Besuch ohne Bestellung des Metzger-Goulaschs!

Sehenswürdigkeiten
»Der blaue Weg« – schöner Spazierweg entlang Stuttgarts
Höhenlage, beginnend bei der Hasenbergsteige; Stuttgarter
Innenstadt

Anfahrt
Beim Südportal des Schwabtunnels gelegen; Parksituation
ist etwas schwierig, in der Schickhart- oder Hohenzollern-
straße versuchen

S

Schwabkeller
Schickhardtstraße 47
70199 Stuttgart
Tel. 07 11/640 57 78

Mo-Sa 12.00-14.00
und 16.30-24.00
So Ruhetag
Küche: 12.00-14.00
und 16.30-23.00

110 Plätze
1 Nebenzimmer
Reservierung am
Wochenende
angeraten

Keine Kreditkarten

Widmer / Fröhlich

Literaten und Leser, Fernsehleute, Schauspieler, Journalisten, Studenten und ganz Normale treffen sich in den gemütlichen Räumen des *Fröhlich* an Holztischen. Mitten in Stuttgarts kleinem Rotlichtviertel schlotzen sie ihre Viertele. Hans Fröhlich, Ex-Feuilletonchef der Stuttgarter Nachrichten, hat das einst von der »Widmerin« geführte Traditionslokal 1988 übernommen. Es blieb ein Treffpunkt mit Flair, und wer mit den Tischnachbarn ins Gespräch kommen will, hat meist gute Chancen. Zum Essen gibt es Schwäbisches wie Maultaschen oder Kässpätzle, und wer keine Abscheu vor Innereien hat, freut sich über die schwäbische Urkost; für die anderen bereitet der Küchenchef Andreas Griebsch auch einen Zwiebelrostbraten vom Hohenlohischen Rind oder Geschnetzeltes vom Schwein. Aber auch kalorienarme Salate mit Putenbrust, Lachs oder Schafskäse weiß der Küchenchef zu zaubern. Außerdem gibt es eine ständig wechselnde Tageskarte. Das gut besuchte *Fröhlich* ist zugleich Treffpunkt und Informationsbörse und dank der angeregten Atmosphäre vor allem auch ein Platz zum Sich-Wohlfühlen. *shrimps*

S

Widmer / Fröhlich
Leonhardstraße 5
70182 Stuttgart
Tel. 07 11/24 24 71
Fax 07 11/236 79 10

Mo-So 17.00-2.00
Küche: bis 24.00

84 Plätze
(ein Teil der
Weinstube ist für
Gruppen
abtrennbar)
Reservierung
erwünscht

Keine Kreditkarten

Speisen und Getränke
Ragout fin mit frischen Pfifferlingen, marinierte Rindfleischröllchen mit Kohlrabisalat (16,80-18,60)
Maultaschen geschmälzt und Basilikum-Kartoffelsalat, Kässpätzle mit Salat, saure Nierle, Zwiebelrostbraten, Geschnetzeltes vom schwäbisch-hällischen Schwein (17,60-28,60)
Apfelofenschlupfer mit Vanillesauce, frische Mandelmousse mit frischen Früchten, Zwetschgenknödel mit Brombeerquark (9,50)
Bier: Herrenpils, Kellerbier, Pilsener, Kristallweizen, Hefeweizen (0,3 l ab 4,20)
Wein: Altenberger Riesling, Verrenberger Goldberg Riesling, Orvieto Classico, Bordeaux rouge u. a. (0,25 l ab 6,40)

Besonderheiten
Unter den Gästen viele Journalisten und Theaterleute

Sehenswürdigkeiten
Die »Kulturmeile«, beginnend ab Charlottenplatz in Richtung Neckarstraße (Staatsgalerie, Musikhochschule etc.)

Anfahrt
Mit U 1, 2, 4 bis Rathaus; Bus 43, 44, 92, 93; Parkplätze und Parkhäuser in der Umgebung

Zauberlehrling

Aus einer ehemaligen Stadtviertel-Beize ein gehobenes Restaurant zaubern? – Karin und Axel Heidmann ist es gelungen. Hier sitzt die Diesel-Jeans neben dem glänzenden Abendkleid und beide fühlen sich dennoch wohl. Da werden an einem Tisch Käsespätzle und Ochsenmaulsalat aufgetragen, am anderen ein gehobenes Fünf-Gänge-Menü: Die Spatzen sind habhaft wie von Muttern, der Rehrücken und die Sauce aber fein wie von einem Schamanen der Kochkunst. Hier ordert Otto Normalverbraucher nach 22 Uhr Cappuccino, ohne verschämt die Stimme zu dämpfen, der feine Esser und Liebhaber superber Weine am Nebentisch hüstelt dennoch nicht pikiert. Und dabei kann man das Gebotene sogar durchaus noch berappen! Elegante Schlichtheit, einfache Raffinesse – das Unmögliche erreicht mit dem normalen Küchen-Einmaleins: Engagement, Einfallsreichtum, Arbeit. Sagen wir's mit Goethe: »Wahrlich brav getroffen!« *pm/shrimps*

Speisen und Getränke

Pochiertes Rinderfilet mit leichtem Portweingelee, Antlantik-Seeteufel mit Tomaten-Oliven-Ragout, Salatvariationen mit Garnelen, Gazpacho Andaluz (7,00-26,00)
Regionale und überregionale Küche von Ochsenmaulsalat pikant mit Bratkartoffel und Käsespätzle bis hin zu ambitionierteren Sachen wie Rehrücken in Walnußkruste mit sautierten Pfifferlingen und handgeschabten Spätzle oder Lammfilet mit Gemüse-Jaboulé (13,50-39,00)
Ofenschlupfer mit Vanilleeis, rote Grütze, Auswahl von Rohmilchkäse (9,60-19,00)
Bier: Stuttgarter Hofbräu, Pils, Export vom Faß, Haigerlocher Schloßbräu, Bioland Pilsner (0,3 l ab 3,00)
Wein: Weinkarte für Kenner mit eindeutigem Schwergewicht auf württembergischen Winzern, die dem Großanbau abgeschworen haben (0,2 l ab 7,00)

Besonderheiten

Kleine Nettigkeiten für Kinder, vom Malzeug angefangen

Sehenswürdigkeiten

Die Rosenstraße liegt mitten im Bohnenviertel, einem alten Stadtquartier mit schmalen Gassen, interessanten kleineren Läden, Boutiquen, Galerien etc. Sehenswert!

Anfahrt

Das Bohnenviertel liegt zwischen der Stadtautobahn Hauptstätter Straße und der Olgastraße. Ihr Auto stellen Sie am besten in einem der umliegenden Parkhäuser ab.

S

Der Zauberlehrling
Rosenstraße 38
70182 Stuttgart
Tel. 07 11/237 77 70

Mo-Sa 12.00-14.00
und 18.00-24.00
So Ruhetag
Küche: wie
Öffnungszeiten

58 Plätze
Reservierung
unbedingt
erforderlich

Kreditkarten:
American Express

Sulminger Lamm

Seit rund 25 Jahren gibt es in Sulmingen das *Lamm*, ein schönes altes Haus, das im 16. Jahrhundert erbaut wurde und früher eine Brauerei beherbergte. Und seit zwei Jahren führt der aus München stammende Küchenchef Stefan Braun das *Sulminger Lamm*, das sich zunehmender Beliebtheit in der Region erfreut. Nach Lehrjahren in München und zwei Saisons in der Schweiz (Montreux und Flims) sowie in Bad Homburg bzw. Esslingen führt er hier seinen ersten selbständigen Betrieb. Die Ehefrau ist für den Service im gastfreundlichen Haus zuständig, auch für die liebevoll gestaltete Dekoration des Gastraumes. Der *Lamm*-Wirt weiß, daß er Überzeugungsarbeit im Landkreis Biberach leisten muß, um den Standard anbieten zu können, den er sich vorstellt. So fängt sein Angebot bei Tagesgerichten für 10,50 an und geht abends bis hin zum frischen Hummer in leichter Vanillesauce mit hausgemachten Nudeln und Salat. Wer seine Spezialitäten getestet hat, wird sich fraglos wieder auf den Weg nach Sulmingen machen. *häm*

S

Sulminger Lamm
Baltringer Straße 14
88437 Sulmingen
Tel. 073 56/27 11
Fax 073 56/20 60

Do-Mo 11.30-14.00
und 18.00-24.00
Mi 18.00-24.00
Di Ruhetag
Küche: 12.00-14.00
und 18.00-22.00

60 Plätze
Reservierung 2 Tage
im voraus
erwünscht,
bei größeren
Gruppen 1 Woche
vorher

Keine Kreditkarten

Speisen und Getränke

Hausgebeizter Lachs an Blattsalaten mit Senf-Dillsauce, Lachstatar mit Avocadovinaigrette und Spargelsalat (14,80-15,60)
Geschmorte Lammkeule auf Rotweinzwiebeln; mit Schinken und Pilzen gefüllter Ochsenschwanz; gebratener Steinbutt auf Paprikasauce; Rücken vom Baltringer Reh (15,50-31,80)
Französische Rohmilchkäse, Bananencremetörtchen mit Kiwisalat und Mangopüree (8,50-9,00)
Bier: Rößle-Biere, Kristallweizen (0,3 l ab 3,20)
Wein: Erlesene Weine vom Bodensee, Franken, Frankreich, Italien; Spezialität: selbstgemachter Nuß- und Orangenwein

Besonderheiten

Alle Gerichte offeriert das *Lamm* auf Wunsch unterschiedlich: für den kleinen Appetit und für ganz hungrige Gäste in extra-großen Portionen; auf Anfrage Menüs mit bis zu sieben Gängen; Kinderkarte

Sehenwürdigkeiten

Denkmal vom Bauernkriegsrevoluzzer Schmied von Sulmingen (gegenüber dem Lokal); in Baltringen die Bauernkriegsstube; ab Mai: Öchsle Schmalspurbahn von Warthausen über Maselheim nach Ochsenhausen

Anfahrt

A 8 Stuttgart-Ulm, B 30 Schnellstraße nach Biberach; von dort Richtung Mettenberg-Laupertshausen gen Schwendi

Gasthof Krone

Könnte der alte *Gasthof Krone* sprechen, er hätte den Gästen aus nah und fern allerhand zu erzählen: Vor über 400 Jahren, exakt anno 1590, wurde das Gebäude als Zunftherberge direkt neben der Kirchmauer errichtet. Ab 1640 war die *Krone* das, was sie auch heute noch ist – ein weit bekanntes Wirtshaus. Das historische Bauwerk, das den großen Stadtbrand von 1753 unbeschadet überstanden hat, ist nunmehr seit über 100 Jahren in Familienbesitz. Die Familie Fritz Wahl führt den Gasthof seit 1972 und der Chef persönlich verwöhnt seine Gäste mit schwäbischen, aber auch internationalen Spezialitäten. Auch Feinschmecker in Sachen Fisch sind hier an der richtigen Adresse: Wer seinen Gaumen mit einer fangfrischen Forelle verwöhnen möchte, kann sich den Fisch im Aquarium selbst aussuchen. In der *Krone* kann man aber nicht nur den Gaumen, sondern auch das Auge erfreuen: In der Galerie ist eine Dauerausstellung der Sulzbacher Künstlerin Trude Schüle. Und wer nach einem köstlichen Mahl gerne spazieren geht, der ist in Sulzbach ebenfalls goldrichtig: Eine wunderschöne, von sanften Hügeln durchzogene Landschaft, lädt zu Wandertouren förmlich ein. *jük*

S

Speisen und Getränke
Tasse saure Kutteln in Trollingersauce, geräucherter Lachs und Scheiben von schwarzem Heilbutt (4,20-19,80) Schweinenierchen in pikanter Sauce, Rehkeule in Wildrahmtunke, fangfrische Forelle »blau« (15,80-29,80) Kaiserschmarrn mit Kompott, Zimteis mit heißen Pflaumen, frische Ananas mit Vanilleeis und Zimtsahne (4,90-17,50) Bier: Stuttgarter Hofbräu, Fürstenberg (0,3 l ab 3,10) Wein: Württemberger Weine, aber auch ausländische Sorten (0,25 l ab 5,60)

Besonderheiten
Vegetarische Karte, Mineralwasserkarte, Dauerausstellung einer einheimischen Künstlerin; für Kinder gibt es Kinderstühle, Kindergerichte, Kinderportionen, eine Spielecke, Malbücher, eine Kinderkarte und Kinderbesteck.

Sehenswürdigkeiten
Wanderwege, Stadt Murrhardt mit Walderichs-Kapelle (berühmter Mönch), Wasserschlößle Sulzbach

Anfahrt
B 14 Backnang-Schwäbisch Hall, Sulzbach Richtung Ortsmitte, direkt neben der Kirche

Gasthof Krone
Hallerstr. 1
71560 Sulzbach
Tel. 071 93/287
Fax 071 93/287

Fr-Mo 11.00-24.00
Do 11.00-14.00
Di Ruhetag
Küche: 11.00-14.00
und 17.00-22.00

130 Plätze
1 Nebenraum
1 Tagungsraum
Reservierung ein Tag
im voraus angeraten

6 EZ zu 54,00
4 DZ ab 90,00

Kreditkarten: Visa,
Eurocard

163

Krone

1688 findet die *Krone* in Sulzbach-Laufen ihre erste urkundliche Erwähnung als »Wirtschaft mit dem verbrieften Recht des Getränkeausschanks, des Metzelns und Aushauens von Groß- und Kleinvieh«. Über 300 Jahre später ist das Gasthaus im Kochertal noch immer Inbegriff für »eine festlich Tafeley nach gut teutschem Brauche«. Neben den typisch schwäbischen Speisen (hier sind vor allem die Fischgerichte und die hausgemachten Maultaschen erwähnenswert) ist Koch und Betreiber des Lokals Karl Schwerdel auch für internationale Gerichte über die Region hinaus bekannt. Verwandt werden je nach saisonalem Angebot ausschließlich frische und unverfälschte Naturprodukte. Das Gastronomieehepaar Schwerdel pflegt einen ausgesprochen persönlichen Service und bisweilen erkundigt sich der Küchenchef auch selbst nach dem Wohlergehen seiner Gäste. So sind ortsansässige Stammtischler, die bei einem Bockbier der Lammbrauerei oder einem Damenweizen vom Faß Neuigkeiten austauschen, genauso willkommen wie der Gast, der vorwiegend kulinarische Interessen hegt. *rs*

S

Krone
Hauptstraße 44
74429 Sulzbach-
Laufen
Tel. 079 76/985 20
Fax 079 76/98 52 51

Mo-Sa 11.00-14.00
und 18.00-23.00
So 11.00-14.00
Küche: 11.00-14.00
und 18.00-21.30

120 Plätze
3 Nebenräume
1 Tagungsraum
20 Plätze im Freien
Reservierung
angeraten

3 EZ ab 99,00
13 DZ ab 125,00

Kreditkarten: Diners,
American Express,
Visa, Eurocard

Speisen und Getränke
Flädlesuppe mit Schnittlauch, Schwäbische Maultaschensuppe, Salat von frischen Steinchampignons und Eismeershrimps (4,60-12,90)
Hausgemachte Eiernudeln mit Olivenöl, Knoblauch und Kräutern, Filets vom Kaninchenrücken in rosa Pfeffersahne, gegrilltes Steak vom Norweger Lachs (11,90–29,90)
Frische Erdbeeren mit Vanilleeis und Sahne, Auswahl von italienischem Käse (7,90)
Bier: Untergröninger Lammbräu vom Faß (0,3 l ab 2,70)
Wein: Regionale und italienische Weine, besonders empfohlen werden toskanische Weine vom Weingut Dievole (0,25 l ab 4,20)

Besonderheiten
Frisch gepreßter Karottensaft, Menüs auf Wunsch, zwei Bundeskegelbahnen, Kindergerichte

Sehenswürdigkeiten
Technik-und Bauernmuseum in Seifertshofen (Tel. 079 75/ 360); im Sommer: Fahrt mit der historischen Kochertalbahn, Freizeitpark in Kaisersbach

Anfahrt
A 7 Würzburg-Ulm, Ausfahrt Westhausen, B 14 Richtung Schwäbisch Hall

Hotel-Restaurant Löwen

Das vor 180 Jahren eröffnete Lokal, das sich seit 130 Jahren in Familienbesitz befindet, ist ein modern eingerichtetes Haus mit gediegener Atmosphäre und mehreren Nebenräumen, die sich für Familienfeste und Gesellschaften eignen. Dazu zählt ein gemütlicher Gewölbekeller. Bereits 1817 urkundlich erwähnt, kam das Lokal rund ein halbes Jahrhundert später in den Besitz des Urgroßvaters des heutigen Besitzers. Die Familie Kellenbenz besaß schon damals eine lange Gastronomie-Tradition, denn bereits 1522 führte ein Urahn die Herberge *Zum Schwarzen Adler* im heutigen Süßener Rathaus. Nachdem der ursprüngliche *Löwen* 1870 abgebrannt ist, ging es an den Wiederaufbau. Der heutige Inhaber übernahm das Hotel-Restaurant im Juli 1969. 1980 wurden die Gasträume grundlegend renoviert und der Küchenanbau modernisiert. Die im Nebengebäude untergebrachten Kegelbahnen entsprechen heutigen Anforderungen. str

Speisen und Getränke
Austernpilze in Gorgonzolasauce, Feinkostsalat von frischen Pfifferlingen mit Schwarzwälder Schinken, Kraftbrühe mit Austernpilzen und Wachtelei (5,90-16,20)
Forelle blau oder Müllerin Art, Norwegischer Wildlachs in Weißwein pochiert, zarter Hirschkalbsbraten in feiner Sauerrahmsauce, Hirschkalbmedaillons mit feinen Pilzen (19,90-34,80)
Flambierte Früchte mit Vanilleeis, zweierlei Mousse mit Früchten an Mirabellenconfit, gefüllte Bratäpfel Löwenwirtin (5,90-15,90)
Bier: Export-Bier, Pils (0,3 l ab 4,00)
Wein: Umfangreiches Angebot an Weinen aus Württemberg, Frankreich, Italien, Spanien, Kalifornien, Südafrika und Australien (0,25 l ab 5,40)

Besonderheiten
Kinderstühle, Kindergerichte und -portionen, Bilder- und Malbücher

Sehenswürdigkeiten
Günstiger Ausgangspunkt für Ausflugsfahrten zu den drei Kaiserbergen Hohenstaufen, Rechberg und Stuiffen. Wandergebiet am Rande der Schwäbischen Alb mit herrlichen Aussichtpunkten, Radwege in verschiedene Richtungen

Anfahrt
Direkt an der B 10 zwischen Ulm und Göppingen gelegen, an der Abzweigung zur B 466 Richtung Heidenheim

S

Hotel-Restaurant
Löwen
Hauptstraße 3
73079 Süßen
Tel. 071 62/50 88
Fax 071 62/83 63

Sa-Do 8.00-23.00
Fr 17.00-23.00
Küche: 11.30-14.00
und 17.00-22.00

220 Plätze
7 Nebenräume
2 Tagungsräume
24 Plätze im Freien
Reservierung am
Wochenende
angeraten

17 EZ ab 59,00
17 DZ ab 100,00

Keine Kreditkarten

Sennhütte

Die *Sennhütte* im kleinen Schwand oberhalb von Tegernau am Höhenrücken des kleinen Wiesentals ist ein alteingesessener Familienbetrieb in des Wortes bestem Sinne. Die Seniorchefin backt mit Tochter und Schwiegertochter Torten, Kuchen und das Bauernbrot, Seniorchef Rolf Grether schlachtet und räuchert Schinkenspezialitäten und ist dazu noch Schnapsbrenner. Und Sohn Jürgen steht nach Lehrjahren in besten Häusern in Deutschland und der Schweiz am *Sennhütten*-Herd und liefert aus der Küche Bodenständiges bester Güte von »Sennhüttenswirts Vesperteller« bis zu Wild- und Fischspezialitäten aus Wiesentäler Wäldern und Gewässern. Goutiert werden kann dies im freundlich-familiären Umfeld zweier Gasträume und in der warmen Jahreszeit in einer Gartenwirtschaft am plätschernden Brunnen und unter altehrwürdigen Kastanienbäumen. Familiär ausgelegt auch der Hotelbetrieb in der *Sennhütte*: Der Seniorchef fungiert gerne auch als Wanderführer. *rl*

T

Gasthof Sennhütte
Schwand 14
79692 Tegernau-
Schwand
Tel. 076 29/582
Fax 076 29/13 13

Mi-Mo 9.00-23.00
Di Ruhetag
Küche: 12.00-14.00
und 17.30-21.00

120 Plätze
1 Nebenraum
70 Plätze im Freien
Reservierung
erwünscht

3 EZ ab 54,00
8 DZ ab 108,00

Keine Kreditkarten

Speisen und Getränke

Flädlesuppe, Wildcremesuppe, Blattsalate mit warmem, geräuchertem Forellenfilet (4,80-12,80)
Schwarzwälder Schäufele mit Sauerkraut und Kartoffelbrei, hausgemachte Bratwurst mit Rotkraut und Rösti, Rehragout mit Preiselbeeren, Schwarzwaldforelle mit Dampfkartoffeln, Kalbshaxe mit Waldpilzen und Rahmkartoffeln (15,80-27,80)
Sennhüttenwirts Kirschwasserbömbli, Schwarzwälder Kirschtorte (4,20-8,50)
Bier: Fürstenberg, Hefe (0,3 l ab 3,00)
Wein: Markgräflerland, Kaiserstuhl, roter und weißer Faßwein (0,25 l ab 4,40)

Besonderheiten

Kinderstühle, Kindergerichte, Kinderportionen, Bilder- und Malbücher, Spielplatz

Sehenswürdigkeiten

Bäder-Ort Bad Rellingen, Badenweiler, Naturgebiet Hochblauen, Wanderwege

Anfahrt

A 5 Ausfahrt Lörrach, Schopfheim, über Tegernau nach Schwand

Häckermühle

Wer Zeit hat und das Gute liebt, ist in der *Häckermühle* bestens aufgehoben, denn hier kocht der Chef noch selbst. Die Zusammenstellung der Speisen richtet sich danach, was Mutter Natur bietet und nicht das Treibhaus. Frische ist angesagt in der *Häckermühle*. Freilich, beim Blick auf die Speisekarte merkt der Gast, daß er es hier durchaus mit einem Gourmet-Lokal zu tun hat. Dies macht sich dann aber besonders im Geschmack erfreulich bemerkbar: Ob Holzofenbrot oder Nougat – bei Häckers wird alles von Hand gemacht. Und der Fisch kommt aus den hauseigenen Quellwasserbecken. Preislich muß der Gourmet schon etwas tiefer in die Tasche greifen, dafür bekommt er aber dann auch Qualität *und* Quantität, präsentiert von einem sehr freundlichen und höflichen Service. Das Lokal mit 65 Sitzplätzen entstand 1860 aus einer alten Mühle und ist nun im Besitz von Georg und Inge Häcker. Mit einem Tagungsraum, der bis zu 18 Gästen Platz bietet, stellt sich die *Häckermühle* auch als ansprechendes Konferenzhotel vor. Nach einer Radtour oder einer Wanderung durch das Würmtal lädt im Sommer die idyllische Terrasse am Fluß ein, sich zu stärken und die Seele baumeln zu lassen. *sk*

Speisen und Getränke
Hausgemachter Lachs mit Ackersalat, Schwarzwurzelcreme mit Kalbsbries, Fischsuppe mit Hummer (17,00-19,00)
Lammnüßchen, Tournedo-Steak mit Würfelkartoffeln, Hummer an Lauch mit Wildreis (29,00-49,00)
Sahnemeringue, Variationen der Patisserie (6,50-32,00)
Bier: Stauder Pils, Bayerisches Brauhaus Pforzheim (0,3 l ab 4,80)
Wein: Vorwiegend Weißweine aus Baden-Württemberg (0,25 l ab 8,00)

Besonderheiten
Idyllisch am Fluß Würm gelegenes Restaurant, viele Wandermöglichkeiten, Fisch aus eigener Zucht im Quellwasserbecken

Sehenswürdigkeit
Goldstadt Pforzheim, Marktort Tiefenbronn mit Magdalenenkirche und Lucas-Moser-Altar

Anfahrt
Über die L 7 (Würmtal) zwischen Tiefenbronn und Pforzheim

Häckermühle
Im Würmtal 5
75233 Tiefenbronn
Tel. 072 34/42 46
oder 61 11

Mo-So 12.00-14.30
und 17.30-24.00
Küche: 12.00-14.30
und 17.30-21.30

65 Plätze
2 Nebenräume
1 Tagungsraum
35 Plätze im Freien
Reservierung
angeraten

6 EZ ab 75,00
9 DZ ab180,00

Alle Kreditkarten

Mauganeschtle

Um 1848/50 trafen sich des öfteren Hölderlin, Mörike und ihre freiheitskämpfenden Freunde im Tübinger Schloß. Sie mauschelten dort über Politik und Regierung und über allerhand revolutionäre Pläne. Die Staatsobrigkeit prägte für den Treffpunkt der Revolutionäre deshalb den Begriff »Mauganeschtle« (maugle = mauscheln). Der Name ist geblieben, und aus dem Lokal ist inzwischen ein beliebtes schwäbisches Restaurant geworden. Von der Terrasse hat man einen herrlichen Blick über die Dächer der Tübinger Altstadt; auch das Schloß, in dem die Universität einige ihrer Institute untergebracht hat, ist sehenswert. Der Wirt vom *Mauganeschtle* hat sich nicht nur auf die regionale Küche spezialisiert, sondern ganz besonders auf Tübingen eingestellt. Passend zu den großen Ausstellungen in der Kunsthalle bietet Herbert Rösch Künstlermenüs, etwa das Cezanne- oder das Renoir-Menü. Außerdem gibt es hier eine ganz besondere Spezialität: das Goga-Viertele. Goga sind die Tübinger Weinbauern, die für ihre rauhe Art und ihren sauren Wein bekannt sind. Der im *Mauganeschtle* angebotene ist aber durchaus zu empfehlen. *sl*

T

Mauganeschtle/
Hotel am Schloß
Burgsteige 18
72070 Tübingen
Tel. 070 71/929 40
Fax 070 71/92 94 10

Mo-So 11.30-15.00
und 17.30-24.00
Küche: 11.30-14.30
17.30-22.30

85 Plätze
1 Nebenraum
1 Tagungsraum
120 Plätze im Freien
Reservierung
unbedingt
erforderlich

8 EZ ab 50,00
37 DZ ab 95,00

Kreditkarten: Diners,
American Express,
Visa, Eurocard

Speisen und Getränke
Brennende Grießsuppe, Leberspätzlesuppe (5,90-6,90)
Saure Nierle, Gemüse-Platte mit Reis, Schloßherrensteak (Lende mit Birne und mit Käse überbacken), Kalbsgeschnetzeltes, Schwäbisches Rahmgulasch (12,90-31,90)
Gefüllte Himbeerpfanneküchle, Ofenschlupfer mit Vanilleeis, Flammender Burgsteigtraum (6,50-10,00)
Bier: Alpirsbacher Klosterbräu (0,5 l ab 4,20)
Wein: sehr gute Auswahl Ovorrangig regionaler Weine, Goga (0,25 l ab 6,20)

Besonderheiten
27 verschiedene Maultaschengerichte, Wild nach Saison, neuer Wein aus Ökoanbau, Kinderstühle, Kindergerichte

Sehenswürdigkeiten
Tübinger Altstadt, Schloß, Verbindungshäuser in der Schloßbergstraße

Anfahrt
A 81 Stuttgart-Singen, Ausfahrt Rottenburg, von dort über Hirschau oder Weilheim nach Tübingen; hinter den Bahngleisen links, vor dem Fußgängertunnel rechts den Berg hinauf, oben scharf links. Ganz oben hat das Hotel am Schloß Parkplätze.

Tübinger Ratskeller

Der alte *Ratskeller* ist unter den Tübinger Studenten vor allem beliebt wegen seiner phantastischen, riesigen Pfannkuchen, die es in etwa 20 Variationen gibt. Bestellen mehrere Personen am Tisch Pfannkuchen, gibt es manchmal schon Probleme mit dem Platz. In dem edel, aber gemütlich eingerichteten Kellergewölbe mit den großen Holztischen treffen sich aber nicht nur Studenten: Das bunt gemischte Publikum ist vielmehr einer der Reize des *Ratskellers*. Der andere ist die wirklich feine, ansprechende Küche, aus der neben der Pfannkuchen und einer Vielzahl vegetarischer Gerichte auch Wild, Steaks, Fisch, schwäbische Spezialitäten und Nudelgerichte kommen. *sl*

Speisen und Getränke
Leichte Zitronenschaumsuppe, Austernpilzsalat mit Walnüssen und Himbeerdressing, Spinatgratin mit Graved Lachs und Dill-Senf-Sauce (4,50-16,80)
Gemüsemaultaschen, Ragout vom Wildschwein aus dem Schwarzwald mit Preiselbeerbirne, Wildschweinfrischlingskeule mit Pfifferlingen, Filettopf »Ratskeller« aus Rinderfiletwürfeln in Sherryrahm mit Champignonköpfen, T-Bonesteak mit Kräuterbutter und grünen Bohnen (15,80-34,80)
Panna Cotta mit Erdbeersauce, Kir Royal Creme mit gemischten Beeren, Joghurtmousse mit Heidelbeeren (6,80-8,80)
Bier: Schwabenbräu (0,25 l ab 2,90)
Wein: regionale, italienische und französische Weine; große Auswahl vor allem an italienischen und französischen Flaschenweinen

Besonderheiten
Sehr große Auswahl sowohl pikanter als auch süßer Pfannkuchen; Bar, Spielplatz, Kinderstühle und -gerichte

Sehenswürdigkeiten
Tübinger Altstadt, Schloß, Verbindungshäuser in der Schloßbergstraße

Anfahrt
A 81 Stuttgart-Singen, Ausfahrt Rottenburg, von dort über Hirschau oder Weilheim nach Tübingen; dann am besten zu Fuß in die Altstadt

T

Tübinger Ratskeller
Haaggasse 4
(Eingang von Rathausgasse)
72070 Tübingen
Tel. 070 71/213 91
Fax 070 71/278 83

Mo-Sa 18.00-1.00
So 18.00-24.00
Küche:
Mo-Fr 18.00-23.30
Sa, So 18.00-23.00

140 Plätze
1 Nebenraum (Bar)
30 Plätze im Freien
Reservierung ab 3 Personen angeraten

Keine Kreditkarten

Schwärzlocher Hof

Halb Tübingen ist im Sommer auf dem *Schwärzlocher Hof* anzutreffen: Vom Burschenschaftler über linksalternative Studenten bis hin zu Honoratioren trifft sich alles in Tübingens herrlichstem Biergarten mit Blick aufs Ammertal. Das Hofgut wurde 1085 zum ersten Mal urkundlich erwähnt; seit über 200 Jahren ist es eine Gaststätte. Das Restaurant ist in einer ehemaligen Kapelle eingerichtet: Im Nebenraum, der Apsis, fühlt man sich ins Mittelalter zurückversetzt. Immer noch wird Landwirtschaft betrieben, was vor allem für die Kinder interessant ist: Pfauen, Hühner und Gänse spazieren draußen umher, in den Ställen gibt es Schweine, Rinder, Ziegen und Pferde. Viele Erwachsene kommen nicht zuletzt wegen der Mostbowle, die der Wirt, Hans-Peter Horn, aus eigenen Äpfeln ansetzt, und wegen des selbstgebackenen Brotes, das mittwochs und samstags auf dem Hof verkauft wird. Der Renner aus Horns Küche ist ganz klar der Mostbraten, den es nur hier gibt. Und im Sommer bietet der Wirt draußen für seine Gäste Grillgerichte an. *sl*

T

Schwärzlocher Hof
Schwärzloch 1
72070 Tübingen
Tel. 070 71/433 62
Fax 070 71/450 34

Mi-So 11.00-22.00
Mo, Di Ruhetage
Küche: 12.00-14.00
und 18.00-21.00
Sa/So kleine
Gerichte
durchgehend
erhältlich
Weihnachten für
ca. 2 Wochen
geschlossen

140 Plätze
3 Nebenräume
300 Plätze im Freien
Reservierung für
Innenräume
erwünscht

Keine Kreditkarten

Speisen und Getränke

Gebackene Champignons mit Tartarensauce, Schwäbische Hirnsuppe, lauwarmer Tafelspitz (5,50-13,50)
Mostbraten vom Schweinehals auf Sauerkraut, Schweinelendchen mit Pfifferlingrahmsauce, Ochsenzunge in Madeirasauce, Hirschragout mit Preiselbeeren (13,50-29,80)
Hausgemachte rote Grütze, Schwärzlocher Apfelkrem, Hagebuttenflädle mit Schokoladensauce (4,50-9,80)
Bier: Schwabenbräu (0,3 l ab 4,20)
Wein: Kleine, aber feine Auswahl vorrangig Württemberger und Unterjesinger Rot- und Weißweine (0,25 l ab 5,50)

Besonderheiten

Most und Mostbowle, Mostbraten, großer Biergarten, selbstgebackenes Brot, Kinderstühle und -gerichte

Sehenswürdigkeiten

Der Hof selbst mit seinen Tieren ist sehenswert; Aussicht vom Garten, Wurmlinger Kapelle, Wanderwege von Tübingen

Anfahrt

Von Herrenberg kommend vor dem Schloßbergtunnel (B 28) rechts abbiegen; von Reutlingen oder Hechingen kommend in Richtung Herrenberg (B 28) fahren und nach dem Schloßbergtunnel links abbiegen; am Ende des Schleifmühlewegs die Bahnlinie überqueren und rechts abbiegen

Pflugmerzler

Die Weinstube *Pflugmerzler* in der Ulmer Innenstadt, einen Steinwurf von den Osttürmen des Münsters entfernt, gehört zu den feinen Adressen im Schatten des höchsten Kirchturms der Welt. Hier, in diesem urigen Lokal in der Ulmer City, setzen sich alteingesessene Ulmer zu einem wirklich guten Essen und einem mundenden Viertele hin, philosophieren vielleicht mal wieder darüber, wie aus der *Merzlerei* und aus der Wirtschaft *Zum Goldenen Pflug* schließlich der legendäre *Pflugmerzler* wurde. Hier wird seit 25 Jahren jeder Gast von den Wirtsleuten aus dem Allgäu individuell betreut. Der Chef des Hauses legt noch selbst Hand am Küchenherd an, und die Wirtin kümmert sich so persönlich und herzlich um jeden Gast, daß jedem Viertelesschlotzer das Herz überlaufen könnte. Der Blumenschmuck auf den Tischen ist schon sprichwörtlich, und die Lektüre der liebevoll verfaßten und sehr reichhaltigen Speisekarte ist allein schon ein Genuß. Eben ein Lokal, in dem es sich rundum wohl sein läßt. *gh*

Speisen und Getränke
Stockfisch-Weinsüpple, saure Kuttelfleck in Trollinger-sauce, Gaisburger Marsch, Kässpätzle (6,80-18,80)
Kalbslendchen, Fischmaultaschen auf Spinatgemüse, Zander-Rostbraten, Lammrücken im Backrohr gebraten, Stockfisch gesotten (14,80-39,80)
Heiße Bibeles-Knödel mit Vanillesauce, angemachter Ziegenfrischkäse mit gesalzenen Apfelküchle (4,50-15,80)
Bier: Herrenpils vom Faß, leichtes helles Schankbier der Münster Brauerei (0,3 l für 3,80)
Wein: Weine aus Württemberg und Baden, Italien und Frankreich und auch zwei Schweizer; schier unerschöpfliche Weinkarte (0,25 l ab 5,80)

Besonderheiten
Ein Lokal mitten in der Ulmer City. Für die große Vesperkarte wirklich den großen Hunger mitbringen!

Sehenswürdigkeiten
Das Ulmer Münster mit dem höchsten Kirchturm der Welt (161 Meter), mehrere Museen (Deutsches Brotmuseum), Stadthaus, Fischerviertel, Universität

Anfahrt
Von A 7 und A 8 sowie von mehreren Bundesstraßen Richtung Ulmer Innenstadt, dort Parkhaus ansteuern

---

U

Pflugmerzler
Pfluggasse 6
89073 Ulm
Tel. 07 31/680 61
Fax 07 31/680 62

Mo-Fr 11.00-14.30
und 18.00-23.00
Sa ab 15.00
geschlossen
So und Feiertage
Ruhetage
Küche: 11.30-14.00
und 18.00-21.30

60 Plätze
1 Nebenraum
Reservierung eine
Woche zuvor
unbedingt
erforderlich

Keine Kreditkarten

Landhotel Adler

Recht originell ausstaffiert ist die Wirtsstube des Landgast-hofes *Adler*. Denn die zusammengesammelte Dekoration im zeitgemäß renovierten Haus (erbaut 1556) in der Ortsmitte von Ummendorf bietet so etwas wie eine kleine schwäbische Brauereigeschichte. Gleichzeitig belegen die Exponate in Email und hinter Glas, wie der Kunde einst umworben wurde. Zwar hat auch in Oberschwaben in den letzten Jahrzehnten ein kräftiger Konzentrations- und Verdrängungswettbewerb im Brauereiwesen stattgefunden, doch nach wie vor gibt es hier wie kaum anderswo auf so engem Raum solch eine Vielzahl unterschiedlicher Biersorten. Und der Ummendorfer *Adler* offeriert dem Bierfreund im urigen Ambiente zusätz-lich zu den heimischen Produkten auch bald ein Dutzend Marken anderer Regionen, bis hin ins Rheinland und nach Berlin. Was die Küche anbetrifft, so setzt man nicht auf eine schier überbordende Speisekarte, sondern auf die ländlich-schwäbische, regionale Küche. In Oberschwaben heißt das nach wie vor: reichhaltige, deftige Hauptmahlzeiten. Speziali-täten des Hauses? Maultaschen in unterschiedlichen Varia-tionen. Bald wird das unterverpachtete Gasthaus mit durch-gehender Küchenzeit von einem deutsch-spanischen Ehe-paar geleitet, das die bekannte Linie des Hauses fortführen wird, allerdings ergänzt um ein paar spanische Menüs. *häm*

U

Landhotel Adler
Häuserner Straße 2
88444 Ummendorf
Tel. 073 51/325 24
Fax 073 51/326 23

Di-Sa 11.00-1.00
So ab 10.00
Mo Ruhetag
Küche: 11.30-22.00

60 Plätze
1 Nebenraum
Reservierung bei
größeren
Gesellschaften
erwünscht

4 EZ ab 78,00
6 DZ ab 110,00

Keine Kreditkarten

Speisen und Getränke

Leckere Salate in großen und kleinen Portionen, etwa »Landliebe« mit Schafskäse und Oliven (9,40-12,20)
Kässpätzle, Zwiebelrostbraten mit Schupfnudeln, Brat-hähnchen, verschiedene Maultaschengerichte (6,90-23,00)
Vanilleeis mit heißen Himbeeren, Apfelküchle (6,80-7,50)
Bier: Ott-Pils, Ott-Export (0,3 l ab 2,80)
Wein: Französische und württembergische Landweine, Haberschlachter (0,25 l ab 4,20)

Besonderheiten

Wunschmenüs für Kinder inkl. Eis am Stiel

Sehenswürdigkeiten

Schloß Ummendorf; in der Nähe: Barock-Wallfahrtskirche Steinhausen, Kreisfreilichtmuseum Kürnbach (Info: Tel. 075 83/24 48); Erstes Deutsches Bierkrugmuseum und Theaterstadel in Schussenried

Anfahrt

A 7 Stuttgart-Ulm; B 30 Richtung Friedrichshafen, Abfahrt Biberach Süd (Jordanei) gen Ochsenhausen, dann erste Ampel rechts

Rietgarten

Durch und durch behaglich – das ist das *Restaurant Rietgarten*, das sich in einer stillen Gasse im Herzen der alten Zähringerstadt Villingen befindet. Hier schafft ein dezentes, helles Interieur mit freundlichen Farben und Springbrunnen gediegene Atmosphäre. Und hier kocht der Chef persönlich und läßt sich spätestens dann, wenn es zum obligatorischen und sehr feinen Salatbuffet geht, auch schon mal über die Schulter schauen. Die Speisekarte verspricht ausgewählte Spezialitäten. Da kommt der Vegetarier ebenso auf seine Kosten wie der Gast, dem nach einem der »Steaks vom heißen Stein« zumute ist. Wer im Sommer seine Leckerbissen auf der Terrasse genießt, kann von dort aus gleichzeitig das in unmittelbarer Nähe gelegene Franziskaner-Konzerthaus bestaunen, wo schon namhafte Orchester aus aller Welt zu Gast waren. Kaum noch vorstellbar ist hingegen die Geschichte des Gasthauses: Beherbergte der vordere Teil einstmals nämlich eine Schmiede, nehmen heute die Feinschmecker im hinteren Teil in einem ehemaligen Kuhstall Platz. *bb*

Speisen und Getränke
Badisches Schneckenrahmsüpple mit Cognac, Norwegischer Räucherlachs mit Sahnemeerrettich (5,80-16,20) Kartoffel-Gemüsepfännle mit Emmentaler überbacken, Filetgeschnetzeltes von Rind und Schwein mit grünem Pfeffer in Calvadosrahm, verschiedene Steaks vom heißen Stein mit Beilagen nach Wahl (14,20-32,50) Eistörtchen »Grand Marnier«, Zitronensorbet mit Cassis, Mousse au chocolate (5,00-9,80) Bier: Paulaner Export, Alpirsbacher (0,2 l ab 2,30) Wein: Burgheimer, Hex von Dasenstein, Französische Landweine (0,25 l ab 4,50)

Besonderheiten
Ausgezeichnetes Salatbuffet, vegetarische Gerichte, Wild- und Fischwochen

Sehenswürdigkeiten
Münster, historische Stadtmauer mit drei erhaltenen Toren, Franziskaner-Museum mit Konzerthaus, Kurpark

Anfahrt
Bahn: Schwarzwaldbahn bis Bahnhof Villingen (10-15 Gehminuten entfernt) Auto: A 81, Ausfahrt Villingen-Schwenningen, B 523 Richtung Villingen-Zentrum, Parkplatz Theater am Ring

Bistro-Restaurant
Rietgarten
Rietgasse 1
78050 Villingen-
Schwenningen
Tel. 077 21/251 56
Fax 077 21/272 24

Mo-So 11.00-14.30
und 17.00-23.00
Küche: 11.00-14.00
und 17.00-23.00

70 Plätze
60 Plätze im Freien
Reservierung
angeraten

Kreditkarten: Diners,
American Express,
Visa, Eurocard

Beim Hader–Karle

In einem annähernd 160 Jahre alten Fachwerkhaus eröffneten Karl und Beate Fleig 1992 die Gaststätte, nachdem das Erdgeschoß um einen prächtigen Wintergarten erweitert worden war. Der komplett neu eingerichtete Dorfgasthof wird nicht nur von hungrigen Gästen angesteuert, an der zentral in den Wirtsraum hineinragenden Theke finden sich auch stets Bierfreude ein, denn beim *Hader-Karle* gibt es neben drei Pils-Bieren auch Weizenbier vom Faß. Zusätzlich ist wechselnd stets eine Bier-Spezialität im Anstich im Angebot. In der Region legendär sind die Raclettes (nur auf Bestellung), bei denen die Zutaten jeweils individuell nach Beratung zusammengestellt werden können. Ansonsten gibt es satte Steaks: Rind und Schwein auf jede erdenkliche Art kurzgebraten, mit wechselnden, saisonal abhängigen Beilagen. Dabei werden vom Schwein nicht nur die edlen Teile angeboten: Mitunter gibt es auf der ohnehin alle sechs Wochen größtenteils wechselnden Karte auch Deftiges. Bedient wird man vom Chef selber. Im Sommer wird auf der großen Terrasse auch gegrillt. *sp*

Speisen und Getränke

Hausgemachte Gulaschsuppe (6,00)
Rumpsteak mit Cognac flambiert, Schweinemedaillons Tessiner Art, knuspriges Ripple vom Grill, Rumpsteak »Pistolero« mit feuriger mexikanischer Sauce (8,80-26,80)
Verschiedene Eisspezialitäten (Preis nach Angebot)
Bier: Alpirsbacher Pils, Jever Pils, Huber Weizen vom Faß (0,3 l ab 3,50); dazu wechselnde Aktionsbiere
Wein: Vorwiegend südbadische Weine, aber auch französische und italienische Tropfen (0,25 l ab 5,00)

Besonderheiten

Raclette im Winter, Grillspezialitäten im Sommer; wechselnde Bierraritäten; Kinderspielplatz

Sehenswürdigkeiten

Münster und alter Stadtkern in Villingen-Schwenningen

Anfahrt

A 81, Ausfahrt Villingen-Schwenningen, Richtung Villingen-Schwennigen nach ca. 5 km rechts nach Weilersbach abbiegen

V

Beim Hader-Karle
Längentalstraße 3
78052 VS-
Weilersbach
Tel. 077 21/635 91
Fax 077 21/635 97

Mo-Sa 16.00-24.00
So Ruhetag
Küche:
Mo-Do 18.00-22.00
Fr 18.00-22.30
Sa 17.30-22.30

70 Plätze
60 Plätze auf der
Terrasse
Reservierung
erwünscht

Kreditkarten: Visa,
Eurocard

Zum Kaiserstuhl

In Vogtsburg-Niederrotweil ist ein innovativer junger Koch zu finden. Das Winzerörtchen ist klein, Straßennamen gibt es keine, die Häuser werden durchgezählt. Am Haus Nr. 5 prangt ein schönes Wirtshausschild. Hier im Gasthaus *Zum Kaiserstuhl* befindet sich Lothar Kochs Reich. Seit 1921 ist das Haus in Familienbesitz. Heute noch kommen ältere Leute und schwärmen von den Leberle, den feinen Brägele und von der immer freundlichen Babett, der Großmutter des heutigen Wirts. Innen hat sich seither wenig verändert, den Gast erwartet eine eher urwüchsige Dorfkneipenatmosphäre, eine Theke, einfache Holztische und -stühle, ein Stammtisch, an dem die Einheimischen gerne ihr »Viertele schlotzen«. In der Küche geht es allerdings weniger dörflich-deftig zu, allenfalls die einfache Winzerkost ist für eine Brotzeit recht. Lothar Koch hat in renommierten Häusern gearbeitet. Seine Gesellenzeit bei Franz Keller hinterließ deutliche Spuren. Eigenwillig setzt er heimische Kräuter und Blüten in seiner Küche ein, was ihm den Namen Kräuterkoch einbrachte. Und die Teller sind stets mit frischen Blüten geschmückt. Dekoration oder eßbar? – Fragende Blicke sind hier keine Seltenheit. *gas*

Speisen und Getränke

Löwenzahnsalat, Terrinen und Pasteten vom Reh, Schlüsselblumensamtsuppe (9,00-16,00)
Rinderlendenstück mit Bärlauch gebraten, Morcheln in Thymiansalat mit Koriandernudeln, Eglifilet in Fliederessigsud, Wels in der Sesamkruste (19,00-42,00)
Preiselbeersorbet mit Hagebuttenwein, viele Cremes, Sorbets und Eisprodukte aus eigener Herstellung (10,00-12,00)
Bier: Clausthaler, Ganter Export und Pils (0,3 l ab 4,00)
Wein: Vorwiegend regionale Weine, sämtliche Weingrößen des Kaiserstuhls (0,25 l ab 4,00)

Besonderheiten

Ausgefallene Kräuterküche, der Renner: Brennesselspätzle; Kinderstühle, Kinderportionen, Bilder- und Malbücher

Sehenswürdigkeiten

St. Michaelskirche in Niederrotweil, schönes Wandergebiet, Weinproben in Kaiserstühler Winzergenossenschaften und bei Winzern

Anfahrt

A 5, Abfahrt Bad Krozingen in Richtung Breisach, Umgehungsstraße nach Burkheim, links nach Niederrotweil

Zum Kaiserstuhl
Nr. 5
79235 Vogtsburg-Niederrotweil
Tel. 076 62/237

Di-Sa ganztägig geöffnet
So ab 15.00 geschlossen
Mo Ruhetag
Küche:
Di-Sa 12.00-14.00
und 18.00-21.30
So 12.00-14.00

52 Plätze
1 Nebenraum
12 Plätze im Freien in einer kleinen Weinlaube
Reservierung angeraten

Keine Kreditkarten

Museumsgasthof Roter Ochsen

Ein Gasthof ganz besonderer Art ist der *Rote Ochsen* in Wackershofen, der, 1530 erbaut, auf eine in Baden-Württemberg wohl einzigartige Tradition zurückblicken kann. Die einstige Durchgangsstation von Fuhrknechten, Soldaten, Handwerkern auf der Walz oder Hohenloher Viehhändlern, die ihre Mastochsen bis ins Elsaß trieben und dort verkauften, ist zugleich lebendiges Wirtshaus und Anschauungsmodell für historische Gasthofkultur. Schon König Friedrich I. von Württemberg, der 1810 im *Ochsen* abstieg, wußte die ausgezeichnete Küche zu schätzen. Deren Qualität kann sich auch heute unter der inzwischen 18. Pächterfamilie Scholz sehen bzw. schmecken lassen. Nach einem katastrophalen Brand am 9.12.1993 wurde der *Rote Ochse* in dreijähriger mühevoller Kleinarbeit wieder aufgebaut. Bis zur Neueröffnung im Sommer 1996 ist das *Haus Weidner* kulinarischer Mittelpunkt (nicht nur) des Freilandmuseums. Das mit viel Liebe zum Detail eingerichtete und originalgetreu erhaltene ehemalige Wohn-Stall-Haus bildet einen ansprechenden Rahmen für die sehr empfehlenswerten regionaltypischen Speisen und Getränke. *rs*

Speisen und Getränke

Milder Räucherlachs mit Sahnemeerrettich, Heuholzer Weinsüpple, Schwäbische Hochzeitssuppe (5,50-13,50)
Terrine mit sauren Kutteln und Zwiebelbratkartoffeln, Schwäbische Pilzpfanne mit Käse überbacken, heimischer Wildschweinbraten mit Preiselbeerbirne, Wildhasenrückenfilet im »Pfännle« (13,50-26,90)
Frischer Kuchen, frische Erdbeeren mit Walnußeis und Sahne, Apfelstrudel mit Vanilleeis und Sahne (3,90-8,50)
Bier: Haller Löwenbräu vom Faß (0,4 l ab 4,20)
Wein: Württembergische Weine, z. B. Verrenberger Lindelberg, Unterheinrieter Sommerberg (0,25 l ab 4,20)

Besonderheiten

Attraktive Vesperkarten; Kindergerichte, Kinder bis drei Jahre essen umsonst; Seniorenteller

Sehenwürdigkeiten

Freilandmuseum Wackershofen (Tel. 07 91/840 61), Schwäbisch Haller Altstadt mit prächtigen Bürgerhäusern aus Gotik, Renaissance und Barock

Anfahrt

A 6, Ausfahrt Kupferzell, B 19 Richtung Schwäbisch Hall, Abzweigung rechts, Richtung Wackershofen

W

Museumsgasthof
Roter Ochsen
(Haus Weidner)
Im Hohenloher
Freilandmuseum
74523 Schwäbisch
Hall/Wackershofen
Tel. 07 91/841 72
Fax 07 91/854 93

Di-So 8.30-24.00
Mo Ruhetag
Küche: 11.30-22.00
(verschiedene Karten)

220 Plätze
2 Nebenräume
300 Plätze im Freien
Reservierung
angeraten

Keine Kreditkarten

Staufer Kastell

Hoch über der Kreisstadt Waiblingen liegt das Restaurant *Staufer Kastell* auf der Korber Höhe. Der Inhaber und Küchenchef Karl-Heinz Hermann bewirtet seine Gäste an diesem Ort schon seit 1980 und hat sich durch Qualität und Variantenreichtum seiner schwäbischen Küche, bei der nicht nur für jeden Geschmack, sondern auch für jeden Geldbeutel etwas dabei ist, einen Namen gemacht. Individualisten, die ungern à la carte essen, kommen im *Staufer Kastell* voll auf ihre Kosten: Über zwanzig verschiedene Speisenfolgen können je nach Wunsch zusammengestellt werden. Da kommt wirklich jeder auf seinen Geschmack. Das hat sich herumgesprochen, und das Restaurant ist inzwischen so beliebt, daß es an Samstagen geschlossenen Gesellschaften vorbehalten bleibt. Kleinere Gesellschaften können im Nebenraum, der Fischerhütte, zünftige, aber auch erlesene Feste feiern. Die Wände des gemütlichen Zimmers sind mit einem Wildbachszenario bemalt, und der gesamte Raum ist mit Fischen aller Art und Netzen dekoriert. *jük*

Speisen und Getränke

Geräuchertes Forellenfilet und Räucherlachs, Königinpastete gefüllt mit feinem Ragout, Scampispieß (8,00-16,00)
Schwabenpfännle (verschiedene Lendchen) und Kässpätzle, Hirschkalbsbraten, Kabeljaufilet (18,00-30,00)
Vanilleeis mit heißer Schokosauce, Früchteteller mit exotischen Früchten, Feige mit Wodka und Eis (4,80-9,50)
Bier: Stuttgarter Hofbräu, Herrenpils, Keller-Pils, Warsteiner, Hefe-Weizen (0,3 l ab 3,00)
Wein: Württemberger Weine (0,25 l ab 5,00)

Besonderheiten

Großes Salatbuffet, Grillfeste im Sommer; Kinderstühle, Kindergerichte und -portionen, Spielecke, Bilder- und Malbücher, Spielplatz

Sehenswürdigkeiten

Historische Altstadt mit Stadtmauer

Anfahrt

B 14 Waiblingen Richtung Backnang, Ausfahrt Waiblingen-Nord, Richtung Waiblingen, links zum Wohngebiet Korber Höhe, dann rechts in die Salierstraße, das *Staufer Kastell* befindet sich beim Einkaufszentrum.

Staufer Kastell
Salierstraße 5/1
71334 Waiblingen
Tel. 071 51/812 88
Fax 071 51/812 88

So-Di, Do-Fr
9.30-24.00
Mi Ruhetag
Sa nur geschlossene
Gesellschaften
Küche: 11.00-14.00
und 17.00-23.00

135 Plätze
2 Nebenräume
2 Tagungsräume
30 Sitzplätze im
Freien
Reservierung 1 Tag
im voraus angeraten

Keine Kreditkarten

Waldshuter Hof

Der *Waldshuter Hof* logiert in einem Altstadtensemble, das zu den schönsten am ganzen Hochrhein zählt: die von zwei mittelalterlichen Stadttoren eingerahmte Kaiserstraße von Waldshut. Die opulente Kulisse mit ihren prächtigen Bürgerhäusern hat Siegfried Conzelmann vom *Waldshuter Hof* indes wenig beeindruckt. Bescheidenheit ohne Qualitätsverzicht lautet seine Küchenphilosophie. Auch zu Zeiten, als Hummer und Kaviar satt im Publikumstrend lagen, blieb der gradlinige Schwabe immer seiner Devise hinter dem Herd treu: Kreativität und Phantasie ohne jeden Schnörkel. Ganz anders Ehefrau Antonia, Seele im Service, die mit ihren ausgefallenen Dekorationen immer wieder für einen Augenschmaus sorgt. Als einer der ersten der Region stieg ihr Mann übrigens auf heimische Lieferanten um. Auch bei den sogenannten Aktionswochen, etwa mit Lamm, Wild, Geflügel oder Edelfischen, war er einer der Vorreiter am Hochrhein. *tb*

W

Hotel Restaurant
Waldshuter Hof
Kaiserstr. 56
79761 Waldshut
Tel. 077 51/875 10
oder 20 08
Fax 077 51/87 51 70

Di-Sa 7.00-24.00
So 9.00-15.00
Mo Ruhetag
Küche: 11.45-14.00
und 18.00-21.30

80 Plätze
1 Nebenraum
40 Plätze im Freien
Reservierung
angeraten

7 EZ zu 90,00
16 DZ zu 145,00

Kreditkarten: Visa,
Eurocard

Speisen und Getränke

Badisches Schneckenrahmsüpple, Austern auf Blattspinat überbacken, Wildpastete mit Sauce Cumberland (5,80-16,80)
Bodensee Eglifilets mit Dillschaum überbacken, Filetspitzen »Walliser Art« mit Pfifferlingsamtsauce, Lammrückenmedaillons mit Ratatouillegemüse, Kaninchenrücken im Netz gebraten auf Cognacsamtsauce und Gemüsebouquet (16,80-35,00)
Ananas-Sorbet, Mangoeisparfait (6,00-15,00)
Bier: Riegeler Bier (0,3 l ab 3,60)
Wein: Weine aus Baden, z. B. Egelhof, Bercher, Hohenlengen (0,25 l ab 6,50)

Besonderheiten

Kinderstühle, Kindergerichte

Sehenswürdigkeiten

Altstadt von Waldshut, Rheinpromenade, Tierpark

Anfahrt

Von Lörrach oder Schaffhausen über die B 34; das Lokal befindet sich, wie oben beschrieben, in der Altstadt

Sonnenhof

Es kann passieren, daß man sich auf Anhieb in das Restaurant am Fuß der drei Kaiserberge Stuifen, Rechberg und Staufen verliebt. Zum Beispiel dann, wenn man im Winter die Gaststube betritt und sich plötzlich einer verschneiten alten Gartenbank gegenübersieht, auf der Arm in Arm zwei Plüsch-Eisbären sitzen. Chefin Rita Hilse arrangiert das Ambiente des *Sonnenhofs* mit Gespür und Phantasie so erstaunlich, daß man fast an einen hausinternen Wettbewerb mit der Küche um die Gunst des Gastes glauben könnte. Und das ist ein Wettbewerb auf hohem Niveau, hat doch hinter den Pfannen und Töpfen Helmut Hilse das Sagen, der auf eine lange Reihe von internationalen Erfolgen mit der deutschen Koch-Nationalmannschaft verweisen kann. Kandidat für Sterne ist das Haus schon länger, wenn, ja wenn da nicht die feste Bindung an die bodenständige schwäbische Küche wäre, die sich in einem eigenen Teil der Karte niederschlägt und auf die Chef und Chefin um keinen Preis verzichten wollen. Und die Gäste kommen auch ohne Stern von weit her, um sich im *Sonnenhof* verwöhnen zu lassen. *ml*

Speisen und Getränke
Tomatencremesuppe mit Basilikumsahne, feine Salate mit gebratener Wachtel und Linsen (8,50-25,00)
Wildhasenrücken im Sesamflädle, Gerstenküchle mit Champignons gratiniert, Schwäbischer Rostbraten mit Bratkartoffeln und Salat (15,00-44,00)
Wachauer Topfenknödel mit heißen Zwetschgen und Vanilleeis, Pralinenparfait mit Rumtopfsabayon (9,50-14,00)
Bier: Heubacher Bier und wechselnde überregionale Biere vom Faß (0,3 l ab 3,30)
Wein: Beachtliche Weinkarte mit umfassender Abdeckung sämtlicher Regionen. Der Schwerpunkt liegt auf heimischen Weinen (0,25 l ab 7,00).

Besonderheiten
Liebenswerte Dekoration; Kinderstühle, Kinderportionen, Spielplatz

Sehenswürdigkeiten
Schöne Landschaft rund um die drei Kaiserberge, Stauferstadt, Schwäbisch Gmünd in 4 km Entfernung

Anfahrt
B 29 bis Schwäbisch Gmünd, dort dann Richtung Waldstetten (4 km); in der Ortsmitte Richtung Wielerstoffel, nach ca. 300 m rechts (beschildert)

Sonnenhof
Lauchgasse 19
73550 Waldstetten
Tel. 071 71/423 09
oder 494 10

Di-Fr, So
12.00-15.00
und 18.00-24.00
Sa 18.00-24.00
Mo Ruhetag
Küche: wie
Öffnungszeiten

180 Plätze
3 Nebenräume
3 Tagungsräume
40 Plätze im Freien
200 Plätze im
Biergarten
Reservierung
angeraten

Kreditkarten: Diners,
American Express,
Visa, Eurocard

Landgasthof Linde

Das Wohlfühl-Rezept der *Linde* für zufriedene Gäste ist ebenso einfach wie wirksam: Gute Gastlichkeit, ein urgemütliches Ambiente und eine Küche, die – bei zivilen Preisen – ebenso schmackhaft wie reichlich aufzutischen weiß. Aus der einstigen, über 100 Jahre alten Dorfwirtschaft, in der man sich nach hartem Tagwerk traf und Fuhrmänner zur Stärkung einkehrten, ist ein Landgasthof mit weit vernehmbarem guten Ruf geworden. Dabei scheinen Haus und Küche gleichsam ein Spiegelbild der Gegend zu sein, in der man sowohl bodenständig geblieben als auch Neuem gegenüber aufgeschlossen ist. Der Besitzer pflegt die regionaltypische Küche, die er variiert und verfeinert. Da sind der heimische Grünkern und Deftiges nach Hausmacher Art (eigene Schlachtung) ebenso vertreten wie Fisch, Wild und Lamm. Eine originelle Spezialität ist der »Odenwälder Misthaufen«: Blut- und Leberwurst mit herzhaftem Käse überbacken. Daneben wird die Karte durch Schmankerln aus der internationalen Küche bereichert. Das Publikum ist übrigens bunt gemischt: Der einheimische Landwirt am Stammtisch, die fachsimpelnden Golfer vom benachbarten 18-Loch-Platz oder die beeindruckten Besucher des nahen Odenwälder Freilandmuseums fühlen sich in der *Linde* ebenso wohl wie jene, die zum festlichen Essen aus besonderem Anlaß kommen. *bg*

W

Landgasthof Linde
Lindenstraße 6
74731 Walldürn-
Gerolzahn
Tel. 062 86/772

Di-So 10.00-14.30
und 16.30-24.00
Mo Ruhetag
Küche: 11.00-14.00
und 17.00-22.00

120 Plätze
1 Neben- bzw.
Tagungsraum
30 Plätze auf
überdachter Terrasse
Reservierung am
Wochenende
angeraten

Keine Kreditkarten

Speisen und Getränke

Grünkernsuppe, Odenwälder Forellenfilet, frische Grünkernsalate (4,00-12,00)
Rinderfilet »Waldschrat« mit Pfifferlingen, Lamm-Pfännchen, Waldarbeiter-Steak, Wildschweinbraten (7,00-29,80)
Eis-, Creme- und Puddingspezialitäten (3,50-7,50)
Bier: Distelhäuser vom Faß (0,3 l ab 3,00)
Wein: Vorwiegend aus Franken (Bocksbeutel) und Baden (0,25 l ab 4,50)

Besonderheiten

Hausmacher Wurst, Kinderportionen und -gerichte, Kinderstühle, Wickelraum, Spielecke

Sehenswürdigkeiten

Odenwälder Freilandmuseum (in den Sommermonaten täglich außer Mo: 10.00-18.00 bzw. 17.00) Wallfahrtsstadt Walldürn, römischer Limes, historische Städte Miltenberg und Amorbach

Anfahrt

A 3, Abfahrt Seligenstadt oder Wertheim, A 81, Abfahrt Osterburken, B 27 und 47 bis Walldürn

Bastion

Die *Bastion* ist schon wegen ihrer Innenarchitektur einen Besuch wert: Die Mauern der ehemaligen Stadttorwache und des Kerkers von Weikersheim sind Teil der Gaststätte. Die übrige Einrichtung wurde dem mittelalterlichen Ambiente angepaßt: Holzbalken, offener Stein, Gewölbekeller, alte Gerätschaften und ein Kamin sorgen für Gemütlichkeit. Uwe Lang, Chef und Koch des Hauses, schafft in seinem Lokal eine familiäre Atmosphäre. Er kommt gerne einmal an den Tisch der Gäste und plaudert mit ihnen über Allgemeines, das Essen und vor allem über den Wein. Fleisch, Gemüse und den größten Teil des Weines bezieht er von Bauern aus der Umgebung. Eine Ausnahme macht er natürlich bei den alljährlichen spanischen Wochen. Die Ideen hierzu holte er sich bei seinen Reisen auf die kanarischen Inseln. Dort kostete sich Uwe Lang von Bodega zu Bodega durch und ließ sich aus erster Hand beraten. Die meiste Zeit des Jahres genießt man in der *Bastion* aber Regionales: Probieren Sie doch einmal die hausgemachten Maultaschen oder den Schwabenstreich für zwei Personen, der aus Highlights der schwäbischen Küche kombiniert wird. *dai*

Speisen und Getränke
1/2 Dutzend Weinbergschnecken im Tiegel, Champignons mit Knoblauch, Mexikanischer Feuertopf (4,50-12,00)
Hirschkalbsteak in Preiselbeerrahm, Lammkoteletts vom Grill, Filetmedaillons mit Käsecreme überbacken (9,50-26,50)
Apfelküchle mit Zimteis, Eisspezialitäten (ab 5,00)
Bier: Herbsthäuser Pils und Märzen, Bitburger (0,3 l ab 3,50)
Wein: Taubertäler Weine, Württemberger Weine, Spanische Weine, Spezialität: Barrique Wein, Bocksbeutel, Tauberschwarz (0,25 l ab 5,50)

Besonderheiten
Im Januar/Februar: Spanische Wochen; Kindergerichte, Kinderstühle, Bilder- und Malbücher

Sehenswürdigkeiten
Schloß Weikersheim (1.4.-31.10.: 9.00-18.00, 1.11.- 31. 3.: 10.00-12.00 und 13.30-16.00); Riemenschneider Altar in Creglingen (1.4.-1.11.: 9.15-17.30, 2.11.-31.3.: 10.00-12.00 und 13.00-16.00)

Anfahrt
A 81 Ausfahrt Boxberg oder Tauberbischofsheim, an der Romantischen Straße Richtung Rothenburg

Bastion
Am Weinmarkt
97990 Weikersheim
Tel. 079 34/88 72

Mo, Di, Do, Fr
10.30-14.00
und 17.30-23.30
Sa, So 10.30-23.30
Mi Ruhetag
Küche: 11.30-14.00
und 18.00-21.45

80 Plätze
1 Nebenraum
40 Plätze im Freien
Reservierung
angeraten

Keine Kreditkarten

181

Woinemer Hausbrauerei

Auf eine lange Braugeschichte blickt das gründerzeitliche Anwesen am Eingang des Birkenauer Tals zurück: Bis ins Jahr 1900 dampften hier die Braukessel, anschließend war der Betrieb stillgelegt. Erst vor 10 Jahren ist wieder Leben in das Sudhaus und die Gasträume drumherum eingekehrt. Ehrensache, daß ausschließlich nach altüberlieferten Rezepten und aus nichts anderem als Hopfen, Malz, Hefe und Brauwasser gebraut wird. Kurz über dem Gefrierpunkt lagert das »Woinemer Bier« schließlich im tiefen Kellergewölbe, bis sich der würzige Eigengeschmack entfaltet hat. Insgesamt fünf Räume stehen im Inneren des Lokals zur Verfügung, allen voran die »Gut Stubb« mit Kamin und antiken Einzelstücken. Sehenswert ist auch die »Sudhaus-Schänke«, wo man dem Braumeister bei der Arbeit zuschauen kann. Für klassische, jahreszeitliche Hausmannskost rund ums Bier steht Küchenchef Peter Wetzel, der sich auch kreativen Ideen nicht versperrt. Das Fleisch stammt übrigens von Galloway-Rindern und Freilaufschweinen, deren letztes Stündchen in der hauseigenen Metzgerei schlägt. *jg*

Woinemer
Hausbrauerei
Friedrichstr. 23
69469 Weinheim/
Bergstraße
Tel. 062 01/120 01
Fax 062 01/158 70

Mo-So 10.00-24.00
Küche: 12.00-14.00
und 18.00-23.00
im Restaurant,
in der Schänke
durchgehend

275 Plätze
80 Plätze im
Restaurant
4 Nebenzimmer
200 Plätze auf der
Hofterrasse
Reservierung im
Restaurant angeraten

Keine Kreditkarten

Speisen und Getränke

Woinemer Biersuppe, hausgeräucherter Wildschinken auf Melone, frische Champignons im Bierteig (5,80-15,50)

Brauerpfanne: Rinder- und Schweinegeschnetzeltes auf Bratkartoffeln mit Käse überbacken, Bierfleisch: Schweinegulasch, Odenwälder Forelle im Biersud (12,50-36,00)

Hausgemachter Eisgugelhupf mit Früchten und Sahne, rote Grütze mit ganzen Früchten und Sahne (4,50-9,50)

Bier: Naturtrübe Faßbiere aus eigener Erzeugung (0,3 l ab 3,50)

Wein: Einige offene Weine von der Bergstraße (0,2 l ab 4,90)

Besonderheiten

Brauereimuseum im Gewölbekeller, Bräukeller für Gesellschaften bis 130 Personen, Brauereiführungen nach Absprache, Bierseminare mit anschließender Bierprobe, Spezialitätenwochen, Schlachtfest jeden 2. und 4. Mittwoch

Sehenswürdigkeiten

Marktplatz, Schloß mit Exotenwald, Burgruine Windeck, Büdinger Hof (Judengasse 15), Reste der Stadtbefestigung mit drei Türmen und dem Obertor

Anfahrt

A 5 Abfahrt Weinheim, weiter Richtung Stadtmitte, hinterm Bahnhof links Richtung Stadthalle (Parkplatz)

Waldhotel Raitelberg

Der Name ist Programm: Das Haus steht mitten im Wald, in einer Höhe von 555 Metern und in reiner Luft. Hier gehen tatsächlich noch Rehe und Hasen spazieren. Pirschgänge, Naturspaziergänge und Kutschfahrten arrangiert die Familie Trefz mit Jägern und Förstern für alle, die einfach mal Natur genießen wollen – neben dem guten Essen. Landesübliche und leichte internationale Küche, Nachmittagskaffee auf der Sonnenterrasse, Brotzeit am Großgrill – der Tag ist ausgefüllt. Küchenmeister und Juniorchef Hartmut Trefz sorgt in dem 1977 als Familienbetrieb gegründeten höchstgelegnen Hotel der Region dafür, daß sich der Wanderfreund ebenso wohlfühlt wie der Hotel- und Tagungsgast. Gründer Walter Trefz hat zehn Enkel, da ist Kinderfreundlichkeit Ehrensache. Die familiäre und persönliche Atmophäre auch im Service ist neben dem weiten Blick über eine waldreiche Erholunglandshaft einer der herausragenden Aspekte diese Hauses. *schw*

Speisen und Getränke
Schwäbische Flädlesuppe, Eierstichsüppchen mit Gemüsestreifen, Cocktail von Avocados, Krabben und frischen Ananas im Salatbett (6,80-14,50)
Schollenfilet, Schwäbische Käsespätzle, Raitelberger Lendenpfännle, Seniorenteller, Schwäbischer Zwiebelrostbraten, Jägertoast mit Salatgarnitur (16,20-26,80)
Raitelbergbecher mit Eierlikör, Pfirsichsüppchen auf Fruchteis, Schwäbische Apfelküchle an Vanilleeis (8,50-12,50)
Bier: Haller Löwenbräu, Aktionsbiere (0,4 l ab 4,00)
Wein: Schwerpunkt Weinsberger Tal (0,25 l ab 5,80)

Besonderheiten
Sauna, Solarium, Grillplatz, Terrasse, Reiten, Kindergerichte

Sehenswürdigkeiten
Wanderwege, Kneippanlage, Riesenbäume, Ausflugsturm, Burg Mainfels, Bootsfahrten auf dem Finsterroter See, Hammerschmiede Rösersmühle, Breitenauer See Löwenstein, Freilichtspiele Schwäbisch Hall

Anfahrt
A 81 Ausfahrt Weinsberg, B 39 Richtung Löwenstein-Wüstenrot oder A 6 Ausfahrt Bretzfeld, Richtung Bretzfeld-Wüstenrot, den Hinweisschildern folgen

Waldhotel
Raitelberg
Schönblickstraße 39
71534 Wüstenrot
Tel. 079 45/930-0
Fax 079 45/93 01 00

Mo-So 6.30-24.00
Küche: 12.00-14.00
und 17.30-21.30

100 Plätze
3 Nebenräume
4 Tagungsräume
(mit tagungsgerechter, moderner Technik ausgestattet)
60 Plätze im Freien
Reservierung nicht erforderlich

15 EZ ab 67,00
25 DZ ab 87,00

Kreditkarten: Diners, American Express, Visa, Eurocard

Reuentaler Mühle

Bereits 1859 wurde amtlich festgestellt, daß die *Reuentaler Mühle* seit »unvordenklichen Zeiten« betrieben wurde. Das stimmt so allerdings nicht: Die 1318 erstmals urkundlich erwähnte Mühle erhielt »erst« 1603 ihre Wirtskonzession. Noch bemerkenswerter aber ist, daß das Anwesen, abgesehen von kurzen Unterbrechungen, immer im Besitz der Familie Ofteringer war, den Namensgebern des kleinen Ortsteils von Wutöschingen. Mehl wird in der *Reuentaler Mühle* zwar seit 80 Jahren nicht mehr gemahlen – obwohl sie noch intakt ist –, aber dafür sorgt Julius Ofteringer seit 1979 hinter dem Herd für mancherlei kulinarische Überraschungen. Nach dem Motto »Gut essen kann man überall, aber wo gibt es noch ein Rittermahl?« bietet der pfiffige Wirt eine fünfstündige Mischung aus Spaß, Show und deftigem Essen. Ein Spektakel, bei dem es schon mal derb zugehen kann. Doch die Gäste strömen. Nebenan gibt es noch ein kleines Museum mit landwirtschaftlichen Geräten. Sommers sitzt man auf der Terrasse und läßt die Wutach an sich vorbeifließen. – Idylle pur. *tb*

Speisen und Getränke
Frischer Nüsslisalat, Jakobsmuscheln an Champagnercreme, Badisches Schneckensüppchen (5,50-17,50)
Mastochsenbrust, Schwarzwald-Forelle in Mandelbutter, Filetsteak »Pfeffer« mit Sauce Bearnaise (13,80-32,50)
Heiße Himbeeren mit Vanilleeis, Mousse au Chocolat, frischer Fruchtsalat mit Vanilleeis (5,50-9,50)
Bier: Hirsch Pils (0,4 l ab 3,80)
Wein: Badische Weine, z. B. Britzinger, Erzinger, Sasbacher (0,25 l ab 6,00)

Besonderheiten
Auf Bestellung rustikale Rittermahle (ab 10 Personen). Die Speisekarte bietet zahlreiche Menüvorschläge an. Zur Zeremonie gehören u. a. die Begrüßung der Gäste durch einen Fanfarenbläser, Ritterweihe, Überreichen einer Teilnehmerurkunde und Vorführung der Mühle.

Sehenswürdigkeiten
Weinbaumuseum in Hallau, Küssaburg in Bechtersbohl, Lipsmuseum in Schleitheim, Museumsbahn in Strühlingen-Blumberg

Anfahrt
Von Tiengen B 314 Richtung Stühlingen, in Ofteringen rechts abbiegen

W

Reuentaler Mühle
Reuental 1
79793 Wutöschingen-Ofteringen
Tel. 077 46/53 07

Mi-So 11.00-23.00
Mo, Di Ruhetage
Küche: 11.30-14.30
und 17.00-22.00

90 Plätze
2 Nebenräume
100 Plätze im Freien
Reservierung
erwünscht
Für Rittermahle
Reservierung
mindestens 14 Tage
vorher unerläßlich

Kreditkarten: Diners,
American Express, Visa

Brauereigasthof Adler

Mitten in den Hügeln des Kraichgaus, der »Toskana Deutschlands«, liegt die kleine Gemeinde Zuzenhausen, die ihren Ruhm weit über die Gemarkungsgrenzen hinaus der Privatbrauerei mit ihren vorzüglichen Bieren verdankt. Seit über 150 Jahren verbindet sich die Familiengeschichte der heutigen Betreiber, Doris und Wilhelm Werner, mit der des stattlichen Anwesens, in dem noch immer mit Zutaten aus dem Kraichgau nach dem Reinheitsgebot von 1516 gebraut wird. Renner sind der begehrte dunkle Dachsenfranz und der Schulz-Keidel-Bock, beide trüb und naturbelassen wie alle Erzeugnisse aus den Braukesseln. Der moderne Hotelbetrieb mit seinen Suiten und Zimmern im Landhausstil entbehrt nicht einiger gemütlicher Ecken: Den erholungs- und entspannungssuchenden Gast locken vor allem die beiden gemütlich-rustikalen Brauhausstuben und der lichtdurchflutete, großzügige Wintergarten. Im Sommer schlürfen sich die kühlen Gerstensäfte noch besser im Biergarten vor der Haustür. Die Küche der Werners bietet herzhafte badische Gerichte in raffinierter Veredelung. Besondere Freude bei den Gästen kommt bei den regelmäßigen Spezialitätenwochen auf, die beispielsweise im Zeichen der Gans oder der vegetarischen Küche stehen. *jg*

Speisen und Getränke

Abgeschmolzene Bier-Brotsupp'n, eingelegte Backpflaumen im Sauerrahmspeckmantel (5,00-18,00)
Gesottene Ochsenbrust, gebackene Kalbsbriesscheiben im Malzmatel, Hirschkalbsbraten mit Schmorapfel (17,00-36,00)
Beeren-Joghurtterrine, Dachsenfranzsabayonne mit eingelegten Pflaumen und Zwetschgeneis (5,00-15,00)
Bier: Biere aus der eigenen Brauerei (0,3 l ab 3,30)
Weine: Badische Weine aus der Umgebung (0,25 l ab 6,80)

Besonderheiten

Vegetarische Wochen, Hubertuswochen, Martinsgansessen, Bierseminare, Frühstücksbuffet

Sehenswürdigkeiten

Burgruine (12. Jh.); barockes Schloßgut an der Straße nach Horrenberg; in Mauer (4 km) Fundort des »Homo heidelbergensis«-Unterkiefers (ca. 600 000 Jahre), Urgeschichtliches Museum im Rathaus

Anfahrt

A 6 Abfahrt Sinsheim, Richtung Sinsheim auf die B 45 bis Zuzenhausen, oder von Heidelberg Richtung Neckargemünd, dort auf die B 45 bis Zuzenhausen

Brauereigasthof
Adler
Hoffenheimer Str. 1
74939 Zuzenhausen
Tel. 062 26/920 70
Fax 062 26/92 07 40

Mo, Mi-Fr, So
11.00-14.00
und 17.30-23.00
Sa 17.30-23.00
Di Ruhetag
Küche: Mo, Mi-Fr, So
11.00-14.00
und 17.30-22.30
Sa 17.30-22.30

100 Plätze
2 Konferenzräume
50 Plätze im
Biergarten
Reservierung
angeraten

3 EZ ab 85,00
15 DZ ab130,00

Kreditkarten:
American Express,
Visa, Eurocard

Z

Die Autoren

Thomas Baur *(tb)*, Volker Bitzer *(vb)*, Bernhard Bomke *(bb)*, Ronald Böhme *(rb)*, Joachim Casel *(joc)*, Ute Daiß *(dai)*, Thomas Ducks *(du)*, Burkhart Gassenbauer *(bg)*, Karin und Mathias Gross *(kmg)*, Gerhard Gründler *(grü)*, Michael Hänssle *(häm)*, Gert Hensel *(gh)*, Steffen Herrmann *(sh)*, Jürgen Kemmner *(jük)*, Ursula Kaletta *(uk)*, Bruno Knöller *(bk)*, Stephanie Kopf *(sk)*, Georg Kümmel *(gk)*, Hannes Kuhnert *(hk)*, Ralph Lacher *(rl)*, Manfred Laduch *(ml)*, Peter Lanz *(pl)*, Sabine Lohr *(sl)*, Jutta Luem und Jörg Eigenmann *(jl)*, Peter Mackowiack *(pm)*, Norbert Pfisterer *(npf)*, Stefan Preuß *(sp)*, Gunther Reinhardt *(gr)*, Hans Roschach *(ros)*, Heike Rommel *(hr)*, Pius Sanns *(ps)*, Silvia Schmid *(ssm)*, Gerhard Schwinghammer *(schw)*, Dieter Senft *(jg)*, Volker Simon *(vs)*, Gerold Spreng *(ges)*, Gabriele Spring *(gas)*, Konrad Stammschröer *(er)*, Daniela Stoll *(das)*, Karl-Heinz Strohmaier *(str)*, Robin Szuttor *(rs)*, Karl-Heinz Truöl *(kht)*, Reiner Wagner *(wg)*, Felizitas Zemelka *(fz)*. Die mit *shrimps* gezeichneten Artikel wurden – leicht überarbeitet – dem *ars vivendi* Restaurantführer *Stuttgart zwischen Shrimps & Schaschlik* entnommen.

Register

Register Restaurants

Zähringer Burg, Freiburg 61
Zauberlehrling, Stuttgart 161
Zehners Stube, Pfaffenweiler 128
Zum Alten Bären, Denkendorf 41
Zum Alten Rentamt, Schwaigern 147
Zum Dorfkrug, Heilbronn-Neckargartach 81
Zum Engel, Buchen/Hollerbach 36
Zum Hirsch, Flözlingen 57
Zum Kaiserstuhl, Vogtsburg-Niederrotweil 175
Zum Kranz, Lörrach 105
Zum Kreuz, Steinheim 151
Zum Löwen, Aichelberg/Aichwald 11
Zum Löwen, Altheim 15
Zum Löwen, Steinenbronn 150
Zum Ochsen, Berkheim/Iller. 30
Zum Ochsen, Mannheim-Feudenheim 109
Zum Ochsen, Mosbach-Nüstenbach 118
Zum Rebstock, Bühl-Eisental (Müllenbach) 38
Zum Roß, Hardheim-Schweinberg 74
Zum Schwanen, Esslingen a.N. 53
Zum Schwanen, Sachsenheim/Ochsenbach 124
Zum Spreisel, Heidelberg 77
Zum Waldhorn, Metzingen-Glems 117
Zur alten Mühle, Neuenbürg 122
Zur Hammermühle, Fichtenau-Lautenbach 56
Zur Kanne-Post, Knittlingen 94
Zur Traube, Ottersweier-Haft 127
Zwickel und Kaps, Alpirsbach 14

Register nach Kreisen

Esslingen
Zum Löwen, Aichelberg/Aichwald 11
Zum Alten Bären, Denkendorf 41
Gambrinus, Esslingen am Neckar 52
Zum Schwanen, Esslingen am Neckar 53
Höhengaststätte Stumpenhof, Plochingen/Stumpenhof 154

Enzkreis
Ochsen, Sternenfels/Diefenbach 44
Zur Kanne-Post, Knittlingen 94
Klosterkeller, Maulbronn 112
Zur alten Mühle, Neuenbürg 122
Häckermühle, Tiefenbronn 167

Freudenstadt
Zwickel und Kaps, Alpirsbach 14
Lamm, Baiersbronn-Mitteltal 28
Bärenschlößle, Freudenstadt-Christophstal 62
Schwanen, Freudenstadt 63
Waldsägmühle, Pfalzgrafenweiler-Kälberbronn 129

Göppingen
Hirsch, Bad Ditzenbach-Gosbach 19
Burgstüble, Geislingen/Steige-Weiler 65
Ochsen, Geislingen-Eybach 66
Hohenstaufen, Göppingen 68
Löwen, Süßen 165

Heidenheim
Weinstube Eberhardt, Heidenheim-Schnaitheim 78
Tilly's Rembrandt-Stuben, Heidenheim 79
Löwen, Königsbronn-Zang 95
Zum Kreuz, Steinheim 151
Sontheimer Wirtshäusle, Steinheim-Sontheim 152

Heilbronn
Sonne, Bad Friedrichshall 20
Wirtskeller St. Georg, Eppingen 51
Burkhardt, Heilbronn 80
Zum Dorfkrug, Heilbronn-Neckargartach 81
Burghotel Götzenburg, Jagsthausen 87
Hohly, Löwenstein 106
Zum Alten Rentamt, Schwaigern 147
Waldhotel Raitelberg, Wüstenrot 183

Hohenlohekreis
Rössle, Bretzfeld 33
Haus Nicklass, Ingelfingen 86
Engel, Künzelsau 97
Jagstmühle, Mulfingen-Heimhausen 119
Krone, Forchtenberg/Sindringen 149

Karlsruhe
Friedrichshof, Karlsruhe 88
Steuermann, Karlsruhe 89
Alte Residenz, Karlsruhe-Durlach 90
Alte Schmiede, Karlsruhe-Durlach 91

Konstanz
Nicolai Torkel, Konstanz 96

Lörrach
Mühle, Binzen 31
Sonnhalde, Bürchau 40
Zum Kranz, Lörrach 105
Sonne, Rümmingen 140
Sennhütte, Tegernau-Schwand 166

Ludwigsburg
Schiff, Aldingen 13
Adler, Asperg 18
Post Cantz, Ludwigsburg 107
Goldener Löwe, Marbach 110
Zum Schwanen, Sachsenheim/Ochsenbach 124

Main-Tauber-Kreis
Bundschu, Bad Mergentheim 22
Ratskeller, Lauda-Königshofen 100
Schurk, Markelsheim 111
Krone, Niederstetten 123
Bastion, Weikersheim 181

Neckar-Odenwald-Kreis
Zum Engel, Buchen-Hollerbach 36
Prinz Carl, Buchen (Odenwald) 37
Zum Roß, Hardheim-Schweinberg 74
Zum Ochsen, Mosbach-Nüstenbach 118
Linde, Walldürn-Gerolzahn 180

Ortenaukreis
Hotel Dollenberg, Bad Peterstal-Griesbach 23
Hirsch, Gengenbach 67
Landgasthof Rössel, Kehl/Kittersburg 92
Edy's Restaurant, Ortenberg 126
Bauhöfers Braustübl, Renchen-Ulm 134

Ostalbkreis
Kälber, Aalen-Unterkochen 10
Roter Ochsen, Ellwangen 48
Herrengass, Gschwend 71
Sonnenhof, Waldstetten 179

Rastatt mit Stadt Baden-Baden
Waldhorn, Baden-Baden 26
Zum Rebstock, Bühl-Eisental (Müllenbach) 38
Rebstock, Bühlertal 39

Kreuz-Stübl, Kuppenheim-Oberndorf 98
Zur Traube, Ottersweier-Haft 127
Sigi's Restaurant, Rastatt 130

Ravensburg
Die Reichsdose, Amtzell 17
Regenbogen, Leutkirch 102
Adler, Liebenhofen bei Grünkraut 104
Das Rebleutehaus, Ravensburg 132
Krone Schlier, Schlier 142

Rems-Murr-Kreis
Lamm, Großaspach 70
Weinstube Traube, Remshalden 133
Krone, Sulzbach 163
Staufer Kastell, Waiblingen 177

Reutlingen
Forellenhof Rößle, Lichtenstein-Honau 103
Zum Waldhorn, Metzingen-Glems 117
Ratskeller, Reutlingen 135
Stadt Reutlingen, Reutlingen 136

Rhein-Neckar-Kreis
Landhaus Neckarhausen, Edingen-Neckarhausen 46
Zum Spreisel, Heidelberg 77
Zum Ochsen, Mannheim-Feudenheim 109
Die Rainbach, Neckargemünd-Rainbach 121
Amadeus M, Schwetzingen 148
Woinemer Hausbrauerei, Weinheim/Bergstraße 182
Adler, Zuzenhausen 185

Rottweil
Klippeneck, Denkingen 42
Zum Hirsch, Flötzlingen 57
Haus zum Sternen, Rottweil 139
Parkhotel, Schramberg 145

Schwäbisch Hall
Zur Hammermühle, Fichtenau-Lautenbach 56
Lamm, Rot am See 137
Eisenbahn, Schwäbisch Hall-Hessental 146
Krone, Sulzbach-Laufen 164
Museumsgasthof Roter Ochsen, Schwäbisch Hall/Wackershofen 176

Schwarzwald-Baar-Kreis
Löwen, Brigachtal 34
Fürstenberg Bräustüble, Donaueschingen 45
Rößle, Schönwald 144
Rietgarten, Villingen-Schwenningen 173
Beim Hader-Karle, Villingen-Schwenningen/Weilersbach 174

Sigmaringen
Neuseeland, Mengen-Zielfingen 114
Donaublick, Scheer/Donau 141

Stuttgart
Bäcka-Metzger, Stuttgart-Bad Cannstatt 155
Ochsen, Stuttgart-Uhlbach 156
Peter und Paul'e, Stuttgart-Obertürkheim 157
Schellenturm, Stuttgart 158
Schwabkeller, Stuttgart 159
Widmer / Fröhlich, Stuttgart 160
Zauberlehrling, Stuttgart 161

Tübingen
Im Gärtle, Ammerbuch-Entringen 16
Krone, Ofterdingen 125
Hirsch, Rottenburg 138
Mauganeschtle, Tübingen 168
Tübinger Ratskeller, Tübingen 169
Schwärzlocher Hof, Tübingen 170

Tuttlingen
Bären, Bubsheim 35
Hofgut Hohenkarpfen, Hausen ob Verena 75
Berg-Gasthaus Windegg-Witthoh, Immendingen-Hattingen 85

Waldshut
Fuchshöhle, Bad Säckingen 27
Tannenmühle, Grafenhausen 69
Mange, Klettgau 93
Waldshuter Hof, Waldshut 178
Reuentaler Mühle, Wutöschingen-Ofteringen 184

Zollern-Albkreis
Lerchenstüble, Albstadt 12
Lang, Balingen 29
Brielhof, Hechingen 76
Lammstuben, Meßstetten/Hartheim 116
Adler, Ratshausen 131

Übersichtskarte

Übersichtskarte Baden-Württemberg

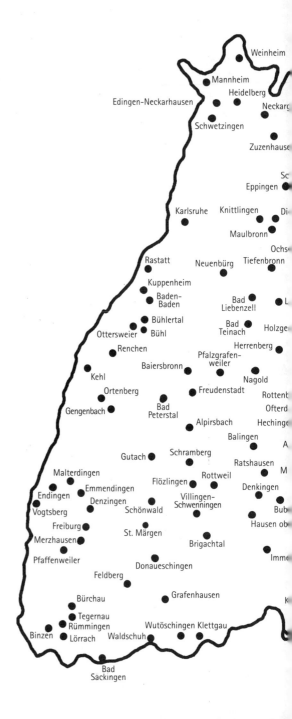

Hardheim

Walldürn

Lauda

uchen

Markelsheim

Bad
Mergentheim

Weikersheim

Niederstetten

Ingelfingen

Mulfingen

agsthausen

Sindringen-
Forchtenberg

Künzelsau

Rot am See

Bad
richshall

Wackershofen

Bretzfeld

Schwäbisch Hall

ronn

Löwenstein

Wüstenrot

Fichtenau

Baspach

Sulzbach

Marbach

Ellwangen

Aldingen

Gschwend

en

Aalen

Remshalden

Waldstetten

gen

Aichelberg

Königsbronn

dorf

Göppingen

Steinheim

Stumpenhof

Süßen

Heidenheim

nbronn

Bad
Ditzenbach-
Goßbach

Geislingen

h

Metzingen

Reutlingen

Feldstetten

Lichtenstein-
Honau

Ulm

Blaubeuren

Ehingen

Sulmingen

Altheim

Gutenzell

heer

Mengen

Immendorf

Berkheim

igenberg

Leutkirch

Ravensburg

Schlier

Liebenhofen/Grünkraut

Meersburg

Amtzell

Friedrichshafen

Langenargen

BODENSEE

199

Der Wilde Süden kocht auf
Lieblingsrezepte aus Gasthöfen Baden-Württembergs
Ein ars vivendi Kochbuch in Zusammenarbeit mit *SDR 3*
ca. 240 Seiten, DM 24,80
ISBN 3-931043-62-2 (Erscheint Herbst 96)

Schwäbische, badische und kurpfälzische Gasthöfe, empfohlen im ars vivendi Restaurantführer »Der Wilde Süden tischt auf«, geben in diesem Kochbuch mehr 100 Lieblingsrezepte preis.

Bayern tischt auf
Streifzüge durch die regionale Küche
Ein ars vivendi Restaurantführer in Zusammenarbeit mit *Bayern 3*
Herausgegeben von Marion Voigt und Ulrich Schall
251 Seiten, DM 24,80
ISBN 3-931043-05-3

Bayern kocht auf
Lieblingsrezepte aus bayerischen Gasthöfen
Ein ars vivendi Kochbuch in Zusammenarbeit mit *Bayern 3*
Herausgegeben von Birgit Trummeter und Marion Voigt
240 Seiten, DM 24,80
ISBN 3-931043-18-5

Der Norden tischt auf
Streifzüge durch die regionale Küche
Ein ars vivendi Restaurantführer mit Originalrezepten
in Zusammenarbeit mit *NDR 2*
Herausgegeben von Marion Voigt und Birgit Trummeter
Band 1 Schleswig-Holstein und Hamburg
300 Seiten, DM 24,80
ISBN 3-931043-20-7
Band 2 Niedersachsen und Bremen
280 Seiten, DM 24,80
ISBN 3-931043-48-7
Band 3 Mecklenburg-Vorpommern
240 Seiten, DM 24,80
ISBN 3-931043-49-5

Stuttgart zwischen Shrimps & Schaschlik
Der Restaurantführer
Herausgegeben von Peter Mackowiack und Thomas Schulz
214 Seiten, DM 24,80
ISBN 3-931043-15-0

Wieder knapp 100mal vorgekostet – im Gourmetpalast, beim Spanier, an der Currywurstbude ... Das Resultat: eine pfiffige Kombination aus Wegweiser und Warnsirene, die Survival-Ausrüstung für jeden Lustesser auf kulinarischen Entdeckungsreisen.

 ars vivendi